Zivilgesellschaft im Widerstreit

Reinhard Hildebrandt

Zivilgesellschaft im Widerstreit

Konkurrenz zwischen Staat, Ökonomie und Zivilgesellschaft in der Realisierung des gesamtgesellschaftlichen Gemeinwohls

PETER LANG
EDITION

Bibliografische Information der Deutschen Nationalbibliothek
Die Deutsche Nationalbibliothek verzeichnet diese Publikation in der Deutschen Nationalbibliografie; detaillierte bibliografische Daten sind im Internet über http://dnb.d-nb.de abrufbar.

Gedruckt auf alterungsbeständigem,
säurefreiem Papier.

ISBN 978-3-631-65876-5 (Print)
E-ISBN 978-3-653-05178-0 (E-Book)
DOI 10.3726/978-3-653-05178-0

Peter Lang Edition ist ein Imprint der Peter Lang GmbH.

Peter Lang – Frankfurt am Main · Bern · Bruxelles ·
New York · Oxford · Warszawa · Wien

Diese Publikation wurde begutachtet.

www.peterlang.com

Vorwort

Die positive Konnotation der Wortverbindung „zivilgesellschaftliches Engagement“ verdeckt den Widerstreit, in dem sich zivilgesellschaftliches Handeln in Auseinandersetzung mit dem Staat und der Ökonomie befindet. Zivilgesellschaftliches Handeln ist nicht per se altruistisch, idealistisch, interessenungebunden, uneigennützig, nicht egoistisch. Sich selbst Gesetze zu geben und danach zu handeln, also selbstgesetzlich zu agieren und dem Eigennutz als dem Gegenteil zu entsagen, entspricht nicht der Konstitution des Menschen und wird von Organisationen und Institutionen zwar angestrebt, aber oftmals verfehlt. Warum das so ist und welche Anstrengungen dennoch unternommen werden müssen, dem zivilgesellschaftlichen Engagement einen würdigen Platz in der Gesellschaft zu erkämpfen, ist das Anliegen dieses Buches.

Zivilgesellschaftliches Engagement ist in vielen Gesellschaften anzutreffen und darüber berichtende Informationen sind insbesondre über das Internet abrufbar. Sie alle zu sichten und einzuordnen würde den Umfang eines Buches sprengen. In der hier vorliegenden Behandlung des Themas wird deshalb vorwiegend auf Informationen über die Gesellschaft der Bundesrepublik Deutschland zurückgegriffen.

Großer Dank gebührt Simone Lück-Hildebrandt für die Korrektur des Manuskripts und ihre hilfreichen Verbesserungsvorschläge.

Inhaltsverzeichnis

I. Einleitung

Die Frage, wie zivilgesellschaftliches Engagement zu beurteilen ist, öffnet zugleich den Diskurs über die Grundlagen parlamentarischer Demokratie. Während Verfassungskommentatoren die parlamentarische Demokratie unisono als Ort der Umsetzung „praktischer Vernunft" preisen (Bonner Kommentar zum Grundgesetz, 2013, Bd. 5, S. 24), erblicken kritische Stimmen darin das Bestreben etablierter gesellschaftlicher Kräfte, ihre Partialinteressen auf Kosten einflussärmerer Mitbewerber zum Gemeinwohl zu erheben und mit Gesetzeskraft auszustatten. Das Ideal des gesellschaftlichen Gemeinwohls als Ziel menschlichen Handelns hat für differierende Akteure unterschiedliche Bedeutung. Zivilgesellschaftlich engagierte Bürger verbinden mit ihm aufgrund ihrer besonderen Interessen etwas anderes als Parteien, Parlamentsmehrheiten, Regierungen, Unternehmen und Finanzinstitute.

Alle Beteiligten artikulieren zunächst die aus ihren Lebenslagen entstehenden Ziele, Wünsche und Bedürfnisse und die daraus abgeleiteten Belange und Interessen. Dietmar von der Pfordten konstatiert: „Würden sie das schon von vornherein mit Blick auf das Gemeinwohl tun, so würde eine normativ-individualistische Begründung gemeinschaftlichen Handelns mit Rekurs auf eben diese Belange und Interessen verfälscht oder sogar ganz unmöglich. Die Verpflichtung der Bürger auf das Gemeinwohl besteht dann erstens darin, in Formen der Abwägung dieser ihrer Belange vernünftig zu kooperieren, um das Gemeinwohl herauszufinden, und zweitens das schließlich erreichte Ergebnis zu akzeptieren und auch zu realisieren, selbst wenn sich die eigenen Belange nicht durchsetzen ließen" (Dietmar von der Pfordten, Über den Begriff des Gemeinwohls, Universität Göttingen dpfordt @gwdg.de, S. 23/24). Die von den Bürgern mit dieser Aufgabe betrauten Parteien „gewinnen an Glaubwürdigkeit", meint von der Pfordten, wenn sie ihre „unaufhebbare Janusköpfigkeit" als Repräsentanten aller Bürger sowie Interessenvertreter ihrer Mitglieder und Wähler und der daraus entstehenden Spannungen reflektieren und offenlegen. Welche spezifische Verknüpfung zwischen Interessen und Gemeinwohl besteht und ob statt „vernünftiger Kooperation" eher die Bewältigung harter Konflikte die Tagesordnung bestimmt und Repräsentanten dem unaufhebbaren Spannungsverhältnis zwischen eigennützigem und selbstgesetzlichem Verhalten überhaupt nicht entfliehen können, beantwortet von der Pfordten nicht.

Den Repräsentanten des Volkes fällt im Parlament in der Tat die Entscheidung zu, zwischen unterschiedlichen Gemeinwohlbelangen zu wählen und hierbei die Machtunterschiede der Interessenten im Auge zu behalten. Der Parlamentsmehrheit und der Regierung obliegt die Aufgabe, für die Gemeinschaft zu handeln und in bester Abwägung das gesamtgesellschaftliche Gemeinwohl zu realisieren (ebd.). Favorisieren sie einseitig die im Parlament eingebrachten Vorschläge etablierter gesellschaftlicher Kräfte, setzen sie sich der Gefahr aus, außer- oder vorparlamentarische Diskurse engagierter Bürger nur noch als Nötigung wahrzunehmen und die darin artikulierten Zielsetzungen zu diskreditieren. Sind sie jedoch gemäß ihrem Gesamtauftrag bestrebt, das Gemeinwohl der Gesellschaft auf ein breites Fundament zu stellen, fühlen sie sich umgekehrt durch forciert eingebrachte Gemeinwohlvorschläge etablierter gesellschaftlicher Kräfte unangemessen unter Druck gesetzt. Sie fordern eventuell engagierte Bürgervereinigungen auf, Gegengewichte zur Verhaltensweise etablierter gesellschaftlicher Kräfte zu bilden, selbst in den parlamentarischen Gremien vorstellig zu werden und ihre eigenen Gesetzesvorschläge für die Ausgestaltung des Gemeinwohls einzubringen; denn wenn Bürger den Eindruck erhalten, dass ihre Belange im parlamentarischen Verfahren weitgehend unberücksichtigt geblieben sind, sehen sie sich zur Kritik aufgerufen und auf die außerparlamentarische Präsentation ihrer Vorschläge verwiesen.

Überaus zahlreiche regierungsamtliche Beteiligungsappelle erregen jedoch auch Misstrauen bei den Adressaten. Es kann sogar der Eindruck entstehen, in eine „Mitmachfalle“ gelockt zu werden. So heißt es z.B. in einer Aufforderung der „Mieterecho-Redaktion“ zur Vorstellung des Buches von Thomas Wagner: „Lange Zeit erschallte der Ruf nach mehr Bürgerbeteiligung vor allem aus alternativen Milieus. Mittlerweile nutzen Politik und Wirtschaft dieses Instrument vermehrt, um der schwindenden Zustimmung zu neoliberalen Reformen und umstrittenen Bauvorhaben entgegenzuwirken. Die realen Einflussmöglichkeiten werden dabei keineswegs größer. Ganz im Gegenteil: Befriedung statt Demokratisierung ist der gewünschte Effekt der simulierten Partizipation…“ (Internettext zur Buchvorstellung und Diskussion mit Thomas Wagner, Autor von „Die Mitmachfalle – Bürgerbeteiligung als Herrschaftsinstrument“, 27.9.2013, osi-liste-owner@

lists.fu-berlin.de). Ob jedoch generell Partialinteressen Vorrang genießen oder ein gesamtgesellschaftlicher Bezug vorherrscht, ist erst nach einer Analyse des als gesamtgesellschaftlich ausgewiesenen Gemeinwohls, seiner Strukturierung und der Vorstufen zu seiner Entwicklung erkennbar.

Eine solche Analyse rückt die vielfältigen und sehr unterschiedlichen Beweggründe aller Beteiligten ins Blickfeld und zeigt zugleich Grenzen des zivilgesellschaftlichen Engagements auf, die sich vor allem aus der Konfrontation der vorwiegend zivilgesellschaftlichen Handlungslogik mit Handlungslogiken anderer gesellschaftlicher Kräfte ergeben. Der Widerstreit nistet im zivilgesellschaftlichen Engagement selbst und in seinem Verhältnis zu Staat und Ökonomie.

II. Vielfalt zivilgesellschaftlichen Engagements

1. Ehrenamtliches Engagement

Der Freiwilligensurvey[1] (Ehrenamt, Freiwilligenarbeit und bürgerschaftliches Engagement), im Auftrag des Bundesministeriums für Familie, Senioren, Frauen und Jugend (BMFSFJ) vom Meinungsforschungsinstitut TNS Infratest Sozialforschung München im Jahr 2009 durchgeführt (nach gleichlautenden Untersuchungen 1999 und 2004), unterscheidet für öffentliche Organisationen und Institutionen in unbesoldete/ehrenamtliche Mitarbeiter und bezahlte hauptberuflich Tätige. Ob die hauptberuflich Angestellten andere Motive leiten als die Freiwilligen, bleibt zunächst ungeklärt. Der Survey benutzt den Begriff „freiwilliges Engagement“ als sozialwissenschaftlichen Dachbegriff. Er bezieht sich mit seinen Forschungen auf die „Infrastruktur der Zivilgesellschaft“, dem sogenannten „Dritten Sektor“, worunter vor allem die in Vereinen organisierten Bereiche Sport und Bewegung sowie Kunst, Kultur und Musik zählen, aber auch Politik- und Berufsverbände sowie Freizeit und Geselligkeit, kirchliches Engagement, Beteiligungsformen in Schul-, Kinder- und Jugendeinrichtungen, Umwelt- und Tierschutz sowie als besonderes Beispiel die freiwillige Feuerwehr. Die organisatorischen Formen von Gruppen und Initiativen reichen bis hin zu Großverbänden. Der sogenannte „Dritte Sektor“, innerhalb dessen sich öffentliche Beteiligung und Engagement vollziehen, ist laut Survey ein wichtiger gesellschaftlicher Bereich neben Wirtschaft und Staat. Dessen Angebote stünden allen „gutwilligen Menschen“ offen.

1.1 Unterschiede in der Teilnahme

Zivilgesellschaftliches Engagement im großstädtischen Milieu hat laut Survey insgesamt einen anderen Charakter als in kleineren Städten und auf dem Lande. Dies liege vor allem an der ausgebauten Infrastruktur großer Städte und dem größeren Anteil sozialer Problemgruppen, die sich von zivilgesellschaftlichen Aktivitäten fern halten. Ältere Jahrgänge der Großstädte und Metropolen in zivilgesellschaftliches Engagement einzubeziehen, gelte allgemein als schwierig. Hingegen engagierten sich Erwerbstätige weitaus häufiger. Dies treffe vor allem auf erwerbstätige Frauen zu, die besonders intensiv in die Zivilgesellschaft eingebunden seien. Menschen mit Abitur bzw. Hochschulabschluss sind offensichtlich häufiger freiwillig engagiert. Ihr prozentualer Anteil an zivilgesellschaftlichen Aktivitäten ist sehr viel höher als derjenige mit einfacher Bildung. Nur im ländlichen Raum ist die Kluft zwischen beiden Gruppen geringer. Arbeitslose müssen jedoch mit erheblichen materiellen, sozialen und emotionalen Benachteiligungen zurechtkommen, so dass ihr Engagement generell geringer ausfällt.

Parallel zum bundesweit zu beobachtenden Anstieg zivilgesellschaftlich engagierter Menschen registriert der Survey eine umfassende Veränderung der öffentlichen Meinung zugunsten des bürgerschaftlichen Engagements. Noch mehr Bereitschaft der Beschäftigten sei zu erwarten, wenn Arbeitgeber das freiwillige Engagement ihrer Beschäftigten anregen und unterstützen, z.B. durch flexible Gestaltung der Arbeitszeit, Freistellung und Nutzung der betrieblichen Infrastruktur. Neben dem Staat werde in letzter Zeit zunehmend auch die Wirtschaft angesprochen, ihren spezifischen Beitrag zur Zivilgesellschaft zu leisten. Dabei gehe es um eine Erweiterung über das bereits verbreitete Sponsoring hinaus. In der Zivilgesellschaft engagierte Arbeitnehmer, fordert der Survey, sollten von den Arbeitgebern stärker unterstützt und bisher Uninteressierte zur Beteiligung ermutigt werden. Bei Bewerbern gleicher Qualifikation müsse das freiwillige Engagement eines Bewerbers als Qualitätskriterium Berücksichtigung finden und auch von Vorteil bei Entscheidungen über Aufstieg und Beförderung sein. Außerdem sollten sich Unternehmen als Partner der lokalen Zivilgesellschaft engagieren und Kontakt zur Kommunalpolitik und -verwaltung sowie zivilgesellschaftlichen Organisationen und Institutionen aufnehmen und mit ihnen im Dialog bleiben. Der Survey fordert Wirtschaft und Kommunalpolitik auf, das Engagement der Bürgerinnen und Bürger als Beitrag zu einer hohen lokalen Lebensqualität und Bindung der Einwohner zu begreifen, als wichtigen Standortfaktor der kommunalen Attraktivität. Freiwilligenprojekte in den Vereinen, Organisationen und Einrichtungen müssten finanziell besser ausgestattet werden.

Kritisch merkt der Survey an, dass im Bereich der sozialen Institutionen und Einrichtungen Freiwillige oft „an sich" nicht nötig seien. Die

Finanzknappheit der öffentlichen Hand verführe dazu, sie als billige Arbeitskräfte zu sehen. Gemeint sind hier vor allem die öffentlich geförderten kirchlichen Einrichtungen und die Wohlfahrtsverbände.

Als auffällig bezeichnet der Survey die „inzwischen sehr hohe Beteiligung junger Menschen, die sich in den verschiedenen Phasen der (verlängerten) Ausbildung befinden, als Schüler, als Auszubildende oder als Studenten." (ebd. S. 41). Öffentlichkeit spiele im Lebensstil junger Menschen ganz allgemein eine große Rolle. Sie seien unter allen Altersgruppen diejenigen mit dem „modernsten" Lebensstil.

1.2 Tätigkeitsfelder

Das Meinungsforschungsinstitut TNS Infratest Sozialforschung befragte zahlreiche Freiwillige, in welchen Bereichen sie tätig sind. Die Bandbreite der Tätigkeiten zeigt sich anhand der im Folgenden aufgelisteten Antworten:

- Brandbekämpfung, Unfallrettung und Katastrophenschutz,
- Wegewart im Wanderverein,
- Wasserobmann in einer Kleingartenanlage,
- Tiere im Tierheim betreuen,
- Ausbau eines Sportlerheims,
- Kassenprüfung in Sportvereinen,
- Kinderbetreuung,
- Elternbeirat im Kindergarten,
- Instandsetzung von Spielgeräten,
- Vermitteln von Grundkenntnissen am PC für Kinder,
- Vorbereitungsarbeiten für den Auftritt von Kinderchören,
- Betreuung der Kindergruppe in Evangelischen Kirchengemeinden, z. B. Basteln, Ausflüge mitgestalten und ausführen, Geschichten vorlesen und besprechen,
- Mitarbeit in einem Schülercafe bzw. Pausenversorgung der Mitschüler,
- Schulpatenschaften,
- Abgeordneter im Schülerparlament,
- Musical-AG in der Schule unterstützen,
- Bastelarbeiten organisieren,
- Erarbeitung von Programmen zur Integration von Langzeitarbeitslosen,

- Koordinierung von Haushaltsauflösungen,
- Gemeindeblätter austragen,
- Einkaufen und Betreuung bei Seniorenheimbewohnern,
- Spazierengehen mit Pflegebedürftigen, Singen, Vorlesen in Pflegeheimen,
- Erledigung der finanziellen Aufgaben im Seniorenbüro,
- Begleitung von Sterbenden im Hospizverein,
- Regisseur einer Theatergruppe,
- Betreuung von Studenten bei Projekten,
- Veranstaltungen des Schützenvereins vorbereiten,
- Eine kleine romanische Dorfkirche erhalten,
- Betreuen von Mitgliedern aus Entwicklungsländern und Erledigen des Schriftverkehrs mit deutschen Ämtern,
- Organisierung von Festen und Verkauf in Vereinen aus dem Ausland zugewanderter Bürger,
- Vorsortieren und Ausgabe der Lebensmittel für Bedürftige,
- Reinigung der Räume nach der Verteilung von Lebensmitteln,
- Mitarbeit in der Telefonseelsorge,
- Mitarbeit im Weißen Ring,
- Betreuung von Behinderten in der Arbeiterwohlfahrt,
- Tätigkeit im Vorstand der Gewerkschaft Verdi,
- Hilfsschöffe beim Jugendgericht,
- Mitarbeit in der ornithologischen Bestandserfassung der NABU (Naturschutz-bund),
- Hausmeistertätigkeiten im DRK-Mehrgenerationenhaus und Mithilfe bei der Ausführung von Veranstaltungen,
- Gruppenleiterin in der Moschee.

Bereits lange vor der Aufteilung des Gemeinwesens in Staat und Gesellschaft gab es Freiwillige, die sich in Teilbereichen der menschlichen Gemeinschaften nützlich machten, z.B. in der häuslichen Pflege bei Krankheitsfällen. Nach der Ausdifferenzierung von Staat und Gesellschaft in eine staatliche, wirtschaftliche und zivilgesellschaftliche Sphäre ordnete man ihre Tätigkeit zwar der letzteren zu, aber schon ein flüchtiger Blick auf die Aktivitäten veranschaulicht, dass von den Tätigkeiten, die unter der Rubrik „Erledigungen praktischer Alltagsarbeiten" erfasst werden, viele dem Zusammenleben der Menschen in Gemeinschaften dienen. Sie erfüllen zwar das Kriterium des Altruismus, aber sind deshalb noch nicht als eine typisch zivilgesellschaftliche Tätigkeit zu bezeichnen. Sie sind diesem Bereich oftmals vorgelagert und ragen potentiell in ihn hinein, sobald ihr Organisationsgrad zunimmt. Andere Tätigkeiten von Freiwilligen sind wiederum so sehr ökonomisch oder politisch ausgerichtet, dass sie das Kriterium zivilgesellschaftlich kaum noch erfüllen.

Als Hauptinhalte der hauptsächlich nachbarschaftlich und kommunal orientierten freiwilligen Tätigkeit nennt der Survey praktische Arbeiten, persönliche Hilfeleistungen, Beratung, Organisation und Durchführung von Hilfsprojekten, Mittelbeschaffung (Fundraising), pädagogische Betreuung und Gruppenleitung, Organisation und Durchführung von Veranstaltungen. Darüber hinaus verweist er auf Öffentlichkeitsarbeit, Vernetzungsarbeit, Interessenvertretung und Mitsprache.

Die Tätigkeiten von Engagierten habe zwei wesentliche Schwerpunkte: 1. Veranstaltungen und Organisation von Treffen und 2. Erledigung von praktischen Alltagsarbeiten. Demgegenüber übten weniger als die Hälfte der Freiwilligen so anspruchsvolle Tätigkeiten wie Öffentlichkeitsarbeit, Interessenvertretung und Mitsprache, Gruppenleitung, Organisation von Hilfsprojekten sowie Beratung aus. „Management“ im Sinne von Verwaltung, Vernetzung und Mittelbeschaffung sei nur die Aufgabe einer kleineren Minderheit.

Gänzlich unerwähnt lässt er Organisationen, die sich zum Ziel gesetzt haben, kritikwürdige gesellschaftliche Zustände aufzudecken, Vorschläge zu ihrer Reform zu entwickeln und deren Umsetzung voranzutreiben, wie beispielsweise „Stuttgart 21“ (Abschaffung des Kopfbahnhofs und Tieferlegung des neuen Durchgangsbahnhofs), die Rekommunalisierung von Wasserwirtschaft und Energieversorgung, die Bebauung von freien Flächen (z.B. das Tempelhofer Feld in Berlin).

2. Bedingungsrahmen des freiwilligen Engagements

2.1 Motive der Freiwilligen

Wofür investieren sie ihre freie Zeit? Die Menschen wollen die Qualität des Gemeinwohls in ihren Gemeinwesen mitbestimmen. Sie beobachten und begleiten die alltäglichen Entwicklungen. Sie konzentrieren sich auf ihre Kommune und darin auf ihr engeres Wohn- und Lebensumfeld.

Durch ihr Engagement wollen sie die Gesellschaft im Kleinen mitgestalten, Ansehen und Einfluss in ihrem Lebensumfeld gewinnen, eigene Kenntnisse und Erfahrungen erweitern und lernen, eigene Interessen zu vertreten. Dadurch erwerben sie Qualifikationen, die auch für den beruflichen Aufstieg von Vorteil sind, z.B. Entscheidungskompetenz gewinnen und Verantwortung übernehmen, mit anderen interessanten Menschen – auch anderer Generationen – zusammenkommen, den Bedürftigen unter ihnen helfen. Das Engagement soll jedoch nicht nur Zeit und Energie kosten und ausschließlich ernster Natur sein, sondern auch Spaß machen, denn wem die freiwillige Tätigkeit keine Freude bereitet, der wird sie irgendwann beenden. Im Survey heißt es: „Es gibt Menschen, für die die Bestätigung ihres Altruismus subjektiver Lohn genug ist; ihnen reicht es, mit ihrem Engagement dem Gemeinwohl gedient oder anderen Menschen etwas Gutes getan zu haben. Wenn man jedoch der Psychologie folgt, dann ist diese Einstellung für die meisten Menschen nicht typisch. Das Menschliche umfasst nicht nur das Soziale, sondern auch Bedürfnisse nach Anregung und Selbstbestätigung." (ebd. S. 88). „Kenntnis- und erfahrungsreich zu sein" sei „heutzutage ein hoher Wert" (ebd.). Eine humanistische Auffassung von Bildung und Kompetenz bleibe für viele Menschen ein wichtiger Faktor.

Laut Survey müssen engagierte Freiwillige mit Menschen gut umgehen können, eine hohe Einsatzbereitschaft zeigen, Ideenreichtum und Kreativität entfalten, Organisationstalent aufweisen, Fachwissen erworben haben, belastbar und selbstlos sein, mit Behörden gut umgehen können, ein gutes Zeitmanagement und Führungsqualitäten vorweisen, wobei die Fähigkeit zu einem guten Umgang mit anderen Menschen das Entscheidende sei, dem alle anderen Anforderungen nachgeordnet sind. Aus den hohen Anforderungen an Freiwillige ergibt sich ein Bedarf an Weiterbildung. Gemäß Survey sind Kinder und Jugendliche bei Weitem die größte Zielgruppe des freiwilligen Engagements. An zweiter Stelle stehen die älteren Menschen.

Während für jüngere Engagierte die Erweiterung ihrer Fähigkeiten und Kenntnisse im Vordergrund steht, gewinnt nach der Altersgrenze von 45 Jahren – laut Survey – der Aspekt, erworbene Kompetenzen in der freiwilligen Tätigkeit einzusetzen oder an andere weiterzugeben, vermehrt an Bedeutung.

2.2 Organisatorische Bedingungen

Der Survey unterscheidet zwischen verschiedenen Rahmenbedingungen, unter denen Freiwillige arbeiten. Entscheidend sei die Thematik, mit der sie sich beschäftigen bzw. für die sie sich einsetzen. Ein wesentlicher Unterschied bestehe darin, ob Engagierte im Rahmen von öffentlichen Organisationen oder von öffentlichen Institutionen tätig sind. Allerdings gäbe es auch zwischen den Organisationen deutliche Unterschiede. Auf der einen Seite stünden die Vereine, Gruppen und Initiativen, die zumeist lokal tätig sind, auf der anderen Seite Verbände, Gewerkschaften und Parteien, deren Betätigungsfeld vermehrt überregionalen Charakter hat. Vereine unterschieden sich wiederum nach Größe, es gäbe solche mit mehr als 1.000 Mitgliedern, aber auch sehr kleine mit vielleicht nur 10 bis 15 Mitgliedern. Die Situation der kleineren Vereine nähere sich an informelle Gruppen, Initiativen und Projekte an.

In bemerkenswerter Weise greift der Survey das Problem der Hierarchisierung und das Verhältnis zwischen Repräsentanten und Repräsentierten auf, dem sich zivilgesellschaftlich engagierte Menschen stellen müssen, wenn sie den Anspruch erheben, etwas bewirken zu wollen. In einem längeren Auszug heißt es dazu:

„Selbstorganisierte Strukturen, die eine gewisse Größenordnung nicht überschreiten, erfüllen ein wesentliches Kriterium der Zivilgesellschaft besonders gut. Freiwillig Engagierte haben dort besonders häufig das Gefühl, wichtige Dinge mitentscheiden und mitbestimmen zu können. Die Verhältnisse sind wenig hierarchisiert, der Umgang von Gleichberechtigung geprägt. Die Dinge können anders liegen, wenn das Engagement sich im Rahmen von sehr großen Vereinen und von Großorganisationen vollzieht, vor allem aber im Rahmen öffentlicher Institutionen und Einrichtungen. Die Hierarchisierung macht sich stärker bemerkbar, und damit hängt auch zusammen, dass es viele hauptamtliche Mitarbeiter gibt. Institutionen und Einrichtungen (z.B. Schulen oder Heime) haben einen staatlich-öffentlich-rechtlich definierten Zweck und einen strikteren Arbeitsstil, dem sich die Freiwilligen mehr oder weniger einfügen müssen.

Der bürokratische Charakter von öffentlichen Institutionen und Einrichtungen ist jedoch nur die eine Seite. Der Freiwilligensurvey konnte zeigen, dass Freiwillige, die in einer nichtstaatlichen Institution wie etwa der katholischen Kirche tätig waren, ihre Möglichkeit zur Mitbestimmung noch ungünstiger als in staatlichen Institutionen einschätzten. Die höhere Bereitschaft der evangelischen Kirche, sich auf die moderne Kultur einzulassen, kam 2004 in den günstigeren Möglichkeiten für Freiwillige zum Ausdruck, auf ihre Tätigkeit und ihr Umfeld Einfluss zu nehmen. Dennoch wurde 2009 auch bei der evangelischen Kirche erkennbar, dass Freiwillige ihre Möglichkeiten der Mitbestimmung weniger gut beurteilten als 2004 (Bundesdaten) ... Unter den Institutionen haben inzwischen die Kirchen und Religionsgemeinschaften die größte Bedeutung als Rahmen für die Tätigkeiten von Freiwilligen (2009: 11%), gefolgt von den staatlichen und kommunalen Einrichtungen (2009: 7%), deren Bedeutung bei Männern und Frauen abgenommen hat. Neben den gruppenhaften Strukturen ist es das halb-öffentliche und private Umfeld, seien es Einrichtungen, Stiftungen oder sonstige Umfelder, das an Bedeutung gewonnen hat. Verbände, Gewerkschaften und Parteien haben dagegen verloren, vermehrt bei Männern, ihrer klassischen Klientel." (ebd. S. 101/102). Auf die in diesem Text nur angedeutete Problematik des Eigeninteresses der Repräsentanten gegenüber den Repräsentierten sowie der daraus folgenden Unterrepräsentierung der Letzteren wird noch ausführlicher einzugehen sein.

2.3 Hauptamtliche Mitarbeiter als Ansprechpartner für Freiwillige

Der Survey thematisiert zwar die Beziehungen zwischen hauptamtlichen Mitarbeitern und den Freiwilligen sowie leitenden und geleiteten Freiwilligen, aber verbleibt in seiner Analyse weitgehend an der Oberfläche. Er stellt zunächst fest: „Hauptamtliche Mitarbeiter sind oft auch Ansprechpartner, an die sich Freiwillige mit ihren Fragen, Sorgen und Problemen wenden können. Merkwürdig ist jedoch, dass die bessere Verfügbarkeit von Ansprechpartnern ... von einem abnehmenden Eindruck der Freiwilligen begleitet wurde, im Rahmen ihrer Tätigkeit wichtige Dinge mitbestimmen und mitentscheiden zu können ... Hintergrund der Entwicklung ... ist, dass sich die Bewertung der Mitbestimmung zwischen leitenden und nicht leitenden Engagierten auseinanderentwickelt hat. Nahm seit 2004 bei den Leitenden das Gefühl, ausreichend an Entscheidungen beteiligt zu sein, sogar von 79% auf 88% zu, so sank dieser Eindruck bei den nicht leitenden Engagierten von einem relativ günstigen Wert (74%) auf nur noch 62% ab ... Die immer wenigeren leitenden Freiwilligen empfinden somit einen deutlich besseren Einfluss auf ihr Umfeld. Dagegen sehen sich die im deutlich höheren Anteil vorhandenen nicht leitenden Freiwilligen zunehmend weniger in wichtige Entscheidungen einbezogen." (ebd. S. 103–105). Als Erklärung für diese negative Tendenz bietet der Survey an: „Die Vermutung ist, dass es sich bei diesen Entwicklungen nicht um eine Strategie der leitenden Freiwilligen handelt, die Entscheidungsgewalt zu monopolisieren. Vielmehr dürfte es ein Geflecht von objektiven Veränderungen sein, das dazu geführt hat. Die starke Verknappung des Führungspersonals konzentriert von ganz allein die Entscheidungsbefugnis in dieser Gruppe und mit der Zeit auch die Kompetenz dafür. Das dürfte mit einer hohen Arbeitsverdichtung einhergehen, und damit bleibt weniger Zeit, sich um die Freiwilligen und um deren (eher zeitintensiven) Einbezug in Entscheidungen zu kümmern. Zum anderen verlagern sich durch den Zuwachs an Hauptamtlichen die Entscheidungen auch zu diesen, was ebenso dazu beitragen kann, dass Freiwillige zunehmend das Gefühl haben, nicht mehr hinreichend einbezogen zu sein." (ebd. S. 105).

Dieser Erklärungsversuch mutet sehr naiv an. Er berücksichtigt nicht die unaufhebbare Tendenz zur Selbstrepräsentation der Repräsentanten, das heißt ihr eigenes Interesse zu artikulieren und es neben und über dasjenige der Repräsentierten zu stellen. Darauf wird im Kapitel über die Grenzen zivilgesellschaftlichen Engagements noch genauer einzugehen sein. Die Autoren des Surveys sehen selbst bereits ein, dass der folgende Hinweis auf den sogenannten „Sachzwang" keinesfalls ausreicht: „Eine angemessene Beteiligung und Anerkennung der Engagierten steht deshalb ganz oben auf der Agenda der Engagementpolitik und organisationskultureller Verbesserungen. Trotz aller ‚Sachzwänge', die sich aus einem Geflecht von Faktoren wie der geringeren Verfügung über freiwilliges Führungspersonal, Bürokratisierung und Professionalisierung ergeben, kann bei einer weiteren Verschlechterung der Stimmung bei den ‚geführten' und ‚angeleiteten' Freiwilligen die lebendige Ressource des Bürgerengagements in Gefahr geraten. Das gilt besonders für die öffentlichen und halb-öffentlichen Institutionen und Einrichtungen, wird aber auch im selbstorganisierten Sektor der Zivilgesellschaft immer mehr zum Problem." (ebd. S. 105/106). Aus den aufgeführten Verbesserungswünschen der Freiwilligen ist bereits eine Tendenz ablesbar.

2.4 Verbesserungswünsche der Freiwilligen

Als Forderungen werden erhoben:

- Mehr Finanzmittel für bestimmte Projekte (insbesondere für Projekte, die mit den Gemeinwohlbelangen von Staat und Unternehmen weniger vereinbar sind – Mindestlob statt Mindestlohn),
- Stärkere finanzielle Vergütung für Freiwillige, so dass sich auch Geringverdiener stärker beteiligen können,
- Weniger abweisende unbürokratischere Kostenerstattung,
- Bessere Anerkennung der Freiwilligen durch Hauptamtliche (Abbau von herrschaftlichem Gebaren),
- Mehr Weiterbildungsmöglichkeiten, um sich für höhere Aufgaben bewerben zu können,
- Freizügigere Bereitstellung von Räumen, Sachmitteln etc.,
- Umfangreichere fachliche Unterstützung zur Erzielung besserer Resultate,
- Mehr Absicherung Freiwilliger durch Haftpflicht- und Unfallversicherung,
- Bessere steuerliche Absetzbarkeit der Aufwandsentschädigungen,
- Größere Anerkennung durch Berichte in Presse und Medien sowie z.B. durch Ehrungen,
- Anerkennung freiwilliger Tätigkeiten als berufliches Praktikum insbesondere für Auszubildende und Studenten.

Freiwillige richten sich in ihrem Engagement nicht danach, wie viele und welche unterschiedlichen wissenschaftlichen Definitionen für ihre Tätigkeit von der Wissenschaft in die Welt gesetzt werden und achten auch nicht fortgesetzt darauf, was ihr Handeln vorrangig bestimmen könnte. Sie handeln entsprechend ihrer Motive!

III. Unterschiedliche Definitionen von Zivilgesellschaft

1. Eine Auswahl

1.1 Freiwilligensurvey

Im bereits vorgestellten Freiwilligensurvey wird der sogenannte „Dritter Sektor“ als Aktionsfeld des zivilgesellschaftlichen Engagements von Freiwilligen bestimmt. Im einzelnen gruppiert er darunter die in Vereinen organisierten Bereiche Sport und Bewegung sowie Kunst, Kultur und Musik, Politik- und Berufsverbände, Freizeit und Geselligkeit, kirchliches Engagement, Beteiligungsformen in Schul-, Kinder- und Jugendeinrichtungen, Umwelt- und Tierschutz sowie Mitarbeit bei der freiwilligen Feuerwehr. Ergänzt werden müssen die immer zahlreicher werdenden Bürgerinitiativen mit dem Ziel, Volksentscheide herbeizuführen, um gesellschaftlich beklagenswerte Zustände zu beheben.

Welcher Tätigkeitsbereich des freiwilligen Engagements typisch zivilgesellschaftlich ausgerichtet ist, bedarf der Beantwortung folgender Fragen:

- Wie verhalten sich Freiwillige im zivilgesellschaftlichen Sektor?
- Welcher Handlungslogik unterwerfen sie sich?

Als dominierende Handlungslogik der in diesen Bereichen tätigen Freiwilligen bezeichnet der Survey die altruistische Denk- und Verhaltensweise. Instabiles selbstgesetzliches oder eigennütziges Verhalten Freiwilliger konstatiert er zwar, aber das Wechselspiel zwischen beiden Verhaltensweisen sowie das Verhältnis von Repräsentanten zu Repräsentierten (in hierarchischen Strukturen) wird nur unzulänglich erwähnt.

Die folgenden Definitionen über Art und Umfang des zivilgesellschaftlichen Tätigkeitsfelds bewerten die Überlappungszonen zu benachbarten gesellschaftlichen Bereichen unterschiedlich. Sie nehmen in der Kontroverse über die in der Zivilgesellschaft vorherrschende Handlungslogik voneinander differierende Positionen ein. Sie unterscheiden zwischen den zivilgesellschaftlich engagierten Individuen und der organisierten Zivilgesellschaft.

1.2 Definition von Bernhard Mark-Ungericht

Bernhard Mark-Ungericht bezieht sich in seiner Definition ebenfalls auf den sogenannten „Dritten Sektor“: „Mit Zivilgesellschaft wird der sogenannte „Dritte Sektor“ zwischen Markt und Staat bezeichnet. Die Zivilgesellschaft besteht aus der Gesamtheit all jener Gruppen und Institutionen (Vereine, Bürgerinitiativen und NGOs), die das Ziel einer Verbesserung der Lebensbedingungen der Individuen und der Gesellschaft haben“, hebt er hervor. Die Unterstellung altruistischen Verhaltens dominiert also auch bei ihm: „Sie verfolgen damit nicht primär die Eigeninteressen ihrer Mitglieder, sondern haben einen starken Bezug zu den Zielen und Werten von sozialen Bewegungen wie Frauen-, Ökologie- und Solidaritätsbewegungen u.a.“. Ambivalentes Verhalten zivilgesellschaftlich tätiger Menschen diskutiert Mark-Ungericht nicht (Bernhard Mark-Ungericht (Graz), Zivilgesellschaftliche Akteure und transnationale Unternehmen – Entwicklungstendenzen einer schwierigen Beziehung) (SWS-Rundschau (41. Jg.) Heft 3/ 2001: 307–320, S. 1).

1.3 Antonio Gramscis Begriffsbestimmung

„Der moderne Begriff der Zivilgesellschaft wurde von dem marxistischen Theoretiker Antonio Gramsci (1891–1937) geprägt“, erläutert Damian Hötger in seiner Abhandlung über das zivilgesellschaftliche Engagement. Gramsci beschreibe in seinen „Gefängnisheften“ das Scheitern der sozialistischen Revolution im Westen. Dafür sei letztendlich der integrale Staat verantwortlich, der neben der öffentlichen Säule auch die Zivilgesellschaft integriert habe, mit dem Resultat einer größeren Stabilität des Staates auch in Krisenzeiten. Für Gramsci tritt neben die öffentliche Säule des Staates (societa politica) die Zivilgesellschaft (societa civile), die alle nichtstaatlichen Organisationen, d.h. Arbeitgeber, Gewerkschaften, Kirche, Verbände und Presse umfasst (Damian Hötger, Zivilgesellschaftliches Engagement, Speyer, 28. Juli 2008).

1.4 Dieter Gosewinkels und Dieter Ruchts Deutung von Zivilgesellschaft

Dieter Gosewinkel und Dieter Rucht beginnen ihre umfangreiche Definition mit folgender Feststellung: Auf der Grundlage wechselseitiger

Anerkennungsverhältnisse, einschließlich des Respekts vor der Existenz und freien Entfaltung anderer Personen und Gruppen wird eine reibungs- und konfliktarme Koordination von interessengeleiteten Individuen, Gruppen und Assoziationen angestrebt. Sie findet ihre Grenze an der Verletzbarkeit eigener Rechte bzw. kollektiver Güter. Gosewinkel/Rucht lassen es nicht bei dieser Anfangsdefinition bewenden. Die wechselseitige Anerkennung, argumentieren sie, fuße auf der „Überzeugungskraft der Vorteile kooperativen Handelns (bis hin zur Figur des ‚Gesellschaftsvertrages')". Ihrer Meinung nach resultiert aus der „abstrakten Einsicht in die Vorteile friedlicher Koexistenz und kompromissbereiter Kooperation" etwas Neues. Das Neue bezeichnen sie als „integrative Kraft". Gosewinkel/Ruchts enge Verknüpfung der „integrativen Kraft" mit selbstgesetzlichem Handeln hat zur Folge, dass in ihrer Definition zivilgesellschaftlicher Handlungslogik eigennütziges Handeln keinen Platz mehr findet und die „normative Kraft des Faktischen" nur noch unter dem Gesichtspunkt selbstgesetzlichen Handelns analysiert wird. Als Resultat ihrer Analyse müssen sie daher feststellen, dass zivilgesellschaftliche Elemente und Tendenzen „möglicherweise lediglich als Enklaven" zu lokalisieren seien. Gosewinkel/Rucht kehren am Schluss ihrer Definition zivilgesellschaftlicher Handlungslogik wieder zur wechselseitigen Anerkennung zurück und stecken den Bereich der Zivilgesellschaft ab. Sie schreiben: „Praktisch konkretisiert sich die wechselseitige Anerkennung in prozeduralen Regeln, also in der Akzeptanz bestimmter Verfahren des Umgangs miteinander. Die dadurch geregelte Interaktionssphäre kann als Bereich der Zivilgesellschaft bezeichnet werden." (Gosewinkel, Dieter / Rucht, Dieter: WZB-Jahrbuch, Berlin 2003, S. 45/46).

1.5 Definition der Zeitschrift „Sonderweg"

Die im „Sonderweg" publizierte Definition vermeidet den Begriff „Dritter Sektor" und umschreibt den zivilgesellschaftlichen Bereich als „jenen Bereich einer Gesellschaft, welcher zwischen staatlicher, wirtschaftlicher und privater Sphäre zu verorten ist". Aus diesem Bereich „entstehen lose oder wohlorganisierte Vereinigungen, wie beispielsweise Verbände, Initiativen oder Vereine". Einflussnahme auf staatliches Handeln und die Akteure des politischen Systems wird als Ziel des Engagements angegeben: „Diese zivilgesellschaftlichen Akteure verfolgen in der Öffentlichkeit die Aufgabe, gesellschaftliche Problemlagen für die Bürger zu sensibilisieren bzw. zu thematisieren und letztendlich politischen Einfluss zu gewinnen. Das Anliegen solcher in der Gesellschaft verwurzelter Interessengruppen ist es idealerweise, das staatliche Handeln und die Macht von Akteuren innerhalb des politischen Systems einzuhegen." Diese Begriffsbestimmung bezeichnet eine gerechtere Gesellschaftsordnung als Ziel zivilgesellschaftlicher Aktivitäten: „Konkret umfasst dies thematisch die Achtung der Menschenrechte und Solidarität zu fördern, die Schere zwischen Arm und Reich abzubauen und so zu einer gerechteren Gesellschaftsordnung beizutragen." Die Definition verknüpft Altruismus und politische Einflussnahme miteinander: „Voraussetzung für zivilgesellschaftliches Engagement sind die individuellen und kollektiven Freiheiten, die demokratische Staaten zivilgesellschaftlichen Akteuren einräumen. Damit im Zusammenhang stehend, ist der Begriff der Zivilgesellschaft mit der normativen Forderung einer weitergehenden Demokratisierung verbunden." Zur Diskussion über das ambivalente Verhalten der Menschen, je nach Gelegenheit selbstgesetzlich oder eigennützig zu handeln, gibt die Definition jedoch keine Auskunft. (Sonderwege, Politische Reisen in post-conflict Regionen, 2013, www.sonderwege.org/index.php/zivilgesellschaft/.../Zivilgesellschaft.htm).

1.6 Zivilgesellschaft aus der Sicht von Thomas Klie

Ähnlich formuliert Thomas Klie: „Unter Zivilgesellschaft wird ein gesellschaftlicher Bereich verstanden, der zwischen staatlicher, wirtschaftlicher und privater Sphäre entstanden ist – oder auch zwischen Staat, Markt und Familie. Dieser Bereich wird als öffentlicher Raum verstanden, in dem eine Vielzahl von Vereinigungen agiert. Sie sind vom Staat mehr oder weniger unabhängig und haben unterschiedliche Organisationsgrade und -formen, z.B. Initiativen, Vereine, Verbände. Die Begriffe „Non-Profit-Organisationen" oder „Dritter Sektor" werden oft gleichbedeutend mit „Zivilgesellschaft" verwendet. Sie stellen die organisierte Form zivilgesellschaftlichen Engagements dar. Voraussetzung für zivilgesellschaftliches Engagement sind z.B. Versammlungs- und Vereinigungsfreiheit, die demokratische Staaten zivilgesellschaftlichen Akteuren einräumen." (Prof. Dr. Thomas Klie, zzem – Zentrum für zivilgesellschaftliche Entwicklung 2011).

1.7 Julia Mohrs Definitionsversuch

Für die Autorin Julia Mohr und ihren Mitstreiter ist Zivilgesellschaft „eine selbstverantwortliche und selbstverwaltete Gesellschaft, in der sich unterschiedliche Akteure organisieren." Soziologen und Politologen, hält sie fest, bezeichneten sie heute schon als den dritten selbstständigen Pfeiler in der menschlichen Gesellschaft, die Bürgern die Möglichkeit biete, private und politische Ziele zu verfolgen, ohne selbst ein staatliches Amt zu bekleiden. Eine Zivilgesellschaft ist danach eine optimale Ergänzung für einen demokratischen Staat, da sie hilft, die Bürger zu ihrem Recht auf Mitbestimmung kommen zu lassen.

Bezweifelbar sei aber, ob das Volk sein Recht auf Mitbestimmung an Zivilgesellschaften abtreten solle. Zivilgesellschaftliche Akteure hätten kein politisches Mandat erworben. Sie seien nie von einer Mehrheit gewählt worden.

Aber nichts sei dagegen einzuwenden, dass sich verschiedene Gruppen in einem Wettstreit der Ideen zusammentun. Die in den konkurrierenden Zivilgesellschaften am meisten Anklang findenden Ideen und Ziele sollten sich – im Idealfall – durchsetzen, meint Julia Mohr. Eigenschaften wie Toleranz, Fairness und Gewaltlosigkeit müssten natürlich gewährleistet sein, aber gerade unterschiedliche Meinungen belebten das Bild.

Zu kritisieren sei, dass die Akteure der Zivilgesellschaft ehrenamtlich arbeiten und Aufgaben der Politiker übernehmen, was man als ein Abwälzen staatlicher Pflichten auf die Bürger ansehen könne. Der Staat spare Geld und verliere das Bedürfnis und die Fähigkeit, schlechte Verhältnisse zu beseitigen. Obendrein fehlten den zivilgesellschaftlichen Akteuren die finanziellen Mittel, um den Forderungen, die an sie gestellt werden, gerecht zu werden. Dies könne zur Folge haben, dass das bestehende System und die Zustände eher gestützt als beseitigt werden (www.geisz.de/zivilgesellschaftenII.htm).

1.8 Zivilgesellschaftsdefinition der Bundeszentrale für politische Bildung

Annette Zimmer von der Bundeszentrale für politische Bildung fragt: „Tragen engagierte Einzelpersonen und freiwillige Vereinigungen dazu bei, dass ein Staat ‚zivil' ist? Bringen Stiftungen die Demokratie voran? Zweifelsohne ist hier Skepsis gefragt. Eine Vielfalt zivilgesellschaftlicher Organisationen mit einem hohen Grad an aktiver Beteiligung ihrer Mitglieder allein ist noch kein Indiz für eine starke Demokratie." Wie andere vor ihr führt sie als „Paradebeispiel" (Berman 1997) die Weimarer Republik an, in der trotz hohem Organisationsgrad der Bevölkerung und einer großen Anzahl von Vereinigungen kaum Zivilität geherrscht habe. Zivilgesellschaftliche Organisationen, gibt sie zu bedenken, „bilden sich ... häufig entlang gesellschaftlicher Konfliktlinien heraus und drängen ihre Mitglieder ... dazu, die eigene ideologische, politische oder religiöse Position und Identität zu bewahren und zu festigen und sich von anderen gesellschaftlichen Gruppen abzugrenzen." Als gelungenes Beispiel für ein friedliches Nebeneinander führt sie die beiden großen Kirchen nahestehenden Wohlfahrtsverbände an, die katholische Caritas und die evangelische Diakonie. Ursprünglich seien sie in einem Klima religiöser Konkurrenz zwischen Katholiken und Protestanten entstanden, arbeiteten heute aber bei der Erfüllung sozialstaatlicher Aufgaben eng zusammen. Zivilität dürfe nicht vorausgesetzt, sondern müsse empirisch nachgewiesen werden. Wenn knappe öffentliche Kassen zu reduzierten Leistungen des Sozialstaats führten und entweder dem unentgeltlichen zivilen Engagement oder ökonomischen Interessen überantwortet würden, finde stillschweigend eine Neubestimmung öffentlicher Aufgaben statt (Politik/Grundfragen/Deutsche Verhältnisse. Eine Sozialkunde | Zivilgesellschaft | Probleme der Zivilgesellschaft, 31.5.2012).

1.9 Thomas Carothers' kritische Definition der Zivilgesellschaft auf dem Hintergrund US-amerikanischer Erfahrungen

Thomas Carothers, Vizepräsident der Abteilung für Weltpolitik der Stiftung „Carnegie Endowment for International Peace" in Washington DC, bezeichnet die Zivilgesellschaft als eine ungeeignete Zauberformel, die mit falschen Vorstellungen und unrealistischen Erwartungen verbunden werde. In einigen Punkten listet er seine Einwände und Kritik auf („In the Name of Democracy", zuerst im „Foreign Policy" 117 vom Winter 1999 erschienen, veröffentlicht auch im „Deutschland-Magazin" Nr. 5/2000 und nachgedruckt in: „der überblick". 03/2001, Seite 14):

Es sei falsch, die Zivilgesellschaft mit NGOs gleichzusetzen. Richtig verstanden umfasse der Begriff Zivilgesellschaft alle Organisationen und Vereinigungen jenseits des Staates (der auch politische Parteien einschließt) und des Marktes. Dazu gehörten also auch Interessengruppen wie Gewerkschaften, Berufsverbände, Handelskammern und ethnische Verbände. Auch Vereinigungen, die kein besonderes soziales oder politisches Ziel verfolgen, gehörten dazu wie religiöse Organisationen, Studentengruppen, Kultur- und Sportvereine. In vielen Ländern träten die NGOs in ihrer Bedeutung hinter eher traditionellen Elementen der Zivilgesellschaft zurück. Der florierende Sektor der NGOs in Ländern im Übergang zur Demokratie werde oft von Gruppen beherrscht, die sich aus der Elite rekrutieren und kaum Verbindungen zu den Bürgern unterhielten, in deren Namen sie angeblich tätig sind. Sie könnten zudem ihren Geldbedarf oft nicht im eigenen Land decken, sondern seien auf internationale Geldgeber angewiesen.

Die Vorstellung, dass es in der Zivilgesellschaft warm und heimelig zuginge, sei falsch. Carothers fragt, ob man genau so gern mit der Mafia oder Milizionären aus Montana zusammensitzen würde wie mit den Leuten vom Elternbeirat in der Schule der Kinder? Auch jene seien Teil der Zivilgesellschaft. Die Zivilgesellschaft sei oftmals eine verwirrende Ansammlung aus guten, schlechten und einfach verschrobenen Menschen. Die Erkenntnis, dass sich in jeder Gesellschaft Leute zusammentun, um nicht nur lobenswerte, sondern auch bösartige Ziele zu verfolgen, sei für die Entmystifizierung des Begriffs Zivilgesellschaft entscheidend. Außerdem sei die Annahme, die Zivilgesellschaft stehe an sich für das Gemeinwohl, auch aus zwei anderen Gründen irrig. Obwohl Aktivisten in Bürgergruppen oft der Meinung sind, sie setzten sich für das Gemeinwohl ein, ist stets hochgradig umstritten, was das Interesse der Allgemeinheit ist. So sei saubere Luft zwar ein öffentliches Gut, aber niedrige Energiekosten ebenfalls. Das Gleiche könne über den freien Welthandel und die Sicherung der Arbeitsplätze zuhause oder über die Redefreiheit und das Recht auf Schutz vor übler Nachrede gesagt werden. NGOs, die sich mit nur einem einzigen Anliegen beschäftigten, seien an einem Ausgleich unterschiedlicher Ansichten über das Gemeinwohl nicht interessiert. Auseinandersetzungen über das, was im Interesse der Allgemeinheit liegt, werde zwischen den Interessengruppen in der Zivilgesellschaft selbst ausgetragen.

Die Zivilgesellschaft befasse sich durchaus auch mit handfesten wirtschaftlichen Interessen. Ein Großteil der Gruppierungen verfolge häufig private oder eigennützige Ziele, wie beispielsweise Mietervereine und Gewerkschaften, die zwar nicht profitorientiert seien, aber eifrig daran arbeiteten, die ökonomischen Belange ihrer Mitglieder durchzusetzen. Eine starke Zivilgesellschaft könne auch eine gefährliche politische Schwäche widerspiegeln und mit nationalistischen und populistischen Gruppen zusammenarbeiten wie beispielsweise in der Weimarer Republik. Und selbst für gefestigte Demokratien mit starken politischen Institutionen gäbe es gute Gründe, der einfachen Vorstellung, „je mehr Zivilgesellschaft, desto besser", zu misstrauen. Die ausufernde Zahl der Interessengruppen in reifen Demokratien könne durchaus das Funktionieren der repräsentativen Organe lähmen und das Ergebnis zu Gunsten der Reichen mit guten Verbindungen – der gut Organisierten – verzerren. Auch das Gegenteil sei richtig: Japan sei seit vielen Jahrzehnten eine stabile Demokratie, aber die Zivilgesellschaft sei dort weiterhin relativ schwach – vor allem was unabhängige Bürgergruppen angeht, die sich mit Umwelt- und Verbraucherschutz, Menschenrechts- und Frauenfragen befassen (Themen, die Amerikanern und Europäern am Herzen liegen). Selbst in einem „urdemokratischen" Land wie Frankreich nähme die Zivilgesellschaft gegenüber dem starken Zentralstaat nur einen hinteren Platz ein. Spanien, ein Beispiel für ein Land mit jüngerer demokratischer Tradition, habe ein recht schwaches Vereinsleben. Politische Parteien und Wahlen sicherten den politischen Pluralismus; sie können eindeutig auch in Ländern mit schwacher Zivilgesellschaft funktionieren.

Der behauptete Zusammenhang zwischen Wirtschaftswachstum und Zivilgesellschaft sei gar nicht so klar wie angenommen, stellt Carothers fest: „Südkoreas Wirtschaftswunder wurde auf dem Rücken einer unterdrückten Zivilgesellschaft errungen, besonders einer unterjochten Arbeiterschaft... Bangladesch dagegen verfügt über eine reiche Zivilgesellschaft. Tausende von NGOs, politischen Initiativen und sozialen Hilfsorganisationen sind auf nationaler und lokaler Ebene tätig. Aber aus diesem Reichtum an NGOs erwuchs den Menschen bisher kein Wohlstand. Bangladesch bleibt eines der ärmsten Länder der Welt." Der Weg zum wirtschaftlichen Erfolg führe nicht notwendigerweise über die Zivilgesellschaft, und eine starke Zivilgesellschaft könne sehr wohl in einer relativ schwachen Wirtschaft bestehen und umgekehrt. Mehr noch: Zu viel – oder die falsche Art Zivilgesellschaft – könne für die Wirtschaft sogar schädlich sein.

Eine echte Zivilgesellschaft nehme vom Staat kein Geld. Tatsächlich nicht, fragt Carothers? In einigen westeuropäischen Ländern sei die staatliche Unterstützung der Zivilgesellschaft weit verbreitet und komme selbst Gruppen zugute, die – wie Menschenrechtsorganisationen und Umweltschutzgruppen – Staatsorganen kritisch entgegentreten. Dies gelte auch für die USA.

Die Aussage, der Aufstieg der Zivilgesellschaft bedeute den Niedergang des Staates, sei falsch, denn Gruppen der Zivilgesellschaft könnten die staatliche Politik weit wirkungsvoller mitgestalten, wenn der Staat über Macht verfügt, politische Programme vorzulegen und sie auch umsetzen könne. Die Zivilgesellschaft solle den Staat herausfordern, sie soll Störfaktor sein und sich ihm zuweilen auch entgegenstellen. Aber sie und der Staat brauchten einander; und in der besten aller Welten gedeihen sie gemeinsam und entwickeln sich nicht auf Kosten des anderen.

Die transnationale Zivilgesellschaft sei zwar „global" ausgerichtet, aber sie projiziere die politische und wirtschaftliche Macht des Westens in andere Weltgegenden. Dies sei eine Vorgehensweise, die Aktivisten der Zivilgesellschaft in anderen Zusammenhängen heftig verurteilten. Und drittens habe die grenzüberschreitende Zivilgesellschaft – ähnlich wie die innerhalb eines Landes – auch ihre Schattenseiten. „Hassgruppen" verbündeten sich heute mit gleichgesinnten Extremisten in anderen Zeitzonen und bestärkten sich gegenseitig in ihren Ressentiments. Das organisierte Verbrechen sei ein transnationales Unternehmen par excellence, an dem sich die am meisten fortgeschrittenen Formen einer flexiblen, kreativen internationalen Organisation und Operationsweise exemplarisch studieren ließen.

1.10 Christoph Sebalds Kritik an der Zivilgesellschaft

Christoph Sebald, Mitglied der JEF Erfurt, setzt sich in seinem am 17. September 2011 erschienenen Essay „Zivilgesellschaft – was ist das?" (networked-blogs.com/ndqcc) ebenfalls kritisch mit dem Begriff Zivilgesellschaft und den verschiedenen Definitionen auf dem Hintergrund europäischer Erfahrung auseinander. Er unterscheidet zwischen einem engeren und weiteren Bereich zivilgesellschaftlicher Aktivitäten: „In der Forschung gibt es mehrere Ansätze und Perspektiven: Während ein enger Ansatz nur Nichtregierungsorganisationen (NGO) als Zivilgesellschaft anerkennt, schließt ein breiterer Ansatz alle zivilgesellschaftlichen Organisationen

(ZGO), also auch Lobby und Gewerkschaften, mit ein. Ein dritter Ansatz umfasst alle gesellschaftlich-sozialen Kräfte, mitunter Kirchen, apolitische Vereine und Terroristen. Letzterer wird hier jedoch vernachlässigt." (ebd.). Mit der Definition Thomas Carothers stimmt er in der Feststellung überein, dass zivilgesellschaftliche Aktivitäten nur in einem demokratischen Rechtsstaat garantiert sind: „Eines ist völlig klar: Zivilgesellschaftliche Aktivität ist nur im Rahmen eines demokratischen Rechtsstaats garantiert. Ohne Versammlungs- und Vereinigungsrechte ist Zivilgesellschaft schlicht nicht möglich." (ebd.).

Carothers und Sebald stimmen auch darin überein, dass es selbst gemeinwohlorientierten NGOs an einer Legitimation durch das Volk mangele. Selbst wenn ihre Ziele uneigennützig demokratischen Charakter besitzen, blieben die Bewegungen selbst undemokratisch, da sie nur auf ihren Mitgliedern, nicht aber auf der Gesamtheit der Bürger fußen. Sebald verurteilt das von ihm als Lobbying bezeichnete zivilgesellschaftliche Engagement einflussreicher Agenten und kritisiert es als Verminderung des Einflusses der „wenig organisierten und vernetzten Wahlbürger". „Zivilgesellschaft", schreibt er, „forciert ... in erheblichem Maße politische Ungleichheit, was in einer Demokratie nicht unproblematisch ist. Weiterhin mangelt es zivilgesellschaftlichen Bewegungen an adäquater Öffentlichkeitsarbeit und demokratischer Verantwortlichkeit. Sie sind mit ihren Handlungen niemandem Rechenschaft schuldig und können nur unzureichend von der Öffentlichkeit im Auge behalten werden. Beides mindert ihre ‚demokratische' Qualität erheblich." (ebd.). Zivilgesellschaftliche Organisationen seien insbesondere bei größeren Projekten auf fremde Finanzhilfe angewiesen und damit dem Einfluss ihrer Förderer ausgeliefert. Als Beispiel führt er die Unterstützung feministischer Bewegungen durch die EU-Kommission an, um über sie auf die nationalstaatliche Gleichstellungspolitik einwirken zu können. Als weiteren Kritikpunkt nennt er die relative Ferne der Verbandseliten von der Basis, wodurch der verbandsinterne Diskurs nur noch unzulänglich gewährleistet sei. Zivilgesellschaft ist in der Einschätzung Sebalds „kein Instrument, das – wie manchmal behauptet – die Lücken schließen kann, welche der Rückzug des Staates hinterlassen hat. Gerade die institutionellen Schwächen, die Unmöglichkeit der Politikimplementation und ihre demokratische Minderwertigkeit machen Zivilgesellschaft absolut inadäquat gegenüber den Herausforderungen unserer Zeit." (ebd.).

1.11 Die spezifische Positionsbestimmung der EU-Kommission

Unter dem Stichwort „Dialog mit der Zivilgesellschaft" preist die EU-Kommission ihre Vorgehensweise (Stakeholder's Involvement in Social Inclusion Politics) an. Ihr Konzept soll dazu dienen, eine Brücke zwischen den europäischen Institutionen und den Bürgerinnen und Bürgern Europas zu bauen. Der Adressat der EU-Kommission ist die „organisierte Zivilgesellschaft". Das sind:

„1. die Arbeitsmarktparteien (Gewerkschaften und Arbeitgeberverbände – auch ‚Sozialpartner' genannt); Vertretungsorganisationen im sozialen und wirtschaftlichen Bereich, die nicht Sozialpartner im engeren Sinn sind (beispielsweise Verbraucherorganisationen); 2. NRO (Nichtregierungsorganisationen), in denen Menschen gemeinsame Ziele verfolgen (Umweltorganisationen, Menschenrechtsorganisationen, Wohlfahrtseinrichtungen, Aus- und Weiterbildungseinrichtungen usw.); 3. CBO ('community-based organisations'), also Organisationen, die aus der Mitte und von der Basis der Gesellschaft her entstehen und mitgliederorientierte Ziele verfolgen, z.B. Jugendorganisationen, Familienverbände und alle Organisationen, über die die Bürger am Leben in den Kommunen teilnehmen können, sowie Religionsgemeinschaften." Die „organisierte Zivilgesellschaft" bildet für die EU-Kommission „die Grundstruktur der Gesellschaft außerhalb der staatlichen und öffentlichen Verwaltung, wozu auch Wirtschaftsakteure gehören, die generell nicht als ‚Dritter Sektor' oder NROs angesehen werden." Zwischen organisierter Zivilgesellschaft und Lobbytätigkeit werden kaum noch Unterschiede gesehen. Um von der Kommission anerkannt zu werden, muss die „organisierte Zivilgesellschaft" folgende Kriterien erfüllen: 1. auf Gemeinschaftsebene dauerhaft organisiert sein; 2. einen direkten Zugriff auf die Expertise ihrer Mitglieder und damit rasche und konstruktive Konsultationen gewährleisten; 3. allgemeine Anliegen vertreten, die den Interessen der europäischen Gesellschaft entsprechen; 4. sich aus Organisationen zusammensetzen, die auf der Ebene des jeweiligen Mitgliedstaats als repräsentativ für die von ihnen vertretenen Interessen anerkannt sind; 5. über Mitgliedsorganisationen in der großen Mehrheit der Mitgliedstaaten der EU verfügen; 6. eine Rechenschaftspflicht gegenüber den Mitgliedern der Organisation vorsehen; 7. über ein Mandat zur Vertretung und Handlung auf europäischer Ebene verfügen; 8. unabhängig und weisungsungebunden von außen sein; 9. transparent sein, vor allem in finanzieller Hinsicht (www.stakeholders-socialinclusion.eu › ... › *de* ›).

1.12 Thomas Kerns Bestimmung der Grenzen zivilgesellschaftlichen Engagements

Thomas Kern von der Universität Heidelberg – Institut für Soziologie, Centrum für soziale Investitionen und Innovationen (CSI) – fordert aufgrund der sehr unterschiedlichen Definitionen und widersprüchlichen Ansprüche an die Zivilgesellschaft dazu auf, „die Grenzen der Zivilgesellschaft" auszuloten. „Die Zivilgesellschaft", schreibt er, „hat sich mittlerweile zu einem zentralen Gegenstand der sozialwissenschaftlichen Diskussion entwickelt. Der „Dritte Sektor" erlebt seit Jahrzehnten weltweit ein beispielloses Wachstum und vieles deutet darauf hin, dass zivilgesellschaftliche Strukturen für die politische und wirtschaftliche Entwicklung von entscheidender Bedeutung sind. Zugleich kritisieren jedoch viele Studien, dass das Konzept der Zivilgesellschaft in hohem Maße unscharf ist, teilweise mit unrealistischen Erwartungen überfrachtet wird und eine große Zahl von unterschiedlichen – teilweise widersprüchlichen – Ideen und Werten reflektiert. Die Zivilgesellschaft soll demnach eine Art Gegengewicht zum Staat bilden, die Autonomie der Bürger stärken, staatlichem Despotismus Grenzen setzen u.v.m. Diese vielfältigen Funktionszuschreibungen konvergieren zumeist im normativen Leitbild einer universalen und demokratischen Zivilgesellschaft, dessen Erwartungen oft so hoch sind, dass auch viele zivilgesellschaftliche Akteure sie nicht einlösen können. Die Gründe dafür beruhen zum einen darauf, dass die Institutionalisierung der Zivilgesellschaft stets innerhalb eines spezifischen räumlichen, historischen und sozialen Kontextes erfolgt. Dies impliziert zwangsläufig die Ziehung von Grenzen und damit auch Ausgrenzung. Hinzu kommen die nicht-intendierten Folgen zivilgesellschaftlichen Handelns sowie ambivalente Handlungsstrategien der Akteure." Im einzelnen fordert er, „die kulturellen und strukturellen Widersprüche und Ambivalenzen, die immanent mit der Institutionalisierung des normativen Leitbilds der Zivilgesellschaft verbunden sind", aufzudecken und zu untersuchen, „in welchen Diskursen, Strukturen und Handlungsformen sich die Grenzen der Zivilgesellschaft manifestieren". Die Forschung sollte die „(1) kulturellen Codes, welche die Mitgliedschaft in der Zivilgesellschaft an partikulare Räume, Zeiten und Inhalte binden" ermitteln und dabei die „Bedingungen der Ausgrenzung gleich mit definieren", „(2) strukturelle Konstellationen und Verteilungsmuster von (materiellen und immateriellen) Ressourcen" erkennen, „welche die Handlungsmöglichkeiten der Akteure (mehr oder weniger) einschränken" und „(3) ambivalente Handlungsstrategien der Akteure, die zwischen unterschiedlichen Wertbezügen des Handelns schwanken..." offenlegen (Thomas Kern, Institut für Soziologie, Universität Heidelberg, Promotionskolleg „Die Grenzen der Zivilgesellschaft", September 2010).

1.13 Variabilität und Differenz in der Definition von Zivilgesellschaft

Die hier vorgestellte Auswahl an Definitionen bestätigt die Kritik von Thomas Kern. Während in der einen Definition der sog. „Dritte Sektor" als Kern zivilgesellschaftlicher Aktivitäten bezeichnet wird, weiten andere den Bereich zivilgesellschaftlichen Engagements entweder bis weit in wirtschaftliche Tätigkeiten (Lobbyismus) aus, oder sie beschränken ihre Definition auf rein mildtätige Aufgaben. Die Differenzen ergeben sich aus den unterschiedlichen Motiven zivilgesellschaftlich engagierter Menschen und den propagierten Regeln für erlaubte oder missbilligte Einflussnahme auf staatliche Entscheidungen sowie die Nähe zur Sphäre der Ökonomie. Die meisten Definitionen ordnen zivilgesellschaftliches Engagement dem Ziel zu, das gesamtgesellschaftliche Gemeinwohl fördern zu wollen. Während die einen darunter hauptsächlich die Erhaltung des „formlosen Gegenhalts" (Reinhard Hildebrandt, Staat und Zivilgesellschaft, 2011, S. 91f) in der Gesellschaft verstehen, zielen die anderen darüber hinaus auf mehr Gerechtigkeit, ohne dass sie im Gerechtigkeitsdiskurs Übereinstimmung erreichten.

Die Kritik am zivilgesellschaftlichen Engagement setzt auch am fehlenden politischen Mandat an. Sie erwähnt die finanzielle Abhängigkeit zivilgesellschaftlicher Tätigkeit entweder vom Staat, der Wirtschaft oder beispielsweise von Stiftungen. In der Abgrenzung zu kriminellen Vereinigungen wird vor allem auf Transparenz und die Existenz demokratischer Strukturen verwiesen. Steht die sogenannte organisierte Zivilgesellschaft im Fokus der Definition, wird das weniger organisierte zivilgesellschaftliche Engagement bestenfalls als weites Vorfeld originären zivilgesellschaftlichen Handelns begriffen. Thomas Kern ist also zuzustimmen, wenn er mehr Klarheit fordert.

IV. Unterschiedliche Motivationen

1. Der unterschiedlich motivierte zivilgesellschaftlich tätige Mensch als Ursache widersprüchlicher Definitionen

Die differierenden Definitionen der Zivilgesellschaft beziehen sich sowohl auf unterschiedliche Betätigungsfelder, die sich teilweise überlappen, wie auch auf voneinander abweichende Motive zivilgesellschaftlich engagierter Menschen, die entsprechend ihrer vorrangigen Motive in spezifischen Gesellschaftsbereichen tätig werden. Letzteres ist näher auf das in ihnen vorrangige quantitative Verhältnis zwischen selbstgesetzlichem und eigennützigem Handeln und das der in ihnen engagierten Menschen zu untersuchen.

- Steht die Hilfe für gefährdete Menschen im Vordergrund ihres Handelns, werden sie wahrscheinlich Einrichtungen wie z.B. der Telefonseelsorge ihre Mitarbeit anbieten.
- Sind sie konfessionell gebunden, werden sie eher ihr Betätigungsfeld in kirchennahen Vereinen der Altenpflege, der Versorgung von Kranken und der Armutsbekämpfung suchen.
- Wollen sie stärker dem Gemeinwohl dienen, stellen sie in Zeiten hoher Arbeitslosigkeit ihre Arbeitskraft wahrscheinlich eher der Erarbeitung von Programmen für Langzeitarbeitslose zur Verfügung als Hilfsdienste für Kindertagesstätten zu übernehmen.
- Möchten sie als junge Menschen beruflich vorankommen, werden sie möglicherweise die Tätigkeit in einem Schülerparlament vorteilhafter finden als das Austeilen von Gemeindeblättern.
- Planen sie eine spätere Karriere in der Politik, drängen sie sicherlich in die Jugendorganisationen von politischen Parteien oder engagieren sich in den Gewerkschaften.
- Hegen sie die Auffassung, dass ökonomische Unternehmungen auch einer ethischen Grundlage bedürfen, werden sie nach Betätigungsmöglichkeiten im Zwischenbereich von wirtschaftlicher Effizienz und Moral suchen.
- Reiben sie sich an politischen oder ökonomischen Entwicklungen, werden sie sich Volksbewegungen anschließen oder sie initiieren.

Im Bericht zur Lage und zu den Perspektiven des bürgerschaftlichen Engagements in Deutschland vom Juni 2009 weisen die Autoren Mareike Alscher, Dietmar Dathe, Eckhard Priller (Projektleitung) und Rudolf Speth dem von ihnen bürgerschaftlich genannten zivilgesellschaftlichem Engagement eine „ausgeprägte Multifunktionalität" zu. Sie führen weiter aus: „Bei den zivilgesellschaftlichen Organisationen leitet sich diese bereits aus der starken Heterogenität ihrer Rechtsformen, den Unterschieden in der Größe sowie dem breiten Tätigkeits- und Wirkungsspektrum ab." (vgl. Zimmer/Priller 2007: 20ff.; Priller 2008: 301ff.). „So sind internationale Hilfsorganisationen, nationale Wohlfahrtsverbände, lokale Kulturvereine oder Bürgerinitiativen als zivilgesellschaftliche Organisationen immer auch auf die Wahrnehmung unterschiedlicher Funktionen ausgelegt; die lokale Bürgerinitiative beispielsweise bewegt sich in einem anderen Wirkungskreis als eine global agierende Menschenrechtsorganisation. Entsprechend gestaltet sich auch das Engagement sowohl in den einzelnen Organisationen als auch in den nichtorganisierten Formen sehr unterschiedlich. Hinsichtlich der Multifunktionalität werden vor allem die Beiträge zur Stärkung der Demokratie, bei der Sicherung und Gewährleistung sozialer Integration, bei der allgemeinen Werte- und Normenbildung, aber auch im Rahmen der Wohlfahrtsproduktion, der Realisierung sozialpolitischer Aufgaben sowie bei der Lösung arbeitsmarktpolitischer Fragen hervorgehoben. Einzelne wissenschaftliche Ansätze gewichten die verschiedenen Funktionen ungleich stark. Dies kann zu einseitiger Wahrnehmung führen. Als Fazit kann festgehalten werden, dass die Wirkungen von bürgerschaftlichem Engagement und zivilgesellschaftlichen Organisationen in den einzelnen Feldern sehr differenziert sind. Bestandsaufnahmen, Analysen und Bewertungen hierzu müssen deshalb nicht nur der Vielfalt – d. h. ihren verschiedenen Formen und Ausprägungen – Rechnung tragen, sondern haben zugleich die Perspektiven der jeweiligen Einbindungen, Kontexte und Wirkungen zu berücksichtigen." (Wissenschaftszentrum Berlin für Sozialforschung (WZB), Projektgruppe Zivilengagement, Berlin 2009).

In jedem der aufgezeigten Tätigkeitsfelder ist das quantitative Verhältnis zwischen selbstgesetzlichem und eigennützigem Handeln unterschiedlich ausgestaltet. Dies zieht Menschen mit einer entsprechenden Aufteilung ihres Handelns und den damit korrespondierenden Motivationen für ihre beabsichtigte zivilgesellschaftliche Praxis an. Im weiteren Verlauf der Analyse wird deshalb zunächst das Negationsverhältnis zwischen Selbstgesetzlichkeit und Eigennutz als ein besonderes Verhältnis in der Vielzahl ihrer sonstigen Bedeutungen dargestellt. Unterschiedliche Bedeutungen eines Begriffes ergeben sich aus den Zusammenhängen, in den er gestellt wird.

1.1 Selbstgesetzliches und eigennütziges Verhalten von Menschen

1.1.1 Begriffliche Analyse des Verhältnisses von Selbstgesetzlichkeit und Eigennutz

Wenn in einer Analyse der Begriffe *Selbstgesetzlichkeit und Eigennutz* beide Begriffe lediglich als auf sich bezogene selbständige Einheiten definiert werden (beide nur für sich existierend), geht für jeden der beiden die herausragende Bedeutung des *zwischen ihnen* existierenden spezifischen Negationsverhältnisses unter. Die Begriffe Selbstgesetzlichkeit und Eigennutz erhalten jeder für sich, abhängig vom avisierten Zusammenhang, eine mehr oder weniger große Anzahl von Bedeutungen. In der Vielzahl dieser Bedeutungen erscheint ihr spezifisches Negationsverhältnis nur noch als eines unter vielen. Ihr Spannungsverhältnis zueinander, in dem sich Selbstgesetzlichkeit und Eigennutz als Negation gegenüberstehen und jeder Begriff die Negation des anderen ist, wird in seiner spezifischen Bedeutung nicht mehr erfasst.

In dieser besonderen Beziehung haben jedoch – wie im Verhältnis von „plus" zu „minus" – beide Begriffe unabwendbar den Gegenbegriff an sich selbst. Die Definition des einen Begriffs ist ohne die Negation durch den anderen unvollständig. Im Spannungsverhältnis steht dem Begriff „Selbstgesetzlichkeit" der Begriff „Eigennutz" diametral gegenüber. Beide Begriffe beziehen sich darüber hinaus nicht nur qualitativ aufeinander – als Negation der Negation -, sondern auch quantitativ: je mehr an Selbstgesetzlichkeit vorhanden ist, desto weniger kann Eigennutz entfaltet werden und umgekehrt bzw. das veränderte Ausmaß an Selbstgesetzlichkeit wirkt sich unmittelbar auf das Ausmaß an Eigennutz aus. Geht das Quantum Selbstgesetzlichkeit gegen null, nähert sich das Quantum Eigennutz seinem höchst möglichen Wert. In ihrem für beide Pole übergeordneten Spannungsverhältnis kann sich jedoch keine der beiden Qualitäten zugunsten der anderen vollständig auflösen. Sie bleiben innerhalb des Verhältnisses real vorhanden und in ihrem Gegensatz zueinander verbunden.

1.1.2 *Analyse des praktischen Verhaltens*

Der Begriffsanalyse des Spannungsverhältnisses von Selbstgesetzlichkeit und Eigennutz entspricht das praktische Verhalten von Menschen. Ihr Bemühen, sich selbst Gesetze zu geben und ausschließlich danach zu handeln, scheitert an ihrem nicht vollständig auszugrenzenden eigennützigen Verhalten, was sich an unzähligen Beispielen aus der Praxis konkretisieren lässt. Von Gelegenheit zu Gelegenheit verändern sie in ihrem Verhalten den Anteil an selbstgesetzlichem und eigennützigem Handeln. Als Lenker eines PKWs biegen sie z.B. von der Querstraße kommend entsprechend der Straßenverkehrsordnung stets auf die rechte Spur der Fahrbahn ein, während sie als Lenker eines Fahrrades durchaus einmal die Überquerung der gesamten Fahrbahn scheuen und gesetzeswidrig den links der Fahrbahn verlaufenden Radweg benutzen, obwohl ein entgegenkommender Radler behindert werden könnte und ein Unfall nicht unwahrscheinlich ist. Zu wenig an den Staat abgeführte Steuer gilt in manchen Kreisen als Kavaliersdelikt, hindert sie aber bei nächst bester Gelegenheit eventuell nicht daran, ganz allgemein Steuerehrlichkeit aller Bürger einzuklagen. Beim Tausch von Waren den Tauschpartner zu übervorteilen und in der Öffentlichkeit „gerechte“ Marktpreise zu fordern, ist für manche Marktteilnehmer keine außergewöhnliche Verhaltensweise. Die Wahl zwischen mehr selbstgesetzlichem oder mehr eigennützigem Handeln bestimmt den Alltag der Individuen. Theorien wie die von Thomas Hobbes, die dieses Wechselbad verneinen und im Staatsvertrag den Eigennutz der Menschen vollständig in ihrer Selbstgesetzlichkeit aufgehen lassen, entsprechen nicht dem realen Verhalten der Menschen.

1.2 Handlungslogisch orientierte Analyse zivilgesellschaftlichen Engagements

Aus der Sensibilität für seine eigene Verwundbarkeit und die des Anderen erwächst dem zivilgesellschaftlich engagierten Individuum sowohl Verantwortung für den Anderen wie für sich selbst. Tendierte der eigennützige Anteil gegen null, wären Individuen bereit, ihre eigene Identität nahezu vollkommen mit der Identität des Anderen zu teilen. „Sie würden nicht mehr nur ‚für-sich-selbst‘ existieren, dem das Andere als separates ‚Für-sich-selbst‘ gegenüber steht, sondern ersetzten in ihrem ‚Für-sich-sein‘ das ‚Für-sich‘ durch das ‚Für-den-Anderen'. Sie wären fortan ‚bei sich selbst', indem sie zugleich ‚für-den-Anderen' sind. In der Kombination ‚Für-den-Anderen-bei-sich-selbst' hätten sie die Verantwortung für den Anderen in die eigene Identität aufgenommen. Indem sie für sich selbst verantwortlich blieben, übernähmen sie zugleich Verantwortung für den Anderen außer ihnen und in sich selbst (als Teil ihrer selbst). In einem derart austarierten Beziehungsverhältnis würde die Grenzlinie zwischen ‚Für-sich' und ‚Für-den-Anderen' die Identität in vollkommen gleiche Teile zerlegen." (Reinhard Hildebrandt, Staat, Markt, Individuum – Zivilgesellschaftliches Engagement und seine Begrenzungen, Perspektiven DS, 2013, Heft 1, S. 88).

Angesichts des hohen Anteils an unterbewusstem und automatisiertem Verhalten der Menschen ist für den zivilgesellschaftlich Engagierten nicht erkennbar, ob und wann sein eigennütziger Anteil gegen null geht und die eigene Identität vollkommen mit der Identität des Anderen verschmilzt. Sein Bestreben, die Grenzlinie zwischen den beiden Anteilen des ‚Für-sich' und ‚Für-den-Anderen' exakt zu treffen, ist zum Scheitern verurteilt. Er läuft stets Gefahr, entweder bereits vor dieser Mittellinie anzuhalten oder sie unbedacht zu überschreiten. Hält er vor ihr an, ist er nicht bereit, gleichgewichtig zu teilen. „Sein Eigennutz richtet sich gegen den Anderen und verursacht ein Über- und Unterordnungsverhältnis, in dem der Andere die Position des Untergeordneten einnimmt; vorausgesetzt der Andere erduldet ein solches Verhältnis. Überschreitet er unbedacht die Mittellinie, setzt er sich dem gegen ihn gerichteten Eigennutz des Anderen ungeschützt aus und gerät selbst in die Position des potentiell Untergeordneten" (ebd. S. 88/89).

Sind mehrere zivilgesellschaftlich engagierte Individuen an einem Arrangement beteiligt und wird auch noch die unterschiedlich ausgeprägte Artikulationsfähigkeit und Interessiertheit von bildungsnahen und bildungsfernen Bevölkerungsschichten berücksichtigt, ist das Bestreben, der Mittellinie so nahe wie möglich zu kommen, noch weniger erreichbar. „Als Schlussfolgerung ergibt sich, dass zivilgesellschaftlich engagierte Individuen zu jedem Augenblick bemüht sein müssen, den Ausgleich zwischen ihnen immer wieder herzustellen. Regeln können ihnen hierbei helfen und die Bereitschaft, für den Rest des nicht zu Regelnden offen zu sein und stets zu bleiben." (ebd. S. 89). Zu den Regeln gehört zweifellos, „eine neue Sprache des politischen Handelns" (Alain Ehrenberg) zu entwickeln, die gegen ein ökonomistisches Menschenbild abgesetzt ist. Für das ökonomistische Menschenbild ist bezeichnend, dass der Einzelne in seiner Vereinzelung nicht mehr erkennt, dass er in einer Gesellschaft lebt. Die neue Sprache des politischen Handelns würde anerkennen, dass der Maßstab der „universellen Vernunft und der Verallgemeinerung ihrer Prinzipen“ einseitig auf das Moment der Selbstgesetzlichkeit abhebt und die Folgen des weiterhin vorhandenen Ausmaßes an eigennützigem Handeln – einschließlich der daraus immer wieder aufkeimenden Über- und Unterordnungsverhältnisse – unterschätzt. Welche Folgen das handlungslogisch nicht eindeutig festlegbare Verhalten zivilgesellschaftlich engagierter Bürger für die Interaktionen von Staat, Ökonomie und Zivilgesellschaft hat und welche Konsequenzen daraus staatlicherseits und von der Wirtschaft gezogen werden, wird noch zu analysieren sein. Die sogenannte organisierte Zivilgesellschaft leidet zusätzlich zur uneindeutigen Handlungslogik zivilgesellschaftlich engagierter Bürger noch unter der Repräsentationsproblematik, was es als nächstes aufzuarbeiten gilt.

1.3 Handlungslogik in der organisierten Zivilgesellschaft

Im Glossar der Europäischen Union wird die organisierte Zivilgesellschaft als ein „Sammelbegriff für alle Formen sozialen Handelns von Einzelnen oder Gruppen, die nicht auf Initiative des Staates zurückgehen und nicht von diesem gelenkt werden“ bezeichnet (http://europa.eu/legislation_summaries /glossary/civil_society_organisation_de.htm). In einer weiteren Spezifizierung heißt es: „Der Begriff ‚organisierte Zivilgesellschaft‘ findet Anwendung auf Organisationsstrukturen, deren Mitglieder über einen demokratischen Diskurs- und Verständigungsprozess dem allgemeinen Interesse dienen und welche auch als Mittler zwischen öffentlicher Gewalt und den Bürgern auftreten. Zu den Organisationen der Zivilgesellschaft werden gezählt:

- die Arbeitsmarktparteien über die Organisationen der Sozialpartner;
- Vertretungsorganisationen im sozialen und wirtschaftlichen Bereich;
- Nicht-Regierungsorganisationen, die gemeinsame Ziele verfolgen (Umweltschutz, Verbraucherschutz, Aus- und Weiterbildung usw.);
- Community-Based Organisations, also Organisationen, die aus der Mitte und von der Basis der Gesellschaft her entstehen (etwa Jugendorganisationen, Familienverbände);
- Religionsgemeinschaften.“ (ebd.).

Laut einer gemeinsamen Studie der Bertelsmann Stiftung, des Stifterverbands für die Deutsche Wissenschaft und der Fritz Thyssen Stiftung sind in der organisierten Zivilgesellschaft 2,3 Millionen Menschen beschäftigt (verbaende.com, 18.08.2011 14:40); das ist jeder zehnte Arbeitsplatz. In der organisierten Zivilgesellschaft wird ein jährlicher Umsatz von 89 Milliarden Euro erwirtschaftet, das sind 4,1 Prozent der gesamtwirtschaftlichen Bruttowertschöpfung; fast ebenso viel wie in der Bauwirtschaft und halb so viel wie im öffentlichen Sektor. Jeder zehnte sozialversicherungspflichtig beschäftigte Arbeitnehmer in Deutschland arbeitet in diesem Bereich. Hinzu kommen zu den 2,3 Millionen Arbeitsplätzen etwa 300.000 geringfügig Beschäftigte.

Laut Studie entfallen durchschnittlich 9,2 Prozent der sozialversicherungspflichtigen Stellen auf diesen Sektor, wobei in den ostdeutschen Bundesländern die Prozentsätze höher liegen: Brandenburg und Mecklenburg-Vorpommern (12 Prozent) und Berlin (14 Prozent). In dieser Studie gehören Stiftungen, Vereine, Verbände und andere Non-Profit-Organisationen mit den Themenschwerpunkten Gesundheit, Soziales, Bildung, Sport, Kultur zur organisierten Zivilgesellschaft (http://www.verbaende.com/nachrichten_fuer_verbaende/2011/dritter_sektor_stellt_jeden_zehnten_arbeitsplatz.php).

In der organisierten Zivilgesellschaft kann nur in den wenigsten Fällen auf das Repräsentationsprinzip verzichtet werden. Unter der realitätsfernen Prämisse, dass für die Zivilgesellschaft ausschließlich selbstgesetzliches Handeln Geltung beanspruchen kann, entsteht im Verhältnis von Repräsentanten und Repräsentierten keine Differenz zwischen beiden. Die Repräsentanten repräsentieren völlig uneigennützig und die Repräsentierten fühlen sich umfassend repräsentiert. Wenn jedoch beide Seiten den Eigennutz nicht aus ihrem Handeln entfernen können, ist das gesamte Verhältnis infiziert. Da im Repräsentationsverhältnis die Repräsentanten neben ihrer Repräsentationsaufgabe außerdem Teil der Repräsentierten (als sogenannte einfache Mitglieder) bleiben, repräsentieren sie sich auch selbst. Das Moment der Selbstrepräsentation verdoppelt die Neigung zu eigennützigem Handeln. Auf diesen Aspekt muss später noch stärker eingegangen werden.

V. Interaktionen zwischen Staat, Ökonomie und Zivilgesellschaft zur Erhaltung des „formlosen Gegenhalts“

Allen Beteiligten, ob in Staat, Wirtschaft oder Zivilgesellschaft, stellt sich als Basisaufgabe ihrer vielfältigen Aktivitäten, einen „formlosen Gegenhalt“ in der Gesellschaft zu erzeugen, ohne den die Gesellschaft ihren inneren Zusammenhalt verlieren und auseinanderbrechen würde. Ihre unterschiedlichen Gemeinwohlbelange, so extrem andersartig sie auch sein mögen, tragen nur dann produktiv zum gesamtgesellschaftlichen Gemeinwohl bei, wenn sie darauf abzielen, diese vorrangige Aufgabe zu erfüllen. Es ist deshalb zunächst danach zu fragen, auf welche Weise, d.h. unter welcher spezifischen Zielsetzung und mit welchen Mitteln Staat, Wirtschaft und Zivilgesellschaft den „formlosen Gegenhalt“ produzieren und erhalten wollen.

1. Definition des „formlosen Gegenhalts“

Das „Ensemble relativ stabiler sozialer Formen“ (Michel Foucault, Ernesto Laclau, Chantal Mouffe) besteht

- auf der Ebene der Diskursivität aus einer Vielzahl endlicher diskursiver bzw. hegemonialer Formationen mit jeweils zeitversetzten und andersartigen Entstehungs- und Verfallszeiten sowie
- auf der Ebene der realen gesellschaftlichen Bezüge aus deren unterschiedlich wirkungsmächtigen Praxen.

Neue Formationen, die sich überall dort konstituieren, wo neue Knotenpunkte Verdichtungsmöglichkeiten anbieten, suchen ebenso wie die vor ihnen bereits entstandenen auf dem unendlichen Feld der Diskursivität nach Anerkennung, und ebenso wie ihre Vorgänger streben sie im gesellschaftlichen Ensemble relativ stabiler sozialer Formen nach Verwirklichung ihrer Praxen. In der Zeit der Besitzergreifung eines Terrains restrukturieren sie das in seinen Grenzen nicht eindeutig bestimmbare strukturierte Ganze und be- und verdrängen etablierte Formationen aus dem von ihnen beanspruchten Terrain (Paradigmenwechsel, Auflösung von Schulen, einschließlich ihrer Praxen). Die zur gleichen Zeit existierenden verschiedenen diskursiven und hegemonialen Formationen untergraben sich gegenseitig, wenn sie auf Feldern tätig sind, die sich in Thematik und aktuellen Arrangements überschneiden. Nicht die Erhaltung des Ensembles relativ stabiler sozialer Formen steht im Vordergrund ihrer diskursiven bzw. hegemonialen Praxen, sondern

- die Ausformulierung und Gestaltung ihrer diskursiven bzw. hegemonialen Formationen, einschließlich der ihnen immanenten Dynamik, und
- der Ausbau und die Erhaltung des Terrains, das ihnen die Möglichkeit zur Entfaltung geboten hat.

Die diskursiven und hegemonialen Formationen tragen durch ihre Aktivitäten entscheidend dazu bei, dass sich im Ensemble relativ stabiler sozialer Formen und dem durch sie strukturierten Ganzen ein *Gegenhalt* herauskristallisiert, der sich immer wieder aufs Neue herstellt, indem er sich jeder Verschiebung der Strukturelemente kontinuierlich anpasst, aber selbst keine feste Form auszubilden vermag. Als *formloser* Gegenhalt ist er ständig im Fluss.

Bestünde das strukturierte Ganze aus sich selbst steuernden unendlichen Strukturen (was unrealistisch ist), oszillierte der *formlose Gegenhalt* sowohl auf der Ebene der Diskursivität wie im strukturierten Ganzen in engen Grenzen um die Spur der Unendlichkeit und würde eine zeitlich unbegrenzte beständige Form ausbilden. Da aber von Strukturen mit unterschiedlichen Entstehungs- und Verfallszeiten auszugehen ist, die als endliche in sich die Spur der Vergänglichkeit tragen und sich gegenseitig ihren Platz streitig machen, ist die Möglichkeit nicht auszuschließen, dass trotz der Pluralität der Strukturen sämtliche Entstehens- und Verfallszeiten auf einen Zeitpunkt zusammenfallen bzw. die Verschränkung der Strukturen untereinander dazu führt, dass nach dem Zusammenbruch einer Struktur alle anderen mitgerissen und in ihrer Lebenszeit verkürzt werden. In einem solchen Fall hört der formlose Gegenhalt auf zu existieren.

2. Erhaltung des „formlosen Gegenhalts" durch den Staat?

Thomas Hobbes zerreißt in seiner Staatsvertragstheorie die dem Selbsterhaltungsstreben der Individuen unzertrennlich zugrunde liegenden beiden gegensätzlichen Momente von Selbstgesetzlichkeit und Eigennutz. Er unterstellt, dass der Gemeinschaft der Menschen durch ausschließlich eigennütziges Verhalten ihrer Mitglieder zu einem von ihm nicht näher bestimmten Zeitpunkt die Selbstzerfleischung gedroht hat. Der regierende Souverän sei von der Gemeinschaft aufgefordert worden, seine Macht für die Herstellung von Zivilität einzusetzen und durch rigorose Machtausübung zu gewährleisten.

In der Tat wurde es in der Vergangenheit als eine grundlegende Aufgabe des Staates betrachtet, den „formlosen Gegenhalt", der durch die Praxis vielfältiger diskursiver und hegemonialer Formationen entsteht, vor dem Abgleiten in Unordnung und Chaos zu bewahren. Dies geschah jedoch nicht durch die einseitige Zuteilung der Kompetenz zur Selbstgesetzgebung an den Staat und die Überlassung des Eigennutzes an die Bürger. Hätten die Bürger ausschließlich eigennützig – im Sinne von egoistisch – gehandelt, wäre ein Auseinanderbrechen des „formlosen Gegenhalts" nicht zu verhindern gewesen. Hobbes hat sich niemals die Frage gestellt, ob ein mächtiger Staat überhaupt in der Lage wäre, ausschließlich auf eigennützigem Verhalten von Menschen beruhende Gesellschaften zu zivilisieren. Für die Zeit des Absolutismus setzte er zwar das erforderliche Gewaltpotential des Staates sehr hoch ein, aber auf seine Wirksamkeit hin geprüft hat er es nicht. Das von ihm geforderte Ausmaß an staatlicher Gewalt würde in den heutigen demokratisch verfassten Gesellschaften selbst Restbestände demokratischen Zusammenlebens hinwegfegen. Die Frage bleibt aber weiterhin offen, ob bei vollkommener Zuteilung der Selbstgesetzlichkeit an den Staat und des Eigennutzes an die diskursiven und hegemonialen Formationen der „formlose Gegenhalt" überhaupt erhalten werden kann. Da Hobbes keine Antwort versucht hat, gilt es erst aufzuzeigen, ob sein Theorieansatz überhaupt tragfähig ist.

In der Erhaltung des „formlosen Gegenhalts" wendet der heutige Staat nicht Hobbes' Modell der Staatsvertragstheorie an. Das staatliche Eingreifen in die Praxis vielfältiger diskursiver und hegemonialer Formationen geschieht heutzutage uneingestanden auf dem Hintergrund der Erkenntnis, dass die beiden Momente Selbstgesetzlichkeit und Eigennutz beim repräsentierten Bürger und beim Repräsentanten stets erhalten bleiben. Hobbes nahm zwar in seine Überlegungen auf, dass im Extremfall der drohenden Selbstzerfleischung die Selbsterhaltung der Individuen auf das Moment des selbstgesetzlichen Handelns reduziert wird und in diesem Augenblick ihr eigennütziges Handeln völlig inaktiv ist, aber ob es deshalb einfach verschwindet, ließ er unbeantwortet. „Würde es sich vollständig auflösen, könnte es in der Folgezeit auch nicht mehr als eigenständiges Moment in Erscheinung treten und die Ausstattung des Staatsoberhaupts mit absoluter Gewalt über die ihm untertanen Individuen wäre widersinnig. In gleicher Weise inaktiviert die Konzentration der Selbstgesetzlichkeit auf den absolut regierenden Souverän zwar während des Übertragungsakts sein eigennütziges Handeln, aber schon in der darauf folgenden Sekunde erweist es sich wieder als höchst lebendig." (Reinhard Hildebrandt, Staat und Zivilgesellschaft, ebd. S. 19). Im modernen Staat teilen sich Exekutive, Legislative und Judikative die Repräsentation des Bürgers. Diesen Institutionen dienen Menschen, die je nach Gelegenheit selbstgesetzlich oder eigennützig handeln und ihre Verhaltensweisen nicht den Handlungslogiken unterwerfen, die den drei Institutionen von der Wissenschaft – entgegen der Realität – als je spezifische zugeschrieben werden (Reinhard Hildebrandt, Staat, Markt, Individuum, in Perspektiven DS, 2013, Heft 1, S. 88).

2.1 Die Exekution von Macht als Handlungslogik von Exekutive, Legislative und Judikative

Der Exekution von Macht vorgelagert ist in parlamentarischen Demokratien die konfliktreiche Auseinandersetzung auf der Ebene der Diskursivität. Hinter der Fassade der „Machtferne" kämpfen differierende diskursive Formationen um Deutungshoheit. Den Grund dafür liefern die zahlreichen Berührungspunkte der von jenen Formationen propagierten Theorien mit der Ebene praktischen Handelns: z.B. mit der Produktion und dem Handel handwerklich und industriell hergestellter Waren, dem Geld- und Kreditmarkt, dem Dienstleistungssektor, der privaten und öffentlichen Verwaltung und der Kultur. Neue diskursive Formationen können für diese Praxisformen unabsehbare Folgen für ihre zahlreichen aktuellen und künftigen Arrangements hervorrufen. Deren Repräsentanten beobachten deshalb sehr genau die Ebene der Diskursivität und nehmen auf vielfältige Weise Einfluss auf das Entstehen neuer diskursiver Formationen.

Die im Vorfeld der parlamentarischen Diskussion bereits stattfindende wechselseitige Beobachtung und Einflussnahme greift auch auf den Gesetzgebungsprozess zu, auf dem neue Strukturen auf längere Zeit festgeschrieben oder alte einer Veränderung unterworfen werden sollen. Nun ist im Entstehungs- und Verfallsprozess einer endlichen Struktur zwar die Spur ihrer Vergänglichkeit immanent eingezeichnet, aber in der Pluralität der zu jedem Zeitpunkt möglichen Arrangements bleibt sie verborgen. Es ist auch im Gesetzgebungsprozess unentscheidbar, welche der möglichen Arrangements ihr am nächsten kommen. Je komplexer endliche Strukturen beschaffen sind, desto weniger lässt sich das Zusammenspiel der verschiedenen Komponenten überschauen, vorhersagen und daraufhin überprüfen, welche der veränderbaren Komponenten die Lebensdauer der Struktur optimieren. Ebenso wenig lässt sich vorherbestimmen, welche aktuell erforderlichen Arrangements der Machterhaltung etablierter gesellschaftlicher Kräfte auf Dauer dienen oder zu unabsehbaren Folgen führen. Im Gesetzgebungsverfahren wird deshalb interessenbezogen sorgsam überprüft, welche Inhalte und welche Formen Gesetzestexte erhalten sollen (Reinhard Hildebrandt, Sind Hegemonialmächte unabdingbar? Vortrag am 12. April 2011 bei Spree-Athen, Literaturhaus Berlin).

Der Abgleich von Interessen im Parlament und das daraufhin entstandene Gesetz wird im Bonner Kommentar zum Grundgesetz (2013, Bd. 5, S. 24) zwar als Ergebnis des Waltens „praktischer Vernunft“ gefeiert, aber ob er dem erhobenen Anspruch in jedem Fall gerecht wird, kann bezweifelt werden. Welcher Anteil der „praktischen Vernunft“ ist der Selbstgesetzlichkeit und welcher dem Eigennutz geschuldet? Angesichts der möglicherweise gravierenden Folgen von Gesetzesvorhaben versuchen betroffene gesellschaftliche Kräfte bei der Sichtung von Gesetzestexten bereits im Vorfeld der Ministerialbürokratie Einfluss auf die Auswahl und inhaltliche Ausgestaltung von Texten zu nehmen. Während des parlamentarischen Gesetzgebungsverfahrens verstärkt sich die Einflussnahme. Es ist daher nahe liegend, danach zu fragen,

- ob die Formulierung von Gesetzestexten im Vorfeld der Ministerialbürokratie agierenden Interessenvertretern überlassen werden darf,
- wie verantwortbar – im Sinne des Gemeinwohls – die Beschäftigung von Interessenvertretern in der Ministerialverwaltung ist,

- warum es beispielsweise im Bundestag erst jetzt gelungen ist, interessengeleitete Zuwendungen in finanzieller und sonstiger Art und Weise an Mandatsträger unter Korruptionsverdacht zu stellen.

Laut Thomas Kröter sind in Berlin mehr als 5000 Interessenvertreter aktiv (Kröter, Thomas, Diskrete Hilfe für überforderte Politiker – Mehr als 5000 Interessenvertreter sind in Berlin aktiv/Lobbycontrol rügt Verflechtungen, Frankfurter Rundschau, 5.11.2013). Da gemäß Grundgesetz Handlungen der Exekutive an Gesetz und Recht gebunden sind, entsteht zwar der Eindruck, dass eigennütziges Handeln eliminiert, selbstgesetzliches dominiert und Restbestände von Eigennützigkeit im verwaltungsgerichtlichen Verfahren vollständig getilgt werden können. Aber dennoch ist in der Exekutive und Legislative Korruption empirisch nachweisbar. Diese Bedenken gelten im zunehmenden Maße auch für Teile der Judikative, in der Strafverfahren mehr als früher durch einen Interessenausgleich abgekürzt oder vorzeitig beendet werden, ohne dass die zugrunde liegenden strafwürdigen Tatbestände ausreichend geklärt worden sind.

Als Schlussfolgerung aus den obigen Ausführungen ergibt sich, dass der Staat nicht der alleinige Garant für die Sicherung des „formlosen Gegenhalts" sein kann. Er wäre schlichtweg überfordert.

3. Erhaltung des „formlosen Gegenhalts" durch die Ökonomie?

3.1 Ungleichheit in gesellschaftlichen Tauschverhältnissen

Auf welche Weise gesellschaftliche Tauschverhältnisse in Theorien gegossen werden, entscheidet darüber, ob z.B. „Geld" als zentrales Interaktionsmedium der Tauschpartner angesehen wird. „Geld" ist nur dann das zentrale Interaktionsmedium, wenn unterschiedliche Machtpotentiale der beteiligten Tauschpartner in der Theoriebildung unberücksichtigt bleiben. Wenn Ware gegen Ware, Ware gegen Geld, Gebrauchswert gegen Gebrauchswert, Arbeitskraftangebot gegen Arbeitslohn, zahlungsfähige Nachfrage gegen quantitatives und qualitatives Warenangebot, Geld gegen (mehr) Geld getauscht werden, sind Machtdifferenzen der Teilnehmer von Beginn an enthalten und – entgegen einer häufig anzutreffenden Vorgehensweise (Knappheitsargument) – in der Theoriebildung als erstes zu berücksichtigen.

Die Handlungslogik der am Tauschprozess beteiligten Menschen enthält sowohl selbstgesetzliche wie eigennützige Anteile. Während Bernard de Mandeville (1670–1733) in seiner Bienenfabel mit der Lehre, „Wenn jeder an sich denkt, ist an alle gedacht", ausschließlich den Eigennutz der am Tausch Beteiligten als ausschlaggebend im Tauschverhalten bezeichnet, geht Adam Smith (1723–1790) in seinem Werk „Theorie der ethischen Gefühle" davon aus, dass beide Komponenten im „aufgeklärten Eigeninteresse" der Tauschenden enthalten sind. Laut Christopher Berry ist für Adam Smith das „aufgeklärte Eigeninteresse" der entscheidende Maßstab ihres Handelns.

In seinem 1097 Seiten umfassenden Werk „Wohlstand der Nationen" erwähnt Smith nur ein einziges Mal die „unsichtbare Hand", mit der Prediger der damaligen Zeit das Wirken Gottes in der Welt beschrieben. Als ausgesprochener Kirchenkritiker glaubt er nicht an ein göttliches Eingreifen, sondern an das den Tauschprozess wie eine unsichtbare Hand dirigierende „aufgeklärte Eigeninteresse" der selbstbestimmt handelnden Menschen.

Im „aufgeklärten Eigeninteresse" werde laut McCloskey der Eigennutz durch die Tugend der Mäßigung im Handeln, der Liebe, des Sinns für Gerechtigkeit, des Muts, der Hoffnung und des Glaubens ausbalanciert (Christopher Berry, „Die Wirtschaftstheorie im *Wohlstand der Nationen* setzt das Menschenbild aus der *Theorie der ethischen Gefühle* voraus", zit. bei Pierre-Christian Fink, Historiker zeigen: Der Vater der Ökonomie war kein Prediger des freien Marktes. Er suchte nach Werten, Die Zeit, 14.8.2013). Die von McCloskey behauptete Ausbalancierung des Eigennutzes durch Tugenden unterstellt, dass im gesamten Tauschprozess jedes aktivierte Quantum Eigennutz durch eine wirksame Tugendmixtur in Schranken gehalten wird. Pierre Christan Fink kommentiert McCloskey mit dem folgenden skeptischen Satz: „Klingt ein bisschen wie in der Bibel. Aber wann kommen diese sieben Tugenden schon einmal zusammen? Eine Gesellschaft ganz ohne skrupellose Geschäftemacher, korrupte Steuerbeamte und gierige Manager wird es wohl niemals geben. Deshalb lässt sich von der unsichtbaren Hand immer nur ironisch sprechen: Den gesellschaftlichen Idealzustand kann der Markt wohl nie erzeugen." (ebd.). Ein Blick in die Empirie gibt ihm Recht. Adam Smiths Deutung des „aufgeklärten Eigeninteresses" als „invisible hand" widerspricht der realen Verhaltensweise der am Tausch Beteiligten. Im Tauschverhältnis müsste den an selbstgesetzliches wie eigennütziges Handeln gleichermaßen gebundenen Tauschpartnern die unmögliche Aufgabe gelingen, in ihrem eigenen „Für-sich-sein" die gleichwichtige Aufteilung zwischen dem „Für-sich" (ihrer selbst) und dem Sein „Für-den-Anderen" zu erreichen und im gesamten Tauschvorgang durchzuhalten (Reinhard Hildebrandt, Staat, Markt, Individuum – Zivilgesellschaftliches Engagement und seine Begrenzungen, Perspektiven DS, 30. Jg. 2013/ Heft 1, S. 88).

3.2 Ungleichgewichtige Aufteilung zwischen „Für-sich" und „Für-den-Anderen"

Eine vollkommene Ausbalancierung würde demnach verlangen, dass Tauschpartner im Austauschprozess nicht mehr nur „für-sich-selbst" existieren, dem der jeweils Andere als separates „Für-sich-selbst" gegenüber steht. Erforderlich wäre für beide, dass sie in der Kombination „Für-den-Anderen-bei-sich-selbst" fortan beide „bei-sich-selbst" und zugleich „für-den-Anderen" wären. Die Verantwortung für den Anderen hätten sie damit in die eigene Identität aufgenommen. In einem derart austarierten Beziehungsverhältnis würde die Grenzlinie zwischen „Für-sich" und „Für-den-Anderen" die Identität beider Tauschpartner in vollkommen gleiche Teile zerlegen.

Empirische Untersuchungen zeigen an unzähligen Beispielen auf, dass Menschen in ihrem Tauschverhalten jedoch ständig zwischen mehr eigennützigem oder mehr tugendhaftem Handeln schwanken bzw. das „aufgeklärte Eigeninteresse" *keine stabile innere Struktur hat*. Hält einer der beiden Tauschpartner im konkreten Tauschgeschehen vor der für ihn nicht exakt bestimmbaren Grenzlinie an (d.h. misst er dem „Für-sich-sein" eine größere Bedeutung zu), ist er nicht fähig, sein „Für-sich-sein" gleichgewichtig mit dem „Für-den-Anderen-sein" zu teilen. Sein Eigennutz richtet sich gegen den Anderen und droht ihn zu übervorteilen, sofern der Andere dies zulässt. Überschreitet er die Grenzlinie, gerät er selbst in die Position des potentiell Benachteiligten.

Machtauseinandersetzungen halten auf diese Weise bereits Einzug ins Tauschgeschehen, bevor der reale Tausch überhaupt begonnen hat, und jede am Produkt selbst anknüpfende Definition der Gleichheit zweier

Güter wird von dieser vorgängigen Machtauseinandersetzung infiziert (hierzu auch Stiglitz, J.E., a.a.O., S. 412/413). Weil unterschiedliche Arbeitsintensitäten und die Verwendung unterschiedlicher Technologie Ungleichheit hervorbringen, vermag weder die in den Produkten verkörperte gleiche Anzahl an Arbeitsstunden Gleichheit zwischen ihnen herzustellen, noch kann von einer durchschnittlichen Gewinnrate auf die Gleichheit der getauschten Produkte geschlossen werden. Jede Seite des Tauschprozesses verbindet mit den Produkten einen anderen Gebrauchswert, so dass getauschte Produkte unabänderlich mit den unterschiedlichen Bedürfnissen verbunden sind und nicht ihre Gleichheit, sondern umgekehrt ihre Ungleichheit den Tausch erst arrangiert. Der unklare und vieldeutige Begriff vom Nutzen verdeckt die Ungleichheit der Gebrauchswerte als notwendige Bedingung des Tausches. Er verdeckt, dass der Wettbewerb ein Prozess schöpferischer Zerstörung ist und es stets Gewinner und Verlierer gibt. Einen fiktiven Gesamtnutzen zu unterstellen, den Gewinn der einen Seite gegen den Verlust der anderen zu verrechnen und den Verlierer dem abstrakten Weltnutzen zu opfern, ist schlichtweg unsinnig. Die Grenznutzentheorie entbehrt jeglicher Grundlage. Wenn Machtauseinandersetzungen das Tauschgeschehen bereits vor dem realen Tausch bestimmen, haftet Preisen in der Marktwirtschaft grundsätzlich eine Gerechtigkeitsfunktion an. Weil das „aufgeklärte Eigeninteresse“ *keine stabile innere Struktur hat* und die Grenzlinie zwischen dem „Für-sich-sein“ und dem „Für-den-Anderen-sein“ im konkreten Tausch nicht exakt bestimmbar ist, hält der Grundsatz von Treu und Glauben Einzug. Dies ist der eigentliche Grund, warum die Ökonomie unfähig ist, den formlosen Gegenhalt allein zu erhalten.

4. Erhaltung des „formlosen Gegenhalts“ durch die Zivilgesellschaft?

Zivilgesellschaftliches Handeln beruht auf der Einsicht, dass die Wahrnehmung der eigenen Freiheitsoptionen zur Be- und Verhinderung der Selbsterhaltungs- und Selbstverwirklichungsoptionen anderer führen kann. Das Bemühen, den Anteil des Eigennutzes zu reduzieren, begleitet deshalb zivilgesellschaftliches Engagement von Anfang an. Entgegen einer häufig anzutreffenden Ansicht lauert insbesondere im „Dritten Sektor“ die

Gefahr, das zur Aufrichtigkeit verpflichtete zivilgesellschaftliche Handeln beiseite zu legen, sobald staatliche Einrichtungen in der Kooperation mit zivilgesellschaftlichen Organisationen und Institutionen kompromisslos der Exekution von Macht Vorrang einräumen und die mit ihnen kooperierenden zivilgesellschaftlich Engagierten mit finanziellen Gegenleistungen und anderweitigen Vergünstigungen zu angepasstem Verhalten verführen wollen und im Falle von Widerstand damit drohen, versprochene Gegenleistungen und Vergünstigungen vorzuenthalten.

In diesem Kontext ist auch zu untersuchen, welcher Anpassungsdruck von der zunehmenden Ökonomisierung zivilgesellschaftlicher Organisationen auf deren solidaritätsbasierte, normen- und wertorientierte Identität ausgeht. Einflussreiche Wirtschaftsverbände neigen dazu, mittels finanzieller Vergünstigungen zivilgesellschaftliche Organisationen und Institutionen für ihr Gewinnstreben einzuspannen und auszunutzen. Zu untersuchen ist hier vor allem, welche Verhaltensänderungen bei Repräsentanten zivilgesellschaftlicher Organisationen erkennbar sind, sobald sie unter zunehmenden Staats- oder Ökonomisierungsdruck geraten.

Folgender Fragenkatalog steht zur Beantwortung an:

- „Was hat die staatliche Administration in der Vergangenheit bewogen bzw. aus welchen Gründen ist sie bereit gewesen, zivilgesellschaftliche Organisationen finanziell zu unterstützen, die sich in sozialen Aufgaben engagierten?
- Welche Auswirkungen hatte die finanzielle Subventionierung auf das Verhältnis der Repräsentanten zu den Repräsentierten innerhalb der Organisation und auf Dritte?
- Waren zivilgesellschaftliche Organisationen durch ihre rechtlich verankerte Autonomie bereits ausreichend davor geschützt, die für den Staat geltende Handlungslogik offen oder verdeckt zu übernehmen?
- Konnte angesichts erheblicher staatlicher Finanzierungsbeihilfen von den Leitungspersonen sauber zwischen dem vornehmlich zivilgesellschaftlichen Stellenwert (Selbstorganisation, Gemeinwohlorientierung, Staatsunabhängigkeit und Fähigkeit zur Bindung bürgerschaftlichen Engagements) und der Tätigkeit als vom Staat bezuschusste Dienstleister für Mitglieder/Dritte – und somit als Interessenvertreter des Staates - unterschieden werden?

- Überforderte nicht die Doppelfunktion handelnde Führungskräfte? Als vom Staat beauftragte/geduldete und/oder staatlich alimentierte Dienstleister sollten sie vor allem Macht exekutieren, obgleich sie in ihrer Bindung an bürgerschaftliches Engagement dem konsensuellen gegenseitigen Anerkennungsverhältnis nach innen wie nach außen verpflichtet waren." (Reinhard Hildebrandt, Staat, Markt, Individuum ... a.a.O. S. 94).

Die Machtexekution des Staates erstreckt sich von rigoroser Machtausübung über die Duldung des autonom handelnden Machtunterworfenen bis hin zur Annäherung an die Gleichstellung zwischen Machthaber und Machtunterworfenen; z.B. als Resultat einer im Machthabenden selbst verursachten oder von konkurrierenden Mächten herbeigeführten Machtreduktion. Ob ein klares Abhängigkeitsverhältnis oder eine beinahe gleichgewichtige Beziehung vorliegt, ist für den Machtunterworfenen nicht in jedem Fall eindeutig feststellbar. „Je weniger Einsicht in den zwar überdeckten, aber deshalb nicht ausgelöschten Machtinstinkt vorherrscht, desto leichter kann sich ein auf bestehenden Differenzen in der Machtstellung der beteiligten Individuen basierendes egoistisch orientiertes Handeln unbemerkt oder verschwiegen einschleichen." (ebd. S. 95).

Wenn auf der Seite der zivilgesellschaftlichen Organisation ein Repräsentationsverhältnis zwischen Repräsentanten und repräsentierten Mitgliedern sowie Dritten vorliegt (in Wohlfahrtsverbänden üblich), „repräsentiert sich der Repräsentant auch immer selbst. Indem er für den Anderen handelt, handelt er zugleich für sich selbst. Die Bewegung vom Repräsentierten zum Repräsentanten wird durch eine Bewegung vom Repräsentanten zum Repräsentierten (Beharren auf dem ‚Staatswohl') supplementiert. Der Anspruch, für die Anderen zu denken und zu handeln, ist gegen seine Perversion, nur noch für sich zu agieren und den repräsentierten Anderen fremde Zwecke zu unterschieben, nicht immun. Es kann nicht als selbstverständlich vorausgesetzt werden, dass die Selbsterhaltung des Repräsentanten ausschließlich selbstgesetzlich gesteuert ist und immer nur als triebfreies ‚Bewusstseinsüberich' fungiert" (ebd. S. 95). Dass der Repräsentant einer zivilgesellschaftlichen Einrichtung zur Erleichterung seiner Führungsaufgabe bzw. aus Karrieregründen die Zielvorgaben und Verhaltensweisen des subventionierenden Staates ganz übernimmt, ist aus diesem Grunde nicht auszuschließen. Für den Fall, dass in einer solchen Situation der Staat den Anforderungskatalog an die Dienstleister erweitert, ohne zugleich deren Handlungsspielraum zu öffnen, wird das Führungspersonal geneigt sein, der weiteren Verrechtlichung und Bürokratisierung nur hinhaltenden Widerstand entgegen zu setzen.

Die Bereitschaft des Managements zivilgesellschaftlicher Organisationen und Institutionen zur Übernahme des gewinnorientierten Verhaltens von Unternehmen geschieht auf dem gleichen Verhaltenshintergrund. In dem Maße, in dem Einrichtungen des Dritten Sektors verstärkt bemüht sind, Leistungen effizient und effektiv anzubieten, steigt die Nähe der Repräsentanten zum Erfolgs- und Gewinnstreben bis hin zu einer vollständigen Umfunktionierung der zivilgesellschaftlichen zu erwerbswirtschaftlichen Einrichtungen (ebd. S. 95/96).

Außerhalb des „Dritten Sektors" scheint die Gefährdung, der Macht zu dienen und eigennützig zu handeln, nicht so groß zu sein. Vorhanden ist die Gefahr immer, deshalb kann auch die Zivilgesellschaft nicht beanspruchen, unbestechlicher Garant für die Erhaltung des „formlosen Gegenhalts" zu sein.

VI. Gemeinwohlbestimmungen von Staat, Wirtschaft und Zivilgesellschaft

1. Extreme in der Gemeinwohlausrichtung

Im weiten Spektrum zwischen den Extremen

- Plutokratie (Herrschaft der Reichen und Privatisierung des Staates für ihre Zwecke), in der das Gemeinwohl der Gesellschaft auf das Wohlergehen des Herrschers und seiner Familie bzw. der kleinen reichen Oberschicht insgesamt begrenzt ist, und
- einer Gesellschaft, in der ein verantwortlich handelnder Staat nicht die Vermehrung des Reichtums der Reichen und die Vergrößerung der eigenen Macht als seine obersten Zwecke begreift, sondern dafür sorgt, dass das gesellschaftliche Gemeinwohl den Ausgleich zwischen den verschiedenen Teilen der Bevölkerung bewirkt,

finden alle real existierenden Gesellschaften den ihnen gebührenden Platz, zu welcher Gesellschaftsordnung und welchem Verhältnis von Staat und Gesellschaft sie sich auch bekennen (parlamentarische oder präsidiale Demokratie, Volksdemokratie, Absolutismus, Autokratie usw.).

In die Nähe der Plutokratie rückt auch eine Gesellschaft, in der das Gemeinwohl der Gesellschaft vor allem durch Belange der einflussreichsten Unternehmen und Banken geprägt ist. In ihnen werden Staat und zivilgesellschaftliche Kräfte zum Diener der Unternehmens- und Bankenverbände degradiert.

In der Autokratie, in der vom Staat das Gemeinwohl der Gesellschaft allein bestimmt wird, so dass es ausschließlich seinem eigenen Wohl dient und die gesellschaftlichen Kräfte von ihm unterjocht werden, ist die Herrschaftsform ebenfalls mit dem plutokratischen Extrem vergleichbar.

Abgesehen von diesen Extremformen, in denen Interessen und Gemeinwohl eine Einheit bilden, divergieren in allen anderen Herrschaftsformen Interessen und Gemeinwohl mehr oder weniger voneinander. Den eigenen Interessen Gemeinwohlcharakter verleihen zu wollen und dafür zu sorgen, dass sie von Gesellschaft und Staat als Gemeinwohlbelange akzeptiert werden, erfordert auf der Ebene der konkreten gesellschaftlichen

Machtverteilung, dass alle Einflussfaktoren eingesetzt werden, um die Deutungshoheit über das, was für das gesellschaftliche Zusammenleben von Bedeutung ist, zu gewinnen. In die Einflussnahme einbezogen ist an erster Stelle die Ebene der Diskursivität, auf der Theorien gebildet werden, angefangen von der Auslese des wissenschaftlichen Personals über die Finanzierung von Forschungsaufgaben bis hin zu geeigneten Verbreitungsmethoden in Fachzeitschriften und -büchern sowie auf gesponserten Fachtagungen und -konferenzen durch Gutachter, gesellschaftlich renommierte Verlage und Stiftungen. Vorrangiges Ziel ist, die beanspruchte Deutungshoheit in hegemoniale Formationen umzusetzen und relevant für die gesellschaftliche Praxis werden zu lassen. Wie dies geschieht, wird als nächstes zu beschreiben sein.

2. Anspruch auf Deutungshoheit durch hegemoniale Formationen

Hegemoniale Formationen entstehen auf der Ebene der Diskursivität – bzw. der wissenschaftlichen Theoriebildung – als Erweiterung diskursiver Formationen. Was versteht man unter einer diskursiven Formation? Was unter der „Ebene der Diskursivität", was unter der „Ebene des gesellschaftlichen Ensembles relativ stabiler Formen"? (Reinhard Hildebrandt, Globale und regionale Machtstrukturen – Globale oder duale Hegemonie, Multipolarität oder Ko-Evolution, 2013, S. 135f).

2.1 Diskursive Formationen

Eine diskursive Formation (Foucault) ist ein Ensemble differentieller Positionen, das sich durch eine „Regelmäßigkeit in der Verstreuung" auszeichnet. Der Wissenschaftler beschreibt mit einem allgemeinen Satz ein sinnlich wahrnehmbares Phänomen oder eine neue Erkenntnis, die im Selbstgespräch oder im Dialog mit anderen entstanden ist. Beispiel: Die Erde dreht sich um die Sonne! Er formuliert also eine Hypothese, aus der er streng rational vorgehend Unterpunkte bzw. voneinander abgeleitete Unteraussagen bis hin zu Basissätzen ableitet (eine diskursive Formation). Dieses Ensemble differentieller Positionen soll, so ist die Annahme, in der empirisch erfassbaren Realität vorzufinden sein. In ihr muss es also die unterstellte „Regelmäßigkeit in der Verstreuung" geben. Auf welche Weise das artikulierende

Subjekt in den Humanwissenschaften zu einer Aussage über das artikulierte Objekt gelangt, hängt anders als in den Naturwissenschaften von folgenden Überlegungen ab:

1. Unter welchem Gesichtspunkt bzw. welcher Zielbestimmung wird das Objekt vom Subjekt wahrgenommen? (Z.B. welches Problem soll in der Gesellschaft gelöst werden?).
2. Welche Bedeutung wird dem sprachlichen Ausdruck des Objekts im artikulierenden Subjekt (subjektiver Hintergrund des Subjekts) zugemessen? Davon ist abhängig, was als Randbedingung vernachlässigt wird. Z.B. beurteilt ein US-Amerikaner Entwicklungsepochen der Demokratie in Deutschland auf seinem kulturellen US-amerikanischen Hintergrund.
3. Wie viele Bedeutungen konkurrieren miteinander (mit der Folge unterschiedlicher Definitionen z.B. von Zivilgesellschaft)?
4. Welche Bedeutungen werden aus der Vielzahl der Bedeutungen für die Begriffsbildung ausgewählt und welche werden ignoriert?

Der Gesamtzusammenhang, in den eine diskursive Formation eingebettet ist, hängt also von sehr unterschiedlichen Faktoren ab. Die „Regelmäßigkeit in der Verstreuung“ setzt kein ihr äußeres System voraus, in das sie selbst einbezogen ist.

2.2 Was unterscheidet die hegemoniale von der diskursiven Formation?

Eine hegemoniale Formation zeichnet sich dadurch aus, dass sie auf einem Feld der Theoriebildung die Deutungshoheit gewinnt und auf der Ebene der gesellschaftlichen Praxis alle anderen Formationen in ihrem Einfluss zunehmend beschneidet. Beim Kampf um die Erringung und Erhaltung der Deutungshoheit und dem Ringen um Einwirkung auf die gesellschaftliche Praxis unterliegt sie acht zu berücksichtigenden Ausgangsbedingungen, wobei die Unabgeschlossenheit diskursiver Formationen eine Voraussetzung für jede hegemoniale Praxis ist:

- Jeder ausdifferenzierte einzelne Begriff sowie die Gesamtheit der strukturierten Totalitäten/Formationen bleiben notwendigerweise unabgeschlossen.

- Weder die Basissätze einer Deduktion können empirisch restlos bewiesen werden noch muss die Logik des Modells der immanenten Logik des Objekts entsprechen.
- Die von Kant gegen missbräuchliche Resultate der reinen Vernunft ins Feld geführten Verstandesbegriffe können Widerspruchsfreiheit lediglich in der theoretischen Analyse garantieren, nicht jedoch im Objekt möglicherweise enthaltene oder bereits vorgefundene.
- Im Entstehungs- und Verfallsprozess einer endlichen Struktur ist zwar die Spur ihrer Vergänglichkeit immanent eingezeichnet, aber in der Pluralität der zu jedem Zeitpunkt möglichen Arrangements bleibt sie verborgen.
- Es ist unentscheidbar, welche der möglichen Arrangements ihr am nächsten kommen.
- Je komplexer endliche Strukturen beschaffen sind, desto weniger lässt sich das Zusammenspiel der verschiedenen Komponenten überschauen, vorhersagen und daraufhin überprüfen, welche der veränderbaren Komponenten die Lebensdauer der Struktur optimieren.
- Neue diskursive Formationen werden deshalb sorgsam interessenbezogen daraufhin überprüft, ob sie für aktuell erforderliche Arrangements der Machterhaltung dienen.
- In ihrer Praxis muss eine hegemoniale Formation sowohl auf Veränderungen Acht geben, die in den in ihr inkorporierten Systemen von Differenzen, Äquivalenzketten (z.B. Unternehmerlager versus Gewerkschaften) und Formen der Überdeterminierung (Existenz von Über- und Unterordnungsverhältnissen) stattfinden als auch auf Veränderungen ihres Terrains reagieren, auf dem sie tätig ist.
- Damit wird deutlich, dass hegemoniale Formationen niemals abgeschlossen sind. Ohne diese Unabgeschlossenheit gäbe es keine Zugewinn- und Verlustmöglichkeiten.

2.3 Die Praxis hegemonialer Formationen

2.3.1 Nichtbeachtung des formlosen Gegenhalts

Obwohl oder gerade weil sich die Repräsentanten einer hegemonialen Formation der Unabgeschlossenheit als Voraussetzung ihres Handelns bewusst sind, umgeben sie sich und das von ihnen ausgewählte aktuelle

Arrangement stets mit der Aura des Universellen. Ihre hegemoniale Praxis stellen sie selbst gern als alternativlos dar. Hegemoniale Praxen sind erst zweitrangig an der Erhaltung des strukturierten Ganzen interessiert. Vorrangig fokussieren sie sich auf die aktive Ausformulierung und Gestaltung der ihnen zu Grunde liegenden hegemonialen Formationen und den Ausbau und die Erhaltung des Terrains, das ihnen die Möglichkeit zur Entfaltung geboten hat, sowie auf die daraus unmittelbar folgende Verwirklichung eines bestimmten Ensembles relativ stabiler sozialer Formen.

In der Zeit der Besitzergreifung ihres Terrains restrukturieren sie das strukturierte Ganze und be- und verdrängen etablierte Formationen sowie das von jenen beanspruchte Terrain bis hin zu deren Selbstaufgabe (Paradigmenwechsel, Auflösung von Schulen und Preisgabe des Terrains). Hegemoniale Formationen und die dazu gehörigen Praxen entfalten sich also mit- und nacheinander, teilweise auf dem gleichen Feld einander überlappend oder auf unterschiedlichen Feldern gänzlich voneinander isoliert, angelegt auf kürzere oder längere Entstehens- und Verfallszeiten. Sie tragen durch ihre Aktivitäten entscheidend mit dazu bei, dass sich im strukturierten Ganzen der formlose Gegenhalt herauskristallisiert, der sich mit jeder Verschiebung der Struktur immer wieder aufs Neue herstellt, in seiner Formlosigkeit nicht wirklich fassbar und nur indirekt bestimmbar ist. Der Entstehens- und Verfallsprozess des strukturierten Ganzen, dessen integraler Teil sie mit ihrer hegemonialen Praxis bleiben, ist ihnen jedoch als Entfaltungsmöglichkeit vorausgesetzt und überdauert – außer in drastischen Umbruchzeiten – ihre eigene Lebenserwartung. Einen Zusammenbruch des formlosen Gegenhalts können sie durch die Rigorosität ihrer hegemonialen Praxis jedoch durchaus herbeiführen. (Reinhard Hildebrandt, Staat und Zivilgesellschaft, Frankfurt am Main, 2011, S. 91).

2.3.2 Destruktion des formlosen Gegenhalts und einseitige Gemeinwohlorientierung

Hegemoniale Formationen schließen sich zur Erweiterung und Stabilisierung des Terrains, das ihnen die Möglichkeit zur Entfaltung geboten hat, zur Abwehr von korrigierenden Eingriffen des Staates mit anderen bereits etablierten hegemonialen Formationen in sogenannten Äquivalenzketten zusammen und propagieren beispielsweise bevorzugt diskursive Formationen, die dem Staat das Recht des Eingreifens zur Erhaltung des formlosen Gegenhalts gänzlich absprechen. Gleichzeitig unterlaufen sie die in etablierten Demokratien a priori festgelegten Verfahren durch massive Lobbyarbeit. Zum Beispiel schlossen sich die von der ehemaligen Fraktionsvorsitzenden der Grünen im Bundestag, Künast, als „Besatzungsmächte“ bezeichneten vier großen Energiekonzerne zur Erweiterung und Stabilisierung des Terrains gegen die staatlicherseits beabsichtigte Stilllegung von Atommeilern zusammen und bekämpften in einer Anzeigenkampagne vehement die geplante Brennelementesteuer des Staates. In ihrer Öffentlichkeitsarbeit erweckten sie wider besseren Wissens den Eindruck, dass der formlose Gegenhalt im Energiesektor nicht auf ihren zeitlich versetzten endlichen Strukturen basiert, sondern behaupteten, dass ihm eine sich selbst steuernde unendliche Struktur (Markt) eigentümlich sei. Opfer ihrer eigenen Propaganda geworden, verkannten sie den technologisch realisierbar gewordenen Zuwachs an Elektrizitätserzeugung durch erneuerbare Energien (Solar- und Windkraft).

Laut einer Studie im Auftrag der Umweltorganisation Greenpeace summierte sich der Öko-Anteil der großen Vier 2007 auf lediglich 1,7 Prozent (Vera Gaerow, Halbe Sonnenkraft voraus, Frankfurter Rundschau, 17.4.2009). Die nach der Reaktorkatastrophe in Fukushima (Japan) von der Mehrheit der deutschen Bevölkerung geforderte Abkehr vom „Atomstrom“ und die von der Regierung eingeleitete Neuausrichtung des gesellschaftlichen Gemeinwohls in der Energieerzeugung traf sie völlig unvorbereitet. Sie hätten selbst zu Vorreitern werden können, aber begannen erst nach verlorener Schlacht, sich auf dem Energiemarkt neu aufzustellen, und waren inzwischen jedoch beim Staat zu Bittstellern geworden und zu Massenentlassungen gezwungen. In Großbritannien sicherten sie sich sogar noch nach der Reaktorkatastrophe in Fukushima den Zuschlag für zwei neu zu errichtende Kernkraftwerke (Tagesspiegel, 30.4.2009).

Ein noch schwerwiegenderer und bisher noch nicht grundlegend korrigierter Fall einseitiger Ausrichtung des gesellschaftlichen Gemeinwohls geschah in Großbritannien, nachdem die britische Premierministerin Thatcher die Gemeinwohlbelange des Londoner Bankplatzes übernahm, die zum Ziel hatten, den massiven Ausbau der Londoner City zum zweitwichtigsten Finanzplatz nach der Wall Street in New York voranzutreiben und die traditionellen Industrien Großbritanniens – einschließlich der darauf ausgerichteten Infrastruktur des Landes – immer mehr zu vernachlässigen. Die am Bankenplatz London auf Investmentgeschäfte anfallenden Steuern entwickelten sich zur unverzichtbaren Einnahmequelle des Staates. Die den Amtsperioden Thatchers nachfolgenden Labour-Regierungen subventionierten mit den Steuereinnahmen aus der City ihre Sozialprogramme und Infrastrukturmaßnahmen, änderten aber die bevorzugte Position Londons gegenüber dem Rest Großbritanniens nur im Detail. Der Ausbau der bankennahen Dienstleistungsbranche als Ersatz für die negativen Folgen der Entindustrialisierung kompensierte aber den entstandenen Mangel an Arbeitsplätzen in den traditionellen Industrieregionen Großbritanniens und die Kosten für die dort überflüssig gewordene Infrastruktur nicht. Bisher sind die meisten Versuche zur Umsteuerung fehlgeschlagen.

Die negativen Komponenten der stetig voranschreitenden Ausrichtung des britischen Gemeinwohls auf die speziellen Gemeinwohlbelange der Londoner City blieben lange Zeit unerkannt. Die Labourregierung pries sogar den kontinentaleuropäischen Mitgliedern der EU die Banken- und Dienstleistungswirtschaft Großbritanniens als nachahmenswertes Vorbild für eine Welt entgrenzter Zirkulationssphären an. Erst in der 2008 heraufziehenden Finanzkapitalkrise entdeckte man zu spät die inzwischen entstandene Deformation der britischen Zirkulationssphäre und der parallel dazu formulierten grotesken Gemeinwohlvorstellung. Eine Korrektur der einseitigen Entwicklung ist bisher sowohl an der noch nicht begrabenen Hoffnung, dass die anglo-amerikanische Hegemonie gegen den zunehmenden Widerstand der vormals von ihr hegemonisierten Länder fortgesetzt werden könne, als auch an einer nur kurzfristig wirkenden „Wohlfühlpolitik" gescheitert. In einem von John F. Jungclaussen verfassten Artikel heißt es dazu: „Der Aufschwung sollte langfristig sein und von einer reindustrialisierten Exportwirtschaft getragen werden, so hatte Osborne es sich 2010 vorgenommen. Dafür wurden Strukturreformen angeschoben, die die Industrie langfristig wettbewerbsfähig machen sollten, und die Vergabe von Forschungsgeldern an die Unternehmen wurde ausgeweitet." (John F. Jungclaussen, Von Tief zu Tief, Großbritannien berauscht sich an neuem Wirtschaftswachstum und ist dabei, alte Fehler zu wiederholen, Die Zeit, 9.1.2014). Das zur Verfügung gestellte Geld floss stattdessen in den Immobilienmarkt und die Immobilienpreise sind mittlerweile höher als 2007 (ebd.). Die industrielle Neuorientierung Großbritanniens lässt weiter auf sich warten.

Eine inzwischen jenseits ihres Höhepunkts fortgeführte hegemoniale Praxis stellte die im Jahre 2000 vom Arbeitgeberverband Gesamtmetall gegründete „Initiative Neue Soziale Marktwirtschaft“ (INSM) dar. Sie propagierte statt der Sozialen Marktwirtschaft den Neoliberalismus und kämpfte nicht nur für die Zurückdrängung des Staates aus Marktentscheidungen, sondern vor allem für die Schwächung der Gewerkschaften in der Tarifgestaltung. Zunehmende Unzufriedenheit und Wahlabstinenz der unterprivilegierten Bürger nahm sie in Kauf. Sie trat für den wehrhaften Staat ein, dessen Hauptaufgabe sich in der Erhaltung der inneren Sicherheit erschöpfen soll (Eine ausführliche Auseinandersetzung mit der INSM findet sich im Buch „Staat und Zivilgesellschaft“, Anhang I, S. 207–235, von Reinhard Hildebrandt).

2.4 Unzutreffende Differenzbestimmung zwischen Interesse und Gemeinwohl am Beispiel Dietmar von der Pfordtens Untersuchung „Über den Begriff des Gemeinwohls“

Der Begriff des Gemeinwohls lässt sich laut Dietmar von der Pfordten (Universität Göttingen dpfordt @gwdg.de) wie alle anderen Begriffe aus verschiedenen Perspektiven analysieren: aus rechtsdogmatischer, politikwissenschaftlicher, soziologischer oder philosophischer Perspektive.

Begriffe sind für von der Pfordten zunächst und vor allem Werkzeuge unserer Welterkenntnis. Wir benutzen sie, schreibt er, „um uns die Welt vertraut zu machen und sie zu ordnen. Die grundlegendste Frage zu Begriffen ist die nach ihrer Ontologie“ (ebd. S. 2), wobei sich von der Pfordten auf der Seite der subjektivistischen Deutung verortet, die nicht wie die objektivistische an vom Denken unabhängige Begriffe glaubt. Für die letztere führt er Platons Reich der Ideen an, in denen die Formen des menschlichen Denkens außerhalb der Subjektivität des Menschen angesiedelt sind.

Die Kontroverse müsse wohl als „Scheinproblem“ bezeichnet werden, denn Begriffe könnten die „Funktion der Welterkenntnis nicht isoliert erfüllen, sondern immer nur im Zusammenhang mit anderen Begriffen, d. h. als Teil eines Systems, einer Begriffspyramide, eines Begriffsnetzes oder wie immer man den Zusammenhang der Begriffe bezeichnen will“

(ebd. S. 3/4). In der Begriffspyramide könne der Begriff „mittels Abstraktion, also mit Bezug auf abstraktere Begriffe, oder mittels Konkretion, also mit Bezug auf konkretere Begriffe“ bestimmt werden bzw. mittels beider Wege (ebd. S. 5). Einzuwenden ist hier, dass jeder Konstruktion von Systemen, Begriffspyramiden oder Begriffsnetzen angesichts der Mehrdeutigkeit auch der Unter-, Über- oder Nebenbegriffe ein gewisses Maß an nicht zu beseitigender Willkür anhaftet. Schließlich müsse man noch zwischen deskriptiven und normativen Begriffen unterscheiden, meint von der Pfordten. Normative Begriffe seien „regelmäßig stärkeren Veränderungen und Interpretationen ausgesetzt, weil die allgemein akzeptierte normative Wertung oder Verpflichtung häufig eine Verschiebung der deskriptiven Basis erlaubt“ (ebd. S. 6).

Für die Stellung des Gemeinwohlbegriffs im Begriffssystem schlussfolgert von der Pfordten, dass er wie alle anderen Begriffe nicht isoliert bestimmt werden könne, sondern nur in Relation zu anderen (synchron wie diachron). Er unterlässt es aber, an dieser Stelle bereits die Relation von Gemeinwohl und Interesse einzuführen bzw. beide als Gegenbegriffe zu kennzeichnen (je mehr Interesse, desto weniger Gemeinwohl, kein Gemeinwohl ohne ein Quäntchen Interesse). Stattdessen konzentriert er sich jetzt erst auf die Offenheit und die Bewertung des Gemeinwohlbegriffs. Beim Begriff des Gemeinwohls handele es sich „um einen relativ abstrakten Begriff, der wenig feststehend und relativ offen für Bestimmungen und Veränderungen“ sei. Als normativer und stark kontingenter Begriff werde er durchweg positiv bewertet (ebd. S. 7/8). Der Begriff des Gemeinwohls ist für von der Pfordten „immer auf eine Gemeinschaft bezogen … er führt die Begriffe des Glücklichen und Gerechten als Konkretisierung des Guten wieder in einen Begriff zusammen. Der Gemeinwohlbegriff lässt sich somit im Wege der Abstraktion bestimmen als das gute, d. h. glücksorientierte und gerechte Handeln in und für eine bestimmte Gemeinschaft“ (ebd. S. 19). Nur über eine Konkretisierung des Guten bzw. Glücksfördernden und des Gerechten ließe sich das Gemeinwohl konkreter angeben. Eine wesentliche Konkretisierung seien dabei etwa die Grundwerte von Freiheit, Gleichheit und Solidarität. Als abschließende Definition schlägt er vor: „Das Gemeinwohl ist das Ziel guten Handelns in einer Gemeinschaft, d. h. eines gerechten und auf das glückliche Leben aller gerichteten Handelns, welches in der Abwägung der individuellen Belange aller Betroffenen besteht.“ (ebd. S. 22).

Erst jetzt führt von der Pfordten den Begriff Interesse mit negativem Bezug auf das Gemeinwohl in die Analyse ein. Würden die Bürger, meint er, das Interesse „schon von vornherein mit Blick auf das Gemeinwohl" einbeziehen, „so würde eine normativ-individualistische Begründung gemeinschaftlichen Handelns mit Rekurs auf eben diese Belange und Interessen verfälscht oder sogar ganz unmöglich." (ebd. S. 23/24). Von der Pfordten trennt mit dieser Aussage strikt selbstgesetzliches von eigennützigem Denken und Handeln der Bürger. Als auf das Gemeinwohl verpflichtete Bürger handeln sie für ihn nur noch selbstgesetzlich. Er fragt nicht danach, ob sie in ihrem Handeln eine solche klare Unterscheidung zum Eigennutz überhaupt vornehmen können. Nachdem er die Abtrennung der einen von der anderen Handlung lediglich konstatiert hat, aber einen Beweis schuldig geblieben ist, hält er die Bürger zu „vernünftiger Kooperation" an: „Die Verpflichtung der Bürger auf das Gemeinwohl besteht dann erstens darin, in Formen der Abwägung dieser ihrer Belange vernünftig zu kooperieren, um das Gemeinwohl herauszufinden, und zweitens das schließlich erreichte Ergebnis zu akzeptieren und auch zu realisieren, selbst wenn sich die eigenen Belange nicht durchsetzen ließen". (ebd.). Ganz sicher ist er sich jedoch nicht, ob seine klare Unterscheidung in selbstgesetzliches und eigennütziges Handeln zutreffend ist. Mit Bezug auf die Parteien fügt er an: Die von den Bürgern mit dieser Aufgabe betrauten Parteien „gewinnen an Glaubwürdigkeit", wenn sie ihre „unaufhebbare Janusköpfigkeit" als Repräsentanten aller Bürger sowie Interessenvertreter ihrer Mitglieder und Wähler und der daraus entstehenden Spannungen reflektieren und offenlegen (ebd.). Er selbst enthebt sich der Reflexion.

Von der Pfordten verweist in seiner Beschreibung wissenschaftlicher Methoden nicht auf Hegel, der den Weltgeist im Objekt und Subjekt gleichermaßen inkarniert sah, sondern wechselt gleich zu Aristoteles, der die Begriffe ausschließlich im menschlichen Gehirn lokalisierte. Wenn er die Kontroverse zwischen dem gemäßigten Subjektivismus als Werkzeug der Welterkenntnis, zu dem er sich bekennt, und der objektivistischen Sichtweise, nach der die Formen des menschlichen Denkens außerhalb der Subjektivität des Menschen angesiedelt sind, als „Scheinproblem" bezeichnet, hat er auf andere Weise als von ihm angenommen durchaus Recht. Der subjektivistische Zugang zur Welterkenntnis bedient sich zwar eines anderen Werkzeugkastens als der objektivistische, aber beide begründen ein hierarchisches Verhältnis zwischen Subjekt und Objekt. Die einen vermessen z.B. die Welt mit Hilfe der Mathematik in der Annahme, dass die vom Menschen entwickelte Logik ihrer Struktur entspricht, und die anderen erstellen eine Begriffspyramide bzw. ein Begriffsnetz, das sie dem Objekt auferlegen. Beide gehen letztlich wie Hegel davon aus, dass der Geist des forschenden Subjekts demjenigen im analysierten Objekt gleichen müsse. Zu seiner Funktionalität im Weltgeschehen bedürfe das selbst nicht erklärungsfähige Objekt des übergeordneten analysierenden Subjekts. Unhinterfragt bleibt hierbei, dass der Kosmos sehr lange Zeit ohne das Subjekt existierte und sich über Jahrmillionen selbstständig regeneriert hat, aber nach dem massiven Eingreifen des Menschen mit den Mitteln seiner wissenschaftlichen Analyse immer mehr aus den Fugen gerät.

Im Unterschied zur subjektivistischen und objektivistischen Vermessungsmethode hatte sich Hegel bereits der zusätzlichen Aufgabe unterzogen, das Objekt nicht nur als scheinbar in Inhalt und Umfang fixiertes, isoliertes bzw. isolierbares und in seiner Bedeutung festgelegtes Objekt zu analysieren, sondern seinem immanenten Entstehens- und Verfallsprozess näher zu treten, indem er den kontinuierlichen Übergang von einer Identität in die andere als Negation der Negation, als Einheit von Identität und Nichtidentität begriff und beispielsweise im sich selbst identischen A bereits die Differenz zu sich selbst bestimmte, da es selbst bereits vermittelt ist und nur auf diese Weise erklärbar wird, warum A gleich und ungleich B ist. Hegel hatte in der Tat schon begriffen, dass das dem forschenden Subjekt als Untersuchungsgegenstand zur Verfügung stehende Objekt in seinen Dimensionen nur perspektivisch erfasst werden kann und darüber hinaus nichts anderes als einen flüchtigen Augenblick seines zeitlich längerfristigen Entstehens- und Verfallsprozesses präsentiert. Er hatte außerdem begriffen, dass sich das analysierende Subjekt auch stets in einer Übergangssituation befindet, von Augenblick zu Augenblick seinem eigenen Transformationsprozess unentrinnbar ausgeliefert und in jedem Moment seines eigenen Entstehens- und Verfallsprozess dem Objekt auf andere Weise gegenüberstehend. Zeitlos fixierte Beurteilungskriterien verfehlen den ständigen Veränderungsprozess, dem das analysierende Subjekt sowie das analysierte Objekt unterliegen. Sie verfehlen ebenfalls den Bedeutungswandel, dem das Untersuchungsobjekt im forschenden Subjekt dank seines stetigen Wandels unterworfen ist. Von diesem nach Hegel nicht mehr erreichten Erkenntnisstand weicht die

Produktion von Begriffen und die Erzeugung diskursiver Formationen der heutigen Zeit sehr stark zu ihrem eigenen Nachteil ab.

Die Kritik an Hegel hätte dort ansetzen müssen, wo Hegel den Transformationsprozess der in die Wahrnehmung des „Ich“ aufgenommenen äußeren Objekte stets ohne Rest darstellt. Das von ihm entfaltete System lässt den zuvor von ihm entäußerten Weltgeist vollständig wieder zu sich selbst kommen, so dass er schließlich in seiner wieder gewonnenen Unmittelbarkeit zugleich als die absolute Vermittlung aller Gegensätze erscheint.

Hätte sich von der Pfordten stärker auf die „Janusköpfigkeit“ von Parteien eingelassen, wäre ihm aufgefallen, dass häufig der Eigennutz von Repräsentanten der verschiedensten Einrichtungen vor allem als Wahrung von angeblich lebensnotwendigen Interessen auftritt und sich hinter der Einforderung von hehren Gemeinwohlbelangen die versteckte Vertretung von Interessen verbirgt. Weil dies so ist, entsteht der Anspruch auf Deutungshoheit in der Formulierung von Gemeinwohlbelangen.

Hätte von der Pfordten stärker nachgefragt, wäre ihm auch aufgefallen, dass zwischen der angenommenen Machtferne auf der Ebene der Diskursivität, auf der die Theorien untereinander in einen edlen Wettbewerb zu treten scheinen, und der machtinfizierten gesellschaftlichen Praxis ein innerer Zusammenhang besteht.

3. Anspruch des Staates auf Deutungshoheit in der Formulierung des gesamtgesellschaftlichen Gemeinwohls?

3.1 Das Eingriffsrecht des Staates

Umbruchzeiten sind ein mahnendes Zeichen dafür, dass auch dem strukturierten Ganzen eine Vergänglichkeitsspur eingezeichnet ist. Sie deuten einen Epochenwechsel an, in dem sprichwörtlich „kein Stein mehr auf dem anderen bleibt“. Um nicht fahrlässig oder gar völlig unvorbereitet in unkalkulierbare Umbrüche zu geraten und sich schicksalhaft den Ereignissen ausliefern zu müssen, hat sich der Staat als Institution mit dem Recht auf Eingriff in den Verlauf der Ereignisse entwickelt. Aber auch der Staat kann nicht erkennen, welche Arrangements die Lebenszeit einer endlichen Struktur optimal erfüllen können, da ihr Entstehens- und Verfallsprozess unter der Vielzahl der möglichen Arrangements verborgen bleibt. Der korrigierende Staat wird als diskursive Formation ebenso wie alle übrigen diskursiven und hegemonialen Formationen in vielfältigen artikulatorischen Praxen auf dem Felde der unendlichen Diskursivität konstituiert und sowohl als komplexe diskursive Formation wie in seiner Eingriffspraxis den neuen Erfordernissen ständig angepasst. Aus dem Blickwinkel des Diskurses erscheint der Staat demnach ebenfalls als Regelmäßigkeit in der Vielzahl „verstreuter Elemente", die in ihrer Qualität als Momente einer diskursiven Formation die Eingriffsmöglichkeit des Staates repräsentieren.

In einem Ganzen, dessen Struktur unter kontinuierlichen Untergrabungsbemühungen widerstreitender diskursiver Formationen von den zur Hegemonie strebenden Formationen allmählich als Ensemble relativ stabiler sozialer Formen hervorgebracht und ausdifferenziert wird, unterliegt der Staat ebenfalls dem umfassenden, in seiner Zielrichtung nur unzulänglich prognostizierbaren Transformationsprozess. Da seine Weitsicht wie die aller diskursiven Formationen auf den allgemeinen Horizont der Veränderung begrenzt ist, fehlt ihm trotz seines ihm zugestandenen Eingriffsrechts aber jede Legitimation, Anspruch auf eine dem „Ensemble sozialer Formen" übergeordnete Position zu erheben oder gar zu behaupten, zentraler Knotenpunkt des strukturierten Ganzen zu sein und daraus eine umfassende Steuerungskompetenz ableiten zu wollen. Dieser Mangel enthebt ihn jedoch nicht der Aufgabe, seinen Eingriff in den formlosen Gegenhalt mittels diverser Theorien zu rechtfertigen, wie z.B. mit dem Verweis auf die Herstellung von Gerechtigkeit, der Annäherung an ein gesellschaftliches Gemeinwohl, dem Diskurs über „das gute Leben", das er mit der Abwendung des Zusammenbruchs des formlosen Gegenhalte erzielen möchte. Jenseits seines spezifischen Verhältnisses zum formlosen Gegenhalt des strukturierten Ganzen unterscheidet er sich nicht von anderen diskursiven und hegemonialen Formationen, wie zum Beispiel wenn er als Eigentümer von Energieunternehmen oder in der Automobilproduktion auftritt (Reinhard Hildebrandt, Staat und Zivilgesellschaft, a.a.O. S. 92/93).

3.2 Deutungsanspruch des Staates in Staatstheorien

3.2.1 Der Staat als Stufe in der Reinkarnation des entäußerten Weltgeists (Georg Wilhelm Friedrich Hegel)

Georg Wilhelm Friedrich Hegel definierte den Staat in der Rechtsphilosophie auf folgende Weise: „Er ist daher A) der unmittelbare oder natürliche sittliche Geist; – die Familie. Diese Substantialität geht in den Verlust ihrer Einheit, in die Entzweiung und in den Standpunkt des Relativen über, und ist so B) bürgerliche Gesellschaft, eine Verbindung der Glieder als selbständiger Einzelner in einer somit formellen Allgemeinheit, durch ihre Bedürfnisse, und durch die Rechtsverfassung als Mittel der Sicherheit der Personen und des Eigentums und durch eine äußerliche Ordnung für ihre besonderen und gemeinsamen Interessen, welcher äußerlicher Staat sich C) in den Zweck und die Wirklichkeit des substantiellen Allgemeinen, und des demselben gewidmeten öffentlichen Lebens, – in die Staatsverfassung zurück und zusammen nimmt." (Georg Wilhelm Friedrich Hegel, Grundlinien der Philosophie des Rechts, § 157, S. 236f).

Im System Hegels kommt im Übergang von der Familie zur Gesellschaft zum Verfassungsstaat jeder folgenden Stufe die absolute Deutungshoheit für die nächste zu. Sie ist ein unentbehrlicher Teil der Reinkarnation des Weltgeistes. Es verwundert deshalb nicht, dass Hegel im preußischen Staat den Weltgeist verwirklicht sah. Ebenso überrascht es nicht, dass gemäß Karl Marx, der Hegel vom Kopf auf die Füße stellt, der Staat der Expropriation des Lohnarbeiters im Kapitalismus auf der nächst höheren Stufe im Gesetz Allgemeingültigkeit verleiht. Bei ihm mündet die letzte Stufe in der Befreiung der abstrakt menschlichen und konkret nützlichen Arbeit vom Joch des Kapitalismus in der sozialistischen Revolution.

3.2.2 Der Staat als Garant einer gerechten Gesellschaft (Martha Nussbaum)

Martha Nussbaum hat die Frage nach der Gerechtigkeit gestellt: „Gerechtigkeit bedeutet, jedem das zu geben, was ihm gebührt" (Zeit Philosophie, Nr. 25, Juni 2013, S. 5). Libertäre Denker verstünden darunter lediglich, dass sich jeder erst seine politischen Ansprüche durch irgendeine Form von Erfolg im gesellschaftlichen Wettbewerb verdienen müsse. Für sie sei der Staat ausreichend, der die erfolgreichen Bürger belohnt. Aber zugleich verträten auch sie die Auffassung, dass „der Staat die Pflicht hat, allen Bürgern verlässliche Eigentums- und Vertragsrechte, Rede-, Religions- und Versammlungsfreiheit sowie Schutz vor Gewalt und Betrug zu bieten" (ebd. S. 5). Für die meisten modernen Gerechtigkeitstheoretiker leite sich die Aufgabe des Staates vom doppelten Gedanken der menschlichen Würde und der menschlichen Verwundbarkeit her. Menschen verdienten Respekt. Sie seien kein Mittel, sondern Zweck.

Nach Martha Nussbaum beruhte der Staatsgedanke für lange Zeit noch „auf der Vorstellung, der Staat müsse all seinen Bürgern zu einem Grundstock an Voraussetzungen und Chancen verhelfen – Chancen, die es ihnen ermöglichen, ein gutes Leben zu führen" (ebd. S. 5). Erst allmählich habe sich der Gedanke durchgesetzt, dass er selbst jedoch „nur eine minimal gerechte Regierung ... ein gewisses Bildungsniveau, eine grundlegende Gesundheitsversorgung, einen Mindestlebensstandard und eine Absicherung gegen Unfälle, Katastrophen und Arbeitslosigkeit für alle Bürger sicherstellen" müsse (ebd. S. 5). Auf der Suche nach einer „zwingenden Grundidee" für alle Forderungen erwähnt sie John Rawls Theorie der Gerechtigkeit. Darin schreibt Rawls: „Jeder Mensch besitzt eine aus der Gerechtigkeit entspringende Unverletzlichkeit, die auch im Namen des Wohls der ganzen Gesellschaft nicht aufgehoben werden kann." (zitiert aus John Rawls Werk „Eine Theorie der Gerechtigkeit, 1971, dt. 1975).

Martha Nussbaum folgt hier Rawls Bild moralischer Unparteilichkeit, in dem Rawls einer Gruppe von vernünftigen und mit den allgemeinen Tatsachen von Geschichte, Wirtschaft und Psychologie vertrauten Leuten unterstellt, dass sich ein „Schleier des Nichtwissens" über ihren Wohlstand, ihre Klasse, Rasse oder ihr Geschlecht breitet. Sie kennen also ihre eigenen individuellen Eigenschaften nicht. Laut Rawls unternimmt diese Gruppe den Versuch, durch den Schleier ihres Nichtwissens hindurch „die Grundprinzipen für eine Gesellschaft festzulegen, in der sie einst zusammenleben werden" (ebd. S. 5). Rawls zufolge werden sie sich für einen umfassenden Schutz der Freiheit entscheiden, d.h. für ein „gleiches Recht auf das umfangreichste System gleicher Grundfreiheiten", „das mit dem gleichen System für alle anderen vereinbar ist" (ebd. S. 5). Erst danach werden sie sich ökonomischen Fragen zuwenden und „eine Verteilung bevorzugen, die Ungleichheiten zulässt (weil diese manchmal dazu führen, dass es allen besser geht) – allerdings nur solchen Ungleichheiten, die die Produktivität der ganzen Gesellschaft befördern und so die Lage desjenigen verbessern, der es am schlechtesten hat" (ebd. S. 5/6).

John Rawls verkürzt in diesem Bild leider Entwicklungen, die sich über sehr lange Zeiträume entfaltet haben. Nach dem Muster des Staatsvertrags von Thomas Hobbes und des Generalvertrags von Jacques Rousseau reduziert er sie auf einen einzigen Akt der Übereinkunft, ohne die Inhalte der Vertragsideen beider zu übernehmen. Der „Schleier des

Nichtwissens“ lüftet sich entgegen der Annahme Rawls erst allmählich im Prozess der fortschreitenden Arbeitsteilung, in der sich der Mensch vom Jäger und Sammler zum Landwirtschaft und Handel treibenden Gemeinwesen fortentwickelt und entsprechend dem erreichten Entwicklungsstand anerkannte und für eine gewisse Zeit gültige Übereinkünfte über sein Zusammenleben mit den Mitmenschen trifft. Dieser Prozess findet im intensiven Austausch mit der Entfaltung seiner Bedürfnisse als Folge des immer arbeitsteiligeren Zusammenlebens statt und ist von zahlreichen Rückschlägen gezeichnet. Einen solchen Prozess, der zu einer Vielfalt von endlichen Strukturen geführt hat, als philosophisch geprägten Akt der Übereinkunft darzustellen, verkennt die Natur des Menschen, der begreift, indem er die anstehenden Probleme ergreift und einer vorläufigen Lösung zuführt.

Der fortschreitende Prozess in der Produktion und dem Austausch seiner Arbeitsprodukte und der Wandel in den Formen seines Zusammenlebens vom umherstreifenden Hordenwesen bis zum Bewohner dörflicher und städtischer Gemeinwesen erzeugt die fortschreitende Ausformulierung einer Sphäre der Diskursivität, in der sich der Mensch über sein eigenes Dasein zunehmend Klarheit zu verschaffen versucht und zu gesellschaftlichen Übereinkünften gelangt. Die Entschleierung des Nichtwissens ist kein einmaliger philosophischer Akt, sondern ein bis in die Gegenwart anhaltender Prozess des Aushandelns vielfältiger zum Überleben notwendiger Übereinkommen, die als endliche Strukturen der stetigen Erneuerung bedürfen und in der Neuformulierung endlicher Strukturen münden. Auf dem Schreibtisch des Philosophen entspringen die wenigsten von ihnen, obgleich nicht zu unterschätzen ist, dass die fortschreitende Arbeitsteilung auch das Dasein des Philosophen ermöglicht und entgegen einer weit verbreiteten Ansicht unentbehrlich gemacht hat. Eine solche vielschichtige und über lange Zeiträume sich erstreckende Entwicklung in einem einzigen Bild zusammen zu fassen, trägt bestenfalls zur Verdeutlichung eines komplexen Zusammenhanges bei – nicht mehr und nicht weniger.

Martha Nussbaum greift zwar John Rawls verkürztes Bild auf, aber sieht sich selber eher als Teil des schon lang andauernden Entwicklungsprozesses im Zusammenleben der Menschen. Im Fortschritt zu mehr Gerechtigkeit weist sie dem Staat ein Mitspracherecht zu, jedoch nicht die Deutungshoheit. Es bleibe noch viel zu tun. So tadelt sie z.B. die bis in die heutige Zeit ungelöste Geschlechtergerechtigkeit, die in der nur teilweise naturbedingten Beschränkung der Frau auf Heim und Hof ihren Ursprung hat. So lange patriarchalische Verhältnisse vorherrschen, wird der Versuch unternommen, die Frau im fortschreitenden Gemeinwesen vom lebendigen Austausch der Menschen untereinander fern zu halten. Nicht nur in China werden beispielsweise promovierte Frauen als „drittes Geschlecht" bezeichnet, denn sie entziehen sich der traditionellen Unterordnung in der Familie und streben Selbstverwirklichung an. Für sie hat die Frage, was ein gutes Leben ausmacht, in der gleichen Weise wie bei Männern Bedeutung gewonnen.

3.2.3 Der Staat als Garant einer „Kultur der Freiheit" (Julian Nida-Rümelin)

Nida-Rümelin scheint sich zunächst dem philosophisch-politischen Liberalismus zu öffnen, für den „die Normen und Werte der Demokratie gelten – einer Demokratie, welche die individuellen Rechte der Menschen garantiert, unabhängig von ihrer Zugehörigkeit zu religiösen oder kulturellen Gemeinschaften. Einer Demokratie, die sozialstaatlich verfasst ist und Solidarität über alle religiösen und kulturellen Gemeinschaften hinweg praktiziert; die Kooperation fördert und einen fairen und friedlichen Austrag von Konflikten ermöglicht".(Julian Nida-Rümelin, Die Kultur der Freiheit – Der philosophisch-politische Liberalismus ist auf einem Auge blind: Er sieht nicht, dass eine multikulturelle und multireligiöse Gesellschaft nur dann gelingt, wenn sie in einer gelebten Praxis der Kooperation eingebettet ist, Zeit-Philosophie, Die Zeit Nr. 25, 68. Jahrgang, Juni 2013, S. 32).

Im Folgenden wendet sich Nida-Rümelin vom philosophisch-politischen Liberalismus ab, der vor allem von den Philosophen John Rawls, Joseph Raz, Bruce Ackerman, Amy Gutmann oder auch von Jürgen Habermas vertreten wird und auf einen „öffentlichen Vernunftgebrauch, der kulturelle und religiöse Schranken überwindet", setzt (ebd. S. 32). Nach Nida-Rümelin beruht der philosophisch-politische Liberalismus „auf einer Trennung zwischen dem Politischen und dem Kulturellen, die in ihrer reinen Form nicht realisierbar ist" (ebd., auch Reinhard Hildebrandt, Staat und Zivilgesellschaft, 2011). Der demokratische Staat, postulieren die demokratischen Verfassungsordnungen, ist Ausdruck des kollektiven

Willens der Bürgerschaft. Der Staat verlangt Loyalität und Gehorsam von allen Bürgern und garantiert als Gegenleistung deren Freiheit. Wenn jedoch den Bürgern entgegen der philosophischen Annahme das unterstellte Ausmaß an Vernunft fehlt und statt dessen Unterordnung, blinder Gehorsam, ein Denken in Freund-Feind-Verhältnissen und Überlegenheitsgefühle einer Ethnie gegenüber anderen existieren, dominiert eigennütziges Verhalten das selbstgesetzliche nicht nur in der Bürgerschaft, sondern ergreift auch Raum in den staatlichen Gremien. Daraus folgt für Nida-Rümelin, dass dem Staat nicht die alleinige Deutungshoheit gesellschaftlicher Probleme überlassen werden darf, sondern „dass die Demokratie auf eine Kultur angewiesen ist, die individuelle Autonomie für alle respektiert, die einen kooperativen Umgang zwischen den Menschen ebenso fördert wie einen zivilen Austrag von Konflikten. Kurz: Die Demokratie ist abhängig von einer gelebten Kultur der Freiheit, der Kooperation und der Anerkennung. Aus diesem Grunde ist die Trennungsthese des philosophischen Liberalismus nicht aufrechtzuerhalten. Ohne eine humanistische Leitkultur, eine Kultur, die unterschiedliche partikulare Prägungen der Religion und der Herkunft überwölbt und diese gegebenenfalls in die Schranken weist, ist die Demokratie als Staats- und Lebensform nicht zu verwirklichen" (ebd.). Implizit suggeriert Nida-Rümelin, dass in einer solchen Gesellschaftsverfassung die öffentliche Sphäre nicht frei von eigennützigem Verhalten der in ihr tätigen Bürger ist (siehe auch Reinhard Hildebrandt, Staat, Markt, Individuum: Zivilgesellschaftliches Engagement und seine Begrenzungen, S. 86, Perspektiven ds, Heft 1, 2013 zur Bundestagswahl 2013). Was Nida-Rümelin letztlich fordert, ist ein stärkeres zivilgesellschaftliches Engagement der Bürger und die Öffnung der staatlichen Hierarchie für die Belange der Zivilgesellschaft.

3.2.4 Der Staat als Garant eines bürgernahen Kapitalismus (Lisa Herzog)

Realistisch stellt Lisa Herzog zunächst fest: „Natürlich funktioniert der Kapitalismus anders als die Liebe (auch wenn der Vergleich kaum weniger angemessen ist als die mathematischen Modelle der Ökonomielehrbücher). Aber wie die Liebe kann er zu einer ziemlich elenden Angelegenheit werden, wenn drei Faktoren zusammenkommen: wenn die Rahmenbedingungen nicht stimmen, wenn die Einzelnen nicht wissen, was sie tun, und wenn ungleiche Macht im Spiel ist. Erstens versagen Märkte, wenn es um Güter geht, die nicht durch Eigentumsrechte geschützt sind, vor allem um öffentliche Güter. ... Zweitens sind Märkte nicht in der Lage, langfristige, nachhaltige Ergebnisse zu liefern, wenn die Akteure in ihnen sich von kurzfristigen Trieben steuern lassen statt von langfristigen, wohlüberlegten Eigeninteressen. Die Verhaltensökonomie und auch der gesunde Menschenverstand zeigen aber, dass Menschen oft weit unreflektierter handeln, als die Verteidiger des Marktes annahmen: Sie nehmen nicht nur nachlässig in Kauf, anderen Schaden zuzufügen, sondern schaden oft auch sich selbst. Drittens, und besonders da ist es wie in der Liebe, wird es problematisch, wenn Macht und einseitige Abhängigkeit ins Spiel kommen. Im Lehrbuchkapitalismus haben alle Akteure gleiche Rechte und die gleichen Möglichkeiten, aus Verträgen auszusteigen und sich andere Handelspartner zu suchen. Das ist es, was die Gegenseite zwingt, ein gutes Angebot zu machen und auf echte Wertschöpfung zu setzen. Doch besonders zwei der wichtigsten Märkte, der Finanz- und der Arbeitsmarkt, sind typischerweise von Machtungleichgewichten geprägt, weil eine Seite mehr zu verlieren hat als die andere." (Lisa Herzog, Ist der Kapitalismus unser Schicksal? – Es könnte in der Welt so schön gerecht, demokratisch und freiheitlich zugehen, doch durch ein falsches Marktverständnis läuft zu viel schief. Wie sich der Kapitalismus verändern lässt; Zeit-Philosophie, Die Zeit Nr. 25, 68. Jahrgang, Juni 2013, S. 25). Sie fordert: „Wir brauchen Wettbewerb, um herauszufinden, wie der Wettbewerb am besten zu organisieren ist – damit möglichst gute Institutionen Chancengleichheit gewähren, damit Abhängigkeit abgebaut wird, damit möglichst effektiv über nachhaltigen Konsum aufgeklärt wird und um die geschicktesten Anreizsysteme zu finden, die Individuen und Unternehmen zu langfristigem Handeln bewegen." (ebd.). Dem Staat ordnet Lisa Herzog eine Kontrollfunktion sowie die Förderung von fairem Wettbewerb zu.

Die hier im Kapitel 3.2 formulierten unterschiedlichen Begründungen für die Existenz und Aufgaben des Staates schließen aus, dass er die Deutungshoheit in der Formulierung des gesamtgesellschaftlichen Gemeinwohls beanspruchen kann. Er ist weder der zentrale Knotenpunkt des strukturierten Ganzen, noch fällt ihm eine umfassende Steuerungskompetenz zu.

4. Anspruch der Ökonomie auf Deutungshoheit in der Formulierung des gesamtgesellschaftlichen Gemeinwohls?

4.1 Unhinterfragte Annahmen der makroökonomischen Grenzproduktivitätstheorie

Die Grenzproduktivitätstheorie blendet Machtkonflikte gänzlich aus. Welche Folgen die Infizierung des Tausches mit der Kategorie der Macht für die Geltung der auf der mathematischen Differentiallehre beruhenden Grenzproduktivitätstheorie hat, gilt es deshalb in diesem Kapitel zu erläutern.

Die gesamtwirtschaftlich orientierte Grenzproduktivitätstheorie postuliert, dass sich der Marktpreis eines Produktionsmittels auf einer solchen Höhe einspielt, dass er gleich dem in Geld bemessenen Grenzertrag des betreffenden Produktionsmittels wird. Für den Unternehmensgewinn gelten darüber hinaus Kriterien, die z.B. aus Pionierleistungen (Verwirklichung „neuer Kombinationen" im Produktionsprozess), dynamischen Gewinnen (Differenz zwischen Nettoinvestition und Nettosparen), Marktlagengewinnen (unelastisches Angebot) resultieren (Gablers Wirtschaftslexikon 7. Auflage, 1967, Bd. 1, S. 1614/1615, Bd. 2, S. 1587). Als Produktionseinheiten bzw. Produktionsfaktoren werden Arbeit, Boden und Kapital bzw. Arbeitslohn, Bodenrente und Profit bezeichnet, die als grundsätzlich unbegrenzt verfügbar behandelt werden. Mathematisch abstrakt betrachtet wird so die Gesamtzahl der beschäftigten hoch bis niedrig qualifizierten Arbeitskräfte nach dem Grenzertrag der letzten im gesamten Produktionsprozess eingesetzten Arbeitskrafteinheit entlohnt. Beispiel hierfür bietet die landwirtschaftliche Produktion. Je mehr Arbeitskräfte zur Bearbeitung eines Feldes eingesetzt werden, desto geringer wird der Grenzertrag. Für Bodenrente und Produktivkapital gelten die gleichen Bemessungskriterien. Je mehr Boden für die Produktion eines Agrarguts benötigt wird, desto niedriger ist der Grenzertrag des letzten eingesetzten Quadratmeters. Das zuletzt beanspruchte Quantum an Produktivkapital bestimmt den Grenzertrag. Vereinfacht ausgedrückt: im Prinzip bekommt jeder Produktionsfaktor den ihm am gesamtwirtschaftlichen Ertrag zustehenden Anteil.

Auch der Unternehmensgewinn pendelt sich längerfristig auf den Grenzertrag ein. Dafür sorgt laut Theorie der als uneingeschränkt definierte Wettbewerb. Er egalisiert neue Kombinationen im Produktionsprozess, nivelliert Differenzen zwischen Nettoinvestition und Nettosparen im Konjunkturverlauf und baut ein zunächst unelastisches Angebot allmählich ab. So erscheint auf der Grundlage der Grenzproduktivitätstheorie z.B. die neoliberale Argumentation einleuchtend, dass im Niedriglohnsektor unter dem Existenzminimum liegende Arbeitslöhne den geringen Grenzerträgen der dort Beschäftigten entsprechen.

Niedriglöhner müssten eben bereit sein, durch die Aufnahme eines zweiten oder dritten Arbeitsverhältnisses den zum Lebensunterhalt notwendigen Betrag zu erarbeiten. Dem Steuerzahler wird von neoliberaler Seite empfohlen, abzuwägen, wofür er mehr an Steuern aufzuwenden hat: für den Aufstockungsbetrag der Niedriglöhner durch Hartz IV oder für den Mehraufwand für die Gesamtzahl der Arbeitslosen, wenn Niedriglöhner entlassen würden, weil nach Einführung eines Mindestlohns die Produktion von Gütern nicht mehr lohne.

Der in bevölkerungsreichen industrialisierten europäischen Ländern begrenzt verfügbare Grund und Boden, auf den im Absolutismus vor allem der Adel und die Kirche zugreifen konnten, und die bis in die heutige Zeit sehr ungleiche Verteilung des Grundbesitzes bleiben in der Grenzproduktivitätstheorie unberücksichtigt (Joseph E. Stiglitz, The Price of Inequalitiy, 2013, S. 411). Das Produktionskapital unterliegt der gleichen undifferenzierten Betrachtungsweise, obgleich heutzutage flottierendes Kapital sehr schnell in Zirkulationssphären mit höchsten Gewinnerwartungen abwandern kann und in dieser Zeit in anderen Zirkulationssphären nicht verfügbar ist. Im Vergleich zum Kapital ist die Mobilität von Arbeitskräften sehr viel beschränkter.

Daraus ergibt sich: Die makroökonomische Grenzproduktivitätstheorie behandelt ungleiche Produktionsfaktoren mathematisch gleich, kennt keine Grenzertragsunterschiede innerhalb der Produktionsfaktoren und ignoriert die aus beiden Versäumnissen resultierenden Ursachen gesellschaftlicher Ungleichheit. Die Frage der optimalen Verteilung wird nicht auf der Grundlage der Grenzproduktivitätstheorie entschieden. Sie ist eine Frage an die Politik: „Wir müssen uns als Gesellschaft entscheiden, ob wir die Zunahme der Ungleichheit akzeptabel finden – und wenn nicht, welche institutionellen Reformen nötig sind, um ihr zu begegnen“.(Emmanuel Saez, Wirtschaftswissenschaftler an der Universität von Kalifornien, zit. bei Mark Schieritz, Ist Wachstum nur für Ungleichheit zu haben?, in: Die Zeit, 20.8.2009).

Partiell auf der Grundlage der makroökonomischen Grenzproduktivitätstheorie verbleibend, stellt Joseph E. Stiglitz fest: "The theory that came to dominate, beginning in the second half of nineteenth century – and still does – was called 'marginal productivity theory'; those with higher productivities earned higher incomes that reflected their greater contribution to society. Competitive markets, working through the laws of supply and demand, determine the value of each individual's contributions." (J.E. Stiglitz, a.a.O., S. 37). Den Produktionsfaktor Arbeitskraft differenziert er weiter: "If someone has a scarce and valuable skill, the market will reward him amply, because of his greater contribution to output. If he has no skills, his income will be low. Technology, of course, determines the productivity of different skills: in a primitive agriculture economy, physical strength and endurance is what mattered; in a modern high-tech economy, brainpower is more relevant." (ebd.).

Joseph E. Stiglitz hinterfragt nicht grundsätzlich die Berechtigung der makroökonomischen Grenzproduktivitätstheorie, obgleich er der Idee des homo oeconomicus kritisch gegenüber steht. Er schreibt: "The prevailing approach to behavior in standard economic theory focuses on rational individualism. Each individual assesses everything from a perspective that pays no attention to what others do, how much they get paid, or how they are treated. Human emotions such as envy, jealousy, or a sense of fair play do not exist or if they do, have no role in economic behavior; and if they do appear, they shouldn't. Economic analysis should proceed as if they did not exist. To non-economists, this approach seems non-sensial – and to me, it does too." (ebd. S. 141/142).

Obwohl Stiglitz also die Geltung der Grenzproduktivitätstheorie teilweise infrage stellt, hält er, um Phänomene der Ungleichheit anzuzeigen, als Bezugsmöglichkeit an ihr fest. Er unterscheidet nicht zwischen den „economic forces", die den fairen Wettbewerb in der Verfolgung eigennütziger Zwecke untergraben, und der Problematik, die bereits das Smithsche „aufgeklärte Eigeninteresse" enthält. Wenn von den Tauschenden, wie bereits schon weiter oben ausgeführt, die Grenzlinie zwischen „Für-sich-sein" und dem „Für-den-Anderen-sein" im konkreten Tauschprozess bestenfalls zufällig getroffen wird und der Eigennutz des einen oder anderen das selbstgesetzliche Handeln dominiert, vereiteln tauschimmanente Machtkämpfe die Erzeugung vollkommener Konkurrenz und den daraus abgeleiteten Gleichgewichtspreis. Diese Erkenntnis gilt erst recht für de Mandevilles Behauptung über den Eigennutz als ausschließliche Ursache des Wirkens der unsichtbaren Hand. Handeln Tauschende nur eigennützig, ohne die Beimischung und den Einfluss selbstgesetzlichen Handelns, verhindern Machtkämpfe jeglichen Tausch. Stattdessen eignet sich der Überlegene das zum Tausch angebotene Produkt des Gegners nach dessen Niederlage ohne Gegenleistung an.

Die Bedeutung der Grenzproduktivität von Produktionsfaktoren existiert fern von der Realität nur in der mathematischen Gleichung und ist aus zwei Gründen logisch unhaltbar:

1. Aus der Mikroökonomie abgeleitete Beziehungen können nicht einfach auf aggregierte Größen der Makroökonomie übertragen werden.
2. Die Vorgabe einer definierten „Menge an Kapital", unabhängig von den Preisen der verschiedenen Kapitalgüter, ist unzulässig. Nicht das Verhältnis zwischen der im gesamten Produktionsprozess eingesetzten Gesamtmenge an Produktivkapital, aus der sich ihr Gesamtpreis ergibt, und dem Grenzertrag der zuletzt eingesetzten Einheit ist Richtschnur für ihren tatsächlichen Einsatz (wie es die mathematische Gleichung vortäuscht), sondern die bereits in die Preis- und Mengenkalkulation eingehende Durchschnittsprofitrate. Beide Größen sind völlig unterschiedlicher Natur.[2]

Für das reale Handeln der Menschen ist die mathematisch begründete Grenzproduktivität ohne Belang. An die Stelle der unsichtbaren Hand tritt das Fallbeil des Siegers. Die Hypothese, bei vollkommener Konkurrenz bestimme der Grenzertrag den Marktpreis der Produktionsfaktoren, fällt in sich zusammen. Der Grenzproduktivitätstheorie wird damit die Existenzgrundlage entzogen. Als Maßstab zur Begründung von „Marktversagen" und als ideologische Rechtfertigung ist ihre Fortexistenz jedoch garantiert.

4.2 Kapitalrendite höher als der wirtschaftliche Ertrag aus dem Verkauf von Arbeitskraft – Thomas Pikettys $r > g$

Piketty gelangt in seinem Buch „Das Kapital im 21. Jahrhundert" zu folgendem Schluss: „Die Geschichte von Einkommen und Vermögen ist immer hochpolitisch, chaotisch und unvorhersehbar. Alles hängt davon ab, was die Menschen als gerecht ansehen und wie sie durch Politik Einfluss nehmen“ (zit. von Kolja Rudzio, Lebte schon Jesus im Kapitalismus? Die Zeit, 5.6.2014). Als nicht gerecht sehen sie an, dass die Ungleichheit bei der Vermögensverteilung dramatisch wächst. Anders als Karl Marx, dem zu seiner Zeit noch keine umfangreichen statistischen Erhebungen zur Verfügung standen, hat Piketty Statistiken auf die Frage hin analysiert, warum „Kapital mehr Rendite abwirft als Arbeit“ (Mark Schieritz, Kein Murks, sondern Wissenschaft, Die Zeit 18.6.2014). Marx suchte in der kapitalistischen Produktionsweise nach der verwandelten Form des Mehrwerts, der in der vorkapitalistischen Zeit als Abgaben und Frondienste von den Bauern an die Grundherrschaft abzuführen war. Vom Grundherren abhängige Bauern mussten einen Teil der Ernte dem Grundherren aushändigen und für Stunden oder Tage auf den Feldern des Grundherren arbeiten. Als Folge des Herrschafts-Beherrschungsverhältnisses zwischen Grundherr und abhängigem Bauer warf Grundbesitz eine höhere Rendite ab als die Verausgabung von Arbeitskraft.

Im Kapitalismus hingegen schienen Arbeitskraftverkäufer (Lohnarbeiter) den exakten Gegenwert ihrer verausgabten Arbeitskraft pro Zeiteinheit als Arbeitslohn ausbezahlt zu bekommen. Gewinn erzielten Arbeitskraftkäufer (Unternehmer) offenbar nicht durch Unterbezahlung ihrer Arbeitskräfte, sondern durch vorteilhafte Bedingungen beim Verkauf der Waren auf den Märkten. Die unterschiedlich hohen Gewinne, die je nach günstigen oder ungünstigen Marktbedingungen von den Warenproduzenten einer Zirkulationssphäre erwirtschaftet wurden, summierten sich zum Durchschnittsgewinn der Zirkulationssphäre, der vorab in die Preiskalkulation der einzelnen Warenproduzenten als Richtmaß einging. Wenn jedoch der Durchschnittsgewinn einer Zirkulationssphäre nicht zu Lasten einer oder benachbarter Zirkulationssphären erzielt wurde, musste es einen anderen Grund für seine Herkunft geben. Wenn sich außerdem Verluste und Gewinne der verschiedenen Zirkulationssphären über bestimmte Zeiträume ausglichen, stellte sich die Frage nach der wahren Herkunft des Durchschnittsgewinns umso dringlicher. Marx’ Antwort auf diese Frage ist allseits bekannt. Der Arbeitskraftverkäufer erhält als Arbeitslohn für seine geleistete Arbeit nicht den exakten Gegenwert des von ihm produzierten Warenwerts. Der Gegenwert des Arbeitslohns und der nichtbezahlte Teil des produzierten Warenwerts, den Marx Mehrwert nannte, ergeben die in der Ware inkorporierte – gesellschaftlich notwendige – abstrakt-menschliche Arbeit. Für Marx war damit erwiesen, dass „Kapital mehr Rendite abwirft als Arbeit“ und die Ungleichheit unter den Menschen zunimmt.

Marx' Problem bestand jedoch darin, seine plausible Konstruktion empirisch nicht beweisen zu können. Niemand zwingt den Lohnarbeiter, seine Arbeitskraft zu verkaufen oder gegebenenfalls zurückzuhalten, wenn der erzielbare Lohn zu gering ausfällt. Auf dem „Arbeitsmarkt“ existiert augenscheinlich kein Herrschafts-Beherrschungsverhältnis zwischen Arbeitskraftkäufer (Unternehmer) und dem Lohnarbeiter, wie es in den vorkapitalistischen Perioden der Grundherrschaft der Fall war. Beide begegnen sich als Käufer und Verkäufer auf gleicher Stufe. Sie unterscheiden sich aber darin, dass der Arbeitskraftverkäufer, sofern er kein Vermögen anhäufen konnte (was mit wenigen Ausnahmen der Fall ist), jeden Tag aufs Neue zur Reproduktion seiner selbst gezwungen ist und seine Arbeitskraft zum derzeit erzielbaren Arbeitslohn verkaufen muss, während beim Arbeitskraftkäufer vorausgesetzt werden kann, dass er für die bereits in seinem Besitz befindlichen Produktionsfaktoren Kapital und Boden entweder vorher schon Vermögen aufgehäuft haben muss oder von Banken als kreditwürdige Person betrachtet wird. Das versetzt ihn in die Lage, den „Produktionsfaktor Arbeit“ nicht zu jedem Preis kaufen zu müssen und sein Unternehmen entweder in anderen Regionen oder sogar in Zirkulationssphären zu eröffnen, in denen die Arbeitskraft zu einem sehr viel geringeren Preis zu erwerben ist. Seine Mobilität ist stets höher als die der Arbeiter.

Dieser kleine, aber dennoch bedeutsame Unterschied zwischen Arbeitskraftkäufer und -verkäufer erklärt ansatzweise, warum „Kapital mehr Rendite abwirft als Arbeit“. Thomas Pikettys kapitalismuskritische Analyse, nach der es im Kapitalismus eine Kraft gibt, die den Reichtum immer mehr in den Händen weniger konzentriert, weil die Rendite, die Kapital- oder Vermögensbesitzer erzielen, regelmäßig höher ausfalle als das Wachstum der Wirtschaft (mathematisch formuliert: $r > g$), geht nicht näher – angesichts des Scheiterns von Karl Marx – auf diese dem Kapitalismus innewohnende Kraft ein. Er bevorzugt statt dessen den indirekten Weg über die Analyse der Statistiken und wird vor allem wegen seiner Weltformel $r > g$ kritisiert, obgleich laut Mark Schieritz der von Piketty erläuterte Sachverhalt „unter Ökonomen nicht umstritten“ ist (ebd.). Er entspräche der vorherrschenden volkswirtschaftlichen Theorie. Aus der Höhe der Kapitalrendite lasse sich zwar nicht eindeutig ableiten, mit welcher Geschwindigkeit sich das Vermögen vermehrt, aber Piketty behaupte dies auch nicht. Er habe jedoch aufgezeigt, „wie Konzentration von Vermögen zur Verfestigung der Ungleichheit beitragen kann“ (ebd.).

Piketty antwortete in einem Interview auf die Frage, warum er das Buch geschrieben habe, dass es sein Ziel gewesen sei, „eine bessere demokratische Debatte zu ermöglichen“ (Interviewer: Michael Heese, Frankfurter Rundschau, 10.6.2014, Die Mittelklasse schrumpft weiter). Wie die Institutionen der jeweiligen Staaten in Bezug auf Steuern oder Bildung beschaffen seien, hänge davon ab, ob Ungleichheiten verstärkt oder vermindert werden. „Was wir sehen“, stellt Piketty fest, ist, „dass die Spitze der Vermögensverteilung um mehr als sechs Prozent pro Jahr wächst – dreimal so schnell wie das Wirtschaftswachstum“. Langfristig sei die Produktivitätsrate nicht höher als ein oder 1,5 Prozent. „Unsere Gesellschaften verstehen sich als Leistungsgesellschaften, Leistung soll sich lohnen. Wenn es Ungleichheiten gibt, dann sollten sie nicht auf Vermögen oder Erbe beruhen. Man muss die Ungleichheiten begrenzen und benötigt hierfür gute soziale Institutionen, die dies realisieren.“ (ebd.). Piketty schlägt mehr Transparenz in Bezug auf Vermögen und auf die Bewegung von Kapital (Kapitalmobilität) vor, um die Steuersätze entsprechend anzupassen. Er ist für eine progressive Vermögensteuer, die kleinere Vermögen schont und Einkommen jenseits von 500 000 oder einer Million mit einer Steuer von 80 Prozent belegt. Man benötige zur Erreichung dieses Ziels jedoch eine bessere internationale Kooperation. Auf die Frage, was ihm die größte Sorge bereitet, antwortete Piketty: „Die Reichsten können ihr Vermögen meist überdurchschnittlich steigern. Das führt zur Vermögensungleichheit und lässt die Mittelklasse schrumpfen. Das Vermögen der Mittelklasse ist gemessen am Volksvermögen größer als vor 100 Jahren, wir wissen aber nicht, wie dies in 30 Jahren aussehen wird. Deshalb müssen wir etwas ändern.“ (ebd.). Wenn die negative Entwicklung weiter anhalte, werde der soziale Frieden zerstört und das System entziehe sich seine eigene Basis.

Was in Deutschland zu ändern sei, beschrieb Gustav Horn in den folgenden Sätzen: „Wer die Ungleichheit vermindern will, muss zum einen über eine entsprechende Arbeitsmarktpolitik die Beschäftigten stärken, um höhere Lohnzuwächse zu ermöglichen. Die Einführung eines Mindestlohns ist ein erster Schritt in die richtige Richtung. Zum andren muss auch das Steuer- und Abgabensystem reformiert werden, das hohe Einkommen und Vermögen begünstigt.“ (Gustav Horn, „Die Löhne müssen steigen“, Tagesspiegel, 18.5.2014). Was global zu ändern sei, zählt Gabriel Zucman in seinem Buch „La Richesse cachée des nations. Enquête sur les paradis fiscaux“ auf:

- Einrichtung eines globalen Registers aller Wertpapiere,
- hohe Exportzölle für Steueroasen,
- eine weltumspannende Vermögensteuer,
- globale Besteuerung der Profite der multinationalen Konzerne.

4.3 „Ureigenster Verdienst“ der Erfolgreichen?

Matthias Möhring-Hesse zitiert in seinem Artikel, „Verdienst und Chance – Gibt es ungerechte Ungleichheit in einer grundsätzlich gerechten Gesellschaft?“ aus dem Buch „Die Gesellschaft der Gleichen“ des französischen Historikers Pierre Rosanvallon: „Man verdammt die faktischen Ungleichheiten, während man die sie bedingende Ungleichheitsdynamik implizit als legitim anerkennt“ (Frankfurter Rundschau, 21./22.9.2013). Möhring-Hesse hält dies nicht wie Pierre Rosanvallon für ein Paradox, sondern meint, dass die „Delegitimation sozialer Ungleichheiten und die gleichzeitige Legitimation der ihr zugrunde liegenden gesellschaftlichen Dynamik gar nicht so widersprüchlich sind“. Als begründende Gerechtigkeitsvorstellung führt er den legitimen Verdienst in einer Konkurrenzgesellschaft und die gleichzeitige Idee radikalisierter Chancengleichheit an. In Anlehnung an Pierre Rosanvallon weist Möhring-Hesse für die Vergangenheit einschränkend darauf hin, dass die Legitimation der Ungleichheiten „auf das Maß, das für eine ‚Gesellschaft der Gleichen‘ bekömmlich ist und für die Gleichheit der Menschen, Autonomen und Staatsbürger nicht destruktiv ist“, begrenzt wurde. Jenseits dieser Begrenzung betrachtete man soziale Ungleichheiten als ungerecht, als Ausdruck einer ungerechten Gesellschaft.

Dieser Zusammenhang sei inzwischen aufgebrochen worden, stellt Möhring-Hesse fest: „Man sieht die Ungerechtigkeit der sozialen Ungleichheiten, akzeptiert aber die sozialen Verhältnisse und deren Dynamik, die sie verursachen.“ Konkurrenz gelte eben als die grundlegende Form sozialer Beziehungen und der daraus erwachsenden sozialen Verhältnisse.

Möhring-Hesse präzisiert: „In Konkurrenzsituationen sind sich die Konkurrenten gleich – und regen sich gerade deshalb wechselseitig zu Höchstleistungen an. Die darüber errungenen Erfolge werden den einzelnen als ihre ureigensten Verdienste zugestanden und die sich daraus ergebenden Positionsgewinne gerechtfertigt. Dass sich auf diesem Wege soziale Ungleichheiten einstellen, wird als unvermeidliche, selbst aber nicht intendierte Folge hingenommen. Ausmaß und Formen der sozialen Ungleichheit werden so zwar nicht selbst gerechtfertigt, ‚unterschwellig' aber in die Legitimation des Verdienstes hineingezogen." Unterschlagen werde hierbei jedoch, dass „ungleiche, selbst aber nicht verdiente Startpositionen ... auf dem Wege der Konkurrenz nicht ausgeglichen, sondern bestätigt (werden)". Sie „delegitimieren den Erfolg als unverdiente Belohnung unverdienter Startpositionen".

Zur Rechtfertigung dieses *unverdienten Verdienstes* bedarf es der Vorstellung „radikaler Chancengleichheit" aller Beteiligten zu Beginn der Konkurrenz und der Aufforderung an den Staat, „extensiv in die Lebensverhältnisse der einzelnen einzugreifen und von ihnen eine grundlegend einheitliche Lebensführung einzufordern und zu fördern." Ist dem *unverdienten Verdienst* erst einmal das Etikett der Gerechtigkeit verliehen worden, kann die ihm zugrunde liegende Dynamik legitimiert und zugleich können die Auswüchse sozialer Ungleichheit delegitimiert werden. Die diesseits der Auswüchse entstandene Ungleichheit wird den im Konkurrenzkampf unterlegenen Betroffenen zugerechnet. Sie haben sich in der Konkurrenz eben nicht hinreichend bemüht oder „Gleichmachungs" angebote des Staates – z.B. Bildungsangebote bzw. auf Fordern und Fördern basierende Maßnahmen zur Arbeitsmarktintegration – ausgeschlagen. Man empfiehlt ihnen entweder, vorübergehend die Ungleichheit zu erdulden und auf baldige Besserung der Verhältnisse zu vertrauen, oder relativiert die Ungleichheit im eigenen Land, indem man auf noch größere Ungerechtigkeiten in anderen Ländern verweist. Für Christoph Butterwege sind Armut und Reichtum „keine unsozialen Kollateralschäden der Globalisierung". „Armut ist gewollt und bewusst erzeugt, weil sie die ‚Aktivierung', Motivierung und Disziplinierung der Bevölkerungsmehrheit gewährleistet. Die (Angst vor der) Armut sichert den Fortbestand der bestehenden Herrschaftsverhältnisse. Während der Reichtum als Belohnung für ‚Leistungsträger' dient, gilt die Armut als gerechte Strafe für ‚Leistungsverweigerer', ‚Faulenzer' und ‚Sozialschmarotzer'" (Christoph Butterwege, Warum werden die Ursachen von Armut verschwiegen?, Tagesspiegel, 15.6.2014).

Möhring-Hesse fragt berechtigterweise, ob Verdienste überhaupt dem Einzelnen zugeschrieben und zu verdienten Vorteilen transformiert werden können. „Subjektivierte Individuen" müsse man darüber aufklären, dass sie ihre Subjektivität „einer vorgängigen Sozialität verdanken, dass sie – und untereinander darin (und eben nicht nur in der Konkurrenz mit anderen) gleich – für ihre jeweils vorgefundenen sozialen Verhältnisse gemeinsam verantwortlich sind, und dass sie die sozialen und materiellen Bedingungen ihrer Subjektivierung für alle nur im Zuge wechselseitiger Solidarität gewährleisten können" (ebd.).

4.4 „Marktversagen" und ökonomische Macht (Joseph E. Stiglitz "Price of Inequality")

Kritisch beschäftigt sich Joseph E. Stiglitz mit den unterschiedlichen Formen des „Marktversagens" als Ursache für Ungleichheit. Er bemerkt: "To put it baldly, there are two ways to become wealthy: to create wealth or to take wealth away from others. The former adds to society. The latter typically substracts from it, for in the process of taking it away, wealth gets destroyed. A monopolist who overcharges for its product takes money from those whom he is overcharging and at the same time destroys value. To get his monopoly price, he has to restrict production." (a.a.O. S. 40). Am Beispiel der Finanzkrise erläutert er das Verhältnis von „private returns" und „social benefits". "There is a simple reason for why financiers' pursuit of their interests turned out to be disastrous for the rest of society: the bankers' incentives were not well aligned with social returns." (ebd. S. 41). Unter „shaping markets" versteht Stiglitz z.B. das Ergreifen von Maßnahmen zur Verhinderung vollkommener Konkurrenz. In Management-Schulen werde bereits Studenten gelehrt, "how to recognize, and create, barriers to competition – including barriers to entry – that help ensure that profits won't be eroded" (ebd. S. 44).

Weder gleicht der reale Mensch dem Kunstprodukt „homo oeconomicus" noch entspricht die reale Marktsituation dem mathematischen Modell des Marktes. Der ideale Markt des Modells existiert nicht in der Realität. Die Mathematik ist nicht in der Lage, die Realität angemessen darzustellen. Damit entfällt jegliche Rücksicht der Politik, auf die Selbstregulierung der

Marktkräfte zu setzen. Angesichts der aufgeführten negativen Resultate ergibt sich die zwingende Schlussfolgerung, dass der Anspruch der Ökonomie auf Deutungshoheit in der Formulierung des gesamtgesellschaftlichen Gemeinwohls ungerechtfertigt ist.

5. Anspruch der Zivilgesellschaft auf Deutungshoheit in der Formulierung des gesamtgesellschaftlichen Gemeinwohls?

Aus der Sensibilität über seine eigene Verwundbarkeit und die des Anderen erwächst dem zivilgesellschaftlich engagierten Individuum sowohl Verantwortung für den Anderen wie für sich selbst. In der Kombination "Für-den-Anderen-bei-sich-selbst" nimmt es die Verantwortung für den Anderen in die eigene Identität auf. Indem es für sich selbst verantwortlich bleibt, übernimmt es zugleich Verantwortung für den Anderen außer ihm und in sich selbst. Zivilgesellschaftlich engagierte Individuen müssen jedoch anerkennen, dass ihnen ein austariertes Verhältnis zwischen „Für-sich" und „Für-den-Anderen" nur unabsichtlich gelingt, d.h. ihre *zivilgesellschaftliche Identität weist keine stabile innere Struktur auf*. Ob es ihnen dennoch gelingt,

- den eigennützigen Anteil ihres Handelns auf ein Minimum zurückzuführen und
- Maß zu halten in der Artikulation und Durchsetzung ihrer unterschiedlichen Bedürfnisse,

hängt zuvörderst von der Artikulation zivilgesellschaftlicher Gemeinwohlbelange ab und an zweiter Stelle von der Fähigkeit, diese Belange zu einem zivilgesellschaftlich orientierten gesamtgesellschaftlichen Gemeinwohl zu verknüpfen.

5.1 Zivilgesellschaftliche Gemeinwohlvorstellungen

5.1.1 Das engere Wohn- und Lebensumfeld als Ausgangspunkt der Wahrnehmung

Nach eigenen Aussagen wollen zivilgesellschaftlich engagierte Menschen vorrangig die Qualität des Gemeinwohls in ihren Gemeinwesen mitbestimmen. Sie beobachten und begleiten die alltäglichen Entwicklungen und konzentrieren sich auf ihre Kommune und darin auf ihr engeres Wohn- und

Lebensumfeld. Sie fragen sich, was aus ihrer Sicht am Gemeinwesen als positiv und was als negativ zu bezeichnen ist. Werden beispielsweise die Innenstädte immer mehr von gut verdienenden Bürgern erobert und die Normalverdiener an die Stadtränder abgeschoben, wie es seit einiger Zeit in Hauptstädten wie London oder Paris, in München, Stuttgart, Hamburg und auch bereits in Berlin als Folge von Luxussanierung und Preistreiberei geschieht, fragen sie sich,

- wer auf das Gemeinwesen den stärksten Einfluss ausübt – sie selbst als Bürger, der Staat oder das Geld,
- auf welche Weise außerdem übergeordnete Staatsorgane und ökonomische Mächte auf die Kommunen Einfluss nehmen und
- wie sich ihr Wohn- und Lebensumfeld ändern würde, wenn sie als Bürger maßgeblich zu bestimmen hätten.

Auf der Folie dieser Fragen bewerten sie das Handeln des Staates und der Wirtschaft und artikulieren Gemeinwohlbelange der Zivilgesellschaft, sowohl in Absetzung von als auch in Kooperation mit Staat und Wirtschaft. Sind Wohn- und Lebensumfeld ländlich geprägt, ist ihr Wahrnehmungshorizont anders ausgerichtet als in großstädtischer Umgebung. Zivilgesellschaftlich orientierte Menschen auf dem Lande registrieren beispielsweise das Verschwinden landwirtschaftlicher Vielfalt und die Verbreitung industriell betriebener Landwirtschaft, den Aufkauf großer Flächen für die Produktion von genmanipuliertem Getreide zur Herstellung von Biodiesel. Die unterschiedlichen Gemeinwohlvorstellungen von Stadt- und Landbewohnern können sich überschneiden oder sogar gegenseitig ausschließen und bedürfen daher der abwägenden Beurteilung im Diskurs.

5.1.2 Gleichheit in der Ungleichheit

Das Merkmal des auf gegenseitigem Respekt beruhenden Diskurses und der darin aufscheinenden Respektierung der Einmaligkeit jedes Individuums ist das Kennzeichen zivilgesellschaftlichen Engagements. In ihrer Einzigartigkeit und Einmaligkeit und den daraus resultierenden unterschiedlichen Fähigkeiten und Leidenschaften sind sie jedoch alles andere als gleich, obwohl sie darauf bestehen, dass sie als Bürger untereinander gleichwertig und gegenüber dem Recht gleichberechtigt sind. Gleichheit und Ungleichheit bedingen einander. Ersteres ist ohne Letzteres nicht zu denken. Beide haben ihr Gegenteil an sich selbst. „Weil erstens gleichermaßen Mensch und entsprechend mit einer unbedingten Würde ausgestattet, weil zweitens gleichermaßen autonom, und weil drittens gemeinsam mit allen anderen Bürgern einer politischen Gesellschaft, werden die einzelnen wie alle anderen in einer grundlegenden Gleichheit gesehen und ihre sozialen Beziehungen entsprechend geordnet." (Matthias Möhring-Hesse, „Verdienst und Chance – Gibt es ungerechte Ungleichheit in einer grundsätzlich gerechten Gesellschaft?", Frankfurter Rundschau, 21./22.9.2013).

Ungleich als Individuen, gleich als Bürger! Ihre individuelle Ungleichheit ist ihr gemeinsames Merkmal. Bewegt sich auf der Skala zwischen den Polen Gleichheit und Ungleichheit der Zeiger in Richtung des Extrems Gleichheit, droht die Ungleichheit zunehmend vernachlässigt zu werden und verliert völlig an eigenständiger Bedeutung, wenn sie die Grenze zum Extrem Gleichheit überschritten hat und zu einem bloßen Moment ihres Gegenteils geworden ist. Umgekehrt gilt, dass auch die Gleichheit zum Moment der Ungleichheit wird, sobald sie sich aufs Engste ihrem Gegenteil angenähert hat. Gesellschaften, in denen die Gleichheit der Menschen sehr stark akzentuiert wird, verlieren zunehmend die Fähigkeit, die Ungleichheit wertzuschätzen. Umgekehrt verlieren auch Gesellschaften, in denen die Ungleichheit sehr stark betont wird, ihre Wertschätzung für die Gleichheit ihrer Mitglieder. Für die beiden extremen Ausschläge auf der Skala zwischen Gleichheit und Ungleichheit lassen sich zahlreiche Beispiele anführen, von denen hier exemplarisch zwei genannt werden.

Obgleich sich in marxistisch-leninistisch strukturierten Gesellschaften die Parteielite vom gemeinen Volk durch Ungleichheit abhob (gleicher als gleich!), zeichnete diese Gesellschaften im Vergleich zu anderen Gesellschaften eine geringe Einkommens- und Vermögenskonzentration und eine stärkere Betonung der Gleichheit aller Staatsbürger aus. Der Anpassungsdruck, der auf jedem einzelnen lastete, führte zu größerer Uniformität im Denken und Handeln und ließ Eigeninitiativen erlahmen. Die Fähigkeit, positive Eigenschaften der Ungleichheit von Individuen wertzuschätzen, nahm ab. Auch die Entwicklungsdynamik marxistisch-leninistisch strukturierter Gesellschaften erlahmte, je mehr Maßnahmen die Ungleichheit der Individuen bekämpften. Der weniger staatlicher Beobachtung zugängliche Aufenthalt in Nischen der Gesellschaft empfahl sich zunehmend als attraktiver Fluchtpunkt privater Existenz. Jedoch auch das Nischendasein blieb nicht von der Gleichförmigkeit des Zusammenlebens der Menschen verschont und das ihm eigentlich innewohnende Potential, unterschiedliche Fähigkeiten zu fördern und für die Entwicklungsdynamik der Gesellschaft zu nutzen, verlor an Bedeutung.

In kapitalistisch strukturierten Gesellschaften regen sich zwar Menschen in Konkurrenzsituationen wechselseitig zu Höchstleistungen an, so dass die Entwicklungsdynamik sehr hoch ist, aber dies trifft nur bei vollkommenem Gleichstand der Konkurrenten zu Beginn und während der gesamten Dauer der Konkurrenz zu. Machtauseinandersetzungen halten Einzug ins Konkurrenzgeschehen, wenn bereits zu Beginn keine „radikale Chancengleichheit" in der Konkurrenz vorhanden ist und unverdiente Vorteile der Privilegierten als Folge einer durchgängig einseitigen Chancen- und Machtverteilung die Motivation der Benachteiligten vermindern und die von ihnen erbrachten Leistungen den Bevorzugten zugeschlagen werden. Wird außerdem im ungleichen Verteilungskampf den Unterlegenen unterstellt, sich in der Konkurrenz nicht hinreichend bemüht und von fördernden Maßnahmen des Staates zu wenig Gebrauch gemacht zu haben, gewinnt passives Verhalten die Oberhand und die potentiell hohe Entwicklungsdynamik verkehrt sich in ihr Gegenteil.

Sich als Bürger der unterschiedlichen Konkurrenzsituationen bewusst zu werden, negative Erscheinungen zu eliminieren und positive Resultate für die Entwicklungsdynamik der Gesellschaft fruchtbar werden zu lassen, ist das fundamentale Anliegen des zivilgesellschaftlich geprägten gesamtgesellschaftlichen Gemeinwohls. Ein Anspruch auf Deutungshoheit ist jedoch allein deshalb schon nicht gegeben, weil dieses Gemeinwohl zunächst erst aus der kritischen Analyse der Lebenswelt herausgefiltert werden muss.

6. Kritikwürdige Zustände

Aus Zeitungsmeldungen und Zeitschriftenartikeln einiger weniger Jahre lässt sich eine Vielzahl an Phänomenen in unserer Lebenswelt zusammenstellen, die zeigen, dass der gesellschaftliche Zusammenhalt bedroht ist.

6.1 Fragen an die Repräsentanten des Volkes

Zivilgesellschaftlich Engagierte bezweifeln, ob die Repräsentation der Repräsentierten in der repräsentativen Demokratie noch das herrschende

Prinzip ist, wenn beispielsweise in einer Anhörung der Leiter einer der obersten Behörden des Verfassungsschutzes den vom Volk gewählten Abgeordneten und Mitgliedern des Parlamentsausschusses zur Aufklärung geheimdienstlicher Tätigkeiten unterstellt, dass sie mit ihren Fragen dem „Staatswohl" keinen guten Dienst erweisen. Ist das „Staatswohl" gleichzusetzen mit dem Ausdruck „Herrschaft über das Volk"? Was versteht man unter dem Begriff „Kernbereich exekutiver Eigenverantwortung" und wie weit reicht er? (neu, Spionage gegen Nato-Partner, Regierung schweigt zum BND, Tagesspiegel, 21.9.2014). „Nicht der Bürger muss begründen, warum er seine Freiheitsrechte behalten möchte, sondern der Staat muss begründen, warum er sie einschränken möchte, in aller Öffentlichkeit" (Thomas Königs, In aller Öffentlichkeit, Frankfurter Rundschau, 10./11.8.2013).

6.2 Ab wann und wie werden Wähler manipuliert?

Kann bereits von Wählermanipulation gesprochen werden, wenn finanziell reichlich ausgestattete Wahlkampagnen für die eine oder andere Partei werben oder z.B. in den USA das oberste Gericht jegliche finanzielle Begrenzung aufhebt? Wenn wie im US-amerikanischen Kongress die Mehrheit der Repräsentanten aus Millionären besteht, scheint das Prinzip, dass jeder Wähler eine Stimme hat, durch das Prinzip ersetzt worden zu sein, dass auf jeden Dollar eine Stimme entfällt. Herrscht Transparenz in der Auswahl der zu wählenden Abgeordneten? Entscheidet vor allem die Parteibasis – wie beim Mitgliedervotum der SPD zum Koalitionsbeitritt – oder zieht ein nicht öffentlich tagendes Gremium die Entscheidungen an sich?

Ab welcher Anzahl der von der Politik enttäuschten Nichtwähler ist eine repräsentative Demokratie nicht mehr repräsentativ (z.B. nur noch ein geringer Prozentsatz der Wahlberechtigten geht zur Wahl, z.B. in den USA ungefähr 30 Prozent der Wahlberechtigten)?

Müssen Parteien bereits als „Selbsterhaltungssysteme" bezeichnet werden, wenn sie stärker den Wünschen der finanzkräftigen und einflussreichen „Marktkräfte" als ihrer Parteibasis und ihren potentiellen Wählern zuneigen?

Zivilgesellschaftlich engagierte Menschen fragen, warum für lange Zeit nur unzulängliche Vorkehrungen gegen Abgeordnetenbestechung existierten? Nur der direkte Stimmenkauf vor einer Abstimmung im Parlament war in der Vergangenheit in Deutschland strafbar. Nebeneinkünfte von Abgeordneten müssten auf transparente Weise offengelegt werden, nicht nur in Stufen und bei der höchsten Einkommensstufe nach oben offen. Wurden Spenden großzügig entgegen genommen und sogar vor der Öffentlichkeit durch unzulängliche Regelungen geheim gehalten?

Wird außerparlamentarischen Kräften ein dominierender Einfluss in der Ministerialbürokratie und dem Parlament eingeräumt?

Zur Diskussion steht außerdem, ob Repräsentanten ohne angemessene Wartezeit Tätigkeiten eines Lobbyisten übernehmen dürfen, wie beispielsweise jüngst der Staatsminister von Klaeden als künftiger Interessenvertreter des Daimler-Konzerns oder der Chef des Kanzleramts Ronald Pofalla beim Vorstand der Deutschen Bahn. Als Bund-Länder-Koordinator bereitete von Klaeden die Sitzungen des Vermittlungsausschusses von Bundestag und Bundesrat vor, in dem die Verabschiedung des Jahressteuergesetzes 2013 auf der Tagesordnung stand. Darin wurde die künftig steuerlich günstigere Behandlung von Elektroautos beschlossen. Von Klaeden würde als künftiger Lobbyist von Daimler für das zum Daimler-Konzern gehörige Smart Elektroauto Lobbyarbeit betreiben (Frankfurter Rundschau, „Von Klaeden wusste Bescheid“ lautet der Vorwurf in der Frankfurter Rundschau vom 8.6. sowie vom 30.10.2013).

6.3 Fragen anlässlich der Mindestlohndebatte

Werden Erwartungen der sogenannten „Marktkräfte“ erfüllt, wenn man durch Reformen Renten, Löhne, Sozialleistungen kürzt und Arbeitnehmerrechte abbaut, aber zugleich wirtschaftliche Eliten mit Milliardenbeträgen für die Rettung von Banken und Unternehmen subventioniert und ihnen gestattet, ganze Volkswirtschaften kaputt zu spekulieren?

Wird nicht erkannt, dass Maßnahmen im Niedriglohnbereich zu Lasten der Arbeitslosen von cleveren Arbeitgebern auf Kosten der Allgemeinheit ausgenutzt werden können? Den deutschen Arbeitsmarkt zeichnet inzwischen eine Parallelwelt aus, auf dem eine Vollzeitstelle keine Garantie mehr dafür hergibt, im Alter abgesichert zu sein. Wenn jetzt bereits ein Fünftel aller Deutschen – rund 8,1 Millionen Menschen – im Niedriglohnsektor arbeiten, wird die Altersarmut ein kaum noch zu lösendes Problem werden. In Kleinunternehmen mit weniger als fünf Beschäftigten bekommen heute 37 Prozent der Mitarbeiter weniger als 8,50 Euro pro Stunde.

Das ursprünglich angestrebte Ziel der Schaffung des Niedriglohnsektors, Langzeitarbeitslose wieder zu einer auskömmlichen Arbeit zu verhelfen, ist nicht erreicht worden. Nach Auskunft von Joachim Möller, Leiter des Instituts für Arbeitsmarkt- und Berufsforschung, gibt es rund eine Million Langzeitarbeitslose, die schon mindestens ein Jahr arbeitslos sind. Hinzu zählen müsste man außerdem diejenigen, die nur hin und wieder kurzfristig einen Arbeitsplatz haben, insgesamt also 2 Millionen Langzeitarbeitslose (Frankfurter Rundschau, 12./13.10.2013).

Ein gesetzlicher Mindestlohn könnte den Niedriglohnsektor wieder reduzieren, aber selbst nach dem Beschluss zu seiner Einführung wuchs der Widerstand derjenigen, die vom Niedriglohnsektor erheblich profitieren. Obwohl laut einer Studie des Deutschen Instituts für Wirtschaftsforschung (DIW) immerhin jeder zweite geringfügig Beschäftigte, jeder dritte Ungelernte, jeder siebte westdeutsche und jeder vierte ostdeutsche Arbeitnehmer sowie jede fünfte Frau von einem Mindestlohn profitieren und insgesamt 17 Prozent der Arbeitnehmer einen höheren Stundenlohn erhalten würden (Frankfurter Rundschau, 26.9.2013), propagierte der Familienunternehmer Goebel die Furcht, dass Problemgruppen, z.B. Niedrigqualifizierte mit und ohne Migrationshintergrund sowie Schulabbrecher unverhältnismäßig häufig ihren Arbeitsplatz verlieren könnten (Tagesspiegel, 22.10.2013).

Manche sogenannte Experten warnen vor dem Verlust von 500 000 bis einer Million Arbeitsplätzen. Nach Gerhard Bosch und Claudia Weinkopf herrscht für Modelle der Ökonomie am Arbeitsplatz jedoch vollständiger Wettbewerb: „Der Lohn jedes Arbeitnehmers richtet sich nach seiner Produktivität. Also werden laut Modell alle Beschäftigten entlassen, deren Produktivität unterhalb eines Mindestlohns liegt. Tatsächlich aber herrscht am Arbeitsplatz trotz der Vielzahl an Unternehmen kein freier Wettbewerb, bei dem sich die Arbeitnehmer die Firma stets aufs Neue aussuchen können. In der Realität verhindert ‚Arbeitgebermacht', dass Löhne entsprechend der Produktivität ermittelt werden." (Markus Sievers, Für einen guten Mindestlohn, Frankfurter Rundschau, 18.11.2013).

Bis zur schrittweisen Einführung des Mindestlohns werden Niedriglöhner entweder weiterhin zur Aufnahme mehrerer Arbeitsverhältnisse gezwungen, wenn ihr Niedriglohn das Existenzminimum nicht gewährleistet, oder an den Staat verwiesen, die Differenz mit Arbeitslosengeld (Aufstockungsbetrag) auszugleichen. Hartz IV sichert jedoch nur das Existenzminimum.

Warum wird zugelassen, dass Werkverträge im zunehmenden Maße tarifliche Vereinbarungen unterlaufen? Laut einer Erhebung der IG Metall sind beispielsweise in der Automobilindustrie zwar 763 000 beim Hersteller fest angestellt, aber 100 000 werden als Leiharbeiter beschäftigt und sogar 250 000 arbeiten auf der Basis von Werkverträgen. 2012 zählte Deutschland 820 000 Leiharbeitsplätze, zehn Jahre zuvor waren es noch 310 000. Viele Vollzeitarbeitsplätze wurden in Leiharbeitsplätze umgewandelt. Selbst der Geschäftsführer von Vion Food Deutschland, Bernd Stange, plädiert inzwischen bei Fleischverarbeitungsunternehmen für die Einführung eines Mindestlohns, statt die Praxis der Werkverträge fortzuführen. Wie lange noch werden „internationale Textilkonzerne, die in armen Ländern Produkte bestellen und dabei Preise aushandeln, zu denen eine existenzsichernde Bezahlung der Beschäftigten nicht möglich ist", toleriert? (Sabine Ferenschild, zit. in Stefan Sauer, Ein Erfolg, der keiner ist, Frankfurter Rundschau, 28.1.2014). Ein globaler Markt benötigt global durchsetzbare Regularien.

6.4 Fragen zur Daseinsfürsorge

Wird die Daseinsvorsorge der Bevölkerung (Wasser, Energie, Umwelt, Infrastruktur, Verkehr, Bildung/Kultur, Gesundheit, Alterssicherung, Schutz gegen Altersarmut) weiterhin als ureigene Aufgabe der Vertreter des Volkes behandelt oder werden die Befugnisse darüber durch Privatisierung aus der Hand gegeben?

Wird angesichts des dramatischen Klimawandels die Erzeugung von Elektrizität durch erneuerbare Energiequellen endlich für wichtiger erachtet als die Stromproduktion in Kohlkraftwerken oder durch nicht beherrschbare Atomkraft?

Was heißt Liberalisierung des Wassersektors, obwohl inzwischen genügend Kenntnisse vorliegen, dass die Privatisierung meistens zu steigenden Verbraucherpreisen, schlechterer Qualität und Verschleiß der Wasser-Infrastruktur führt?

Ist genügend bewusst, dass im Gesundheitswesen die Marktmacht einiger Unternehmen und der Staat aufeinander prallen und gewinnorientierte Kosten-Nutzen-Bewertungen der Pharmaindustrie die Kostenspirale im Gesundheitswesen für den Beitrags- und Steuerzahler hoch treiben?

Wie war es möglich, dass die sozialen Sicherungssysteme – wie z.B. die umlagefinanzierte gesetzliche Rentenversicherung – durch eine vor Wertverlusten nicht geschützte private Altersvorsorge ausgehöhlt werden konnten? Altersarmut ist dadurch zu einer noch größeren Geißel geworden. Inzwischen benötigen eine halbe Million Rentner Sozialhilfe.

Warum gelingt es nicht, die gesetzliche mit der privaten Krankenversicherung zu einer Bürgerversicherung zu verschmelzen, obwohl sich die Leistungen beider Systeme allmählich auf niedrigerem Niveau angleichen?

Werden Bildungsmaßnahmen als Ausschöpfung aller Potentiale begriffen oder beschränken sie sich auf Elitenbildung? Die Beteiligung an den Wahlen ist eine Bildungsfrage: „Einkommens- und Bildungsschwache bleiben den Wahlen eher fern, während die höher gebildeten und sozial besser situierten Wahlberechtigten sich überdurchschnittlich an den Wahlen beteiligen." (Thomas Kröter, Je ärmer, desto wahlmüder, Frankfurter Rundschau, 12.12.2013).

Warum werden Vereine, in denen es um Gesundheit, Soziales und Bildung geht, immer stärker unter Ökonomisierungsdruck gesetzt, indem ihnen Zuschüsse gekürzt werden, so dass sie zunehmend auf Spenden und Sponsoring angewiesen sind?

6.5 Negative Auswirkungen der Steuergesetzgebung

Wird eine immer ungleichere Einkommens- und Vermögensverteilung zugelassen, indem man Steuern für Einkommensstarke und Vermögende vermindert und die Steuerhinterziehung in Steueroasen nicht rigoros bekämpft? In Deutschland werden laut OECD-Bericht kleinere Einkommen stärker belastet als hohe Einkommen (Markus Sievers, Deutschland begünstigt Spitzeneinkommen, Frankfurter Rundschau, 27.3.2013).

Warum wird erlaubt, dass beispielsweise alle Geschäfte Googles in Europa über Google Irland laufen, dass für den Hauptanteil der Einnahmen hohe Lizenzgebühren an die in den Niederlanden und eine weitere in Irland ansässige Google-Firma gezahlt werden müssen und dass am Firmensitz von

Google auf den Bermudas keine Umsatzsteuern anfallen, oder der Autobauer Fiat seinen Hauptsitz in die Niederlande verlegt? Werden global tätige Unternehmen wie Starbucks, Apple, Amazon, Ikea, Vodafone und Coca-Cola hofiert, die allesamt eine gewaltige Steuervermeidungsindustrie aufgezogen haben und große Anwaltskanzleien wie KPMG, Pricewaterhouse, Coopers, Deloitee, Ernst& Young für ihre Interessen arbeiten lassen? Steuerflucht in Steueroasen ist insbesondere für global tätige Konzerne eine alltägliche Verhaltensweise. Staaten halten ihre schützende Hand über sie oder betreiben sie selbst.[3] „Viele Firmen in Deutschland schleusen offenbar Milliardengewinne am Fiskus vorbei. 2008 entgingen dem Staat auf diese Weise Einnahmen von knapp 92 Milliarden Euro, wie aus einer neuen Berechnung des Deutschen Instituts für Wirtschaftsforschung (DIW) (...) hervorgeht. Der tatsächliche Steuersatz vieler Firmen habe damit zuletzt nur gut 20 Prozent betragen, das wäre knapp zehn Prozentpunkte weniger als eigentlich vom Gesetzgeber vorgesehen." (Carsten Brönstrup, Steuern: Konzerne tricksen den *Fiskus* aus – Tagesspiegel, 28.05.2013).

Im EU-Mitgliedsland Lettland können europäische Konzerne eine Holding-Gesellschaft gründen und über sie Gewinne unversteuert aus der EU in Steueroasen wie Singapur oder Caiman Inseln schleusen. „Die USA etwa versuchen seit den siebziger Jahren sehr aggressiv Kapital anzulocken, vorwiegend aus Lateinamerika. Sie versprechen einen hohen Grad an Geheimhaltung und bieten einfach keinen Informationsaustausch mit etlichen lateinamerikanischen Ländern. Großbritannien (...) ist überhaupt der größte Offshoreplayer der Welt. Erstens bietet Großbritannien selber Vorteile durch bestimmte Arten laxer Finanzaufsicht, und zweitens spannt es einen Schutzschirm über eine ganze Schar kleiner Offshorezentren auf der Welt, die teilweise britisch sind oder eng mit Großbritannien verbunden sind." (Nicholas Shaxson im Gespräch mit Thomas Fischermann, „Es soll nicht zu merken sein", Zeit, 11.4.2013). Großbritannien ist für fast die Hälfte aller Offshoreoasen auf der Welt verantwortlich.

Welche Steuerpolitik ist angemessen, damit der Sozialstaat und die Erneuerung der Infrastruktur finanzierbar bleiben? Umfragen zur Steuergerechtigkeit spiegeln oftmals den Willen der Auftraggeber wider. Wonach und wie in Erhebungen gefragt wird, legt das erwünschte Ergebnis der Statistiken vorher fest. (Rainer Woratschka in Tagesspiegel, 17.5.2013/ Markus Sievers in Frankfurter Rundschau, 14.5.2013).

Ist die Fähigkeit verloren gegangen, Politik jenseits enger ökonomischer Begriffe wie Wohlstand, Wachstum, Bruttoinlandsprodukt, Effizienz, Produktion, Zinsentwicklung und Börsenkurse zu sehen?

6.6 Fragen zum Verhältnis zwischen Legislative, Exekutive und Judikative

Achtet man darauf, dass Legislative, Exekutive und Judikative in einem austarierten Verhältnis zueinander stehen oder wird zugelassen, dass das nationale Recht zunehmend durch Einführung von Investor-Staats-Schiedsgerichtsverfahren den Interessen und der finanziellen Gestaltungskraft global tätiger Unternehmen unterworfen ist? Die Klage des Schwedischen Stromkonzerns Vattenfall gegen den deutschen Atomstromausstieg vor einem internationalen Schiedsgericht nach der ICSID-Konvention (Internationales Zentrum zur Beilegung von Investitionsstreitigkeiten) demonstriert, dass solche Verfahren nicht nur vor der Öffentlichkeit geheim gehalten werden, sondern vor allem die politische Souveränität untergraben. Im Zentrum des zwischen den USA und der EU geheim verhandelten Freihandelsabkommens steht ebenfalls der Investitionsschutz großer Unternehmen vor demokratisch legitimierten politischen Entscheidungen und die Klageerhebung vor internationalen Schiedsgerichten.

6.7 Fragen zur Selbstheilungskraft des Marktes

Nach eigener Aussage hätte der ehemalige Chef der US-Notenbank, Alan Greenspan, es nie für möglich gehalten, dass Banker im Streben nach Gewinnmaximierung sogar bereit sind, die eigene Existenzgrundlage zu gefährden. In festem Glauben an die Ehrlichkeit und Vernunft der Banker torpedierte Greenspan in seiner Amtszeit alle Versuche, das globale Investmentgeschäft der Banken zu begrenzen. Erst nach seiner ernüchternden Erfahrung mit dem betrügerischen und verbrecherischen Spiel der Banken habe er dazu gelernt. Wie funktionierte dieses Spiel? „Privatpersonen reichten gefälschte Dokumente ein, um an Hypothekendarlehen zu kommen. Die Banker vergaben aggressive Kredite, was als predatory lending bezeichnet wird. Sie versuchten unter anderem, Kredite an Menschen zu verkaufen, die nicht über ausreichende Bonität verfügten oder ganz offensichtlich nicht in der Lage waren, den Kredit zurückzuzahlen. Sie taten das, um höhere Gebühren für die Vergabe nehmen zu können. Noch mehr Geld konnten sie durch den Verkauf der Darlehensforderungen an Verbriefungszweckgesellschaften verdienen, die aus den Forderungen handelbare Wertpapiere machten.“ (Neil Fligstein, Als Betrug Routine wurde – Lehren aus der Finanzkrise: Transparenz, überschaubare Größe und das Ende falscher Anreize sind gefragt, WZB Mitteilungen, Heft 140, Juni 2013, S. 13–16).

Der Zinssatz für faule Kredite lag um mindestens einen Prozent höher als für Kreditnehmer mit Kreditauskunft. Wenn ein Bankkunde Wertpapiere auf dem Kapitalmarkt erwarb, wusste er nicht, ob er toxische Wertpapiere kaufte. Im Interbankengeschäft liehen sich Banken Geld, um Hypothekenforderungen zu erwerben und Wertpapiere zu emittieren. Sie kauften diese Papiere für ihre eigenen Konten. Der Zinssatz für das geliehene Geld, der sogenannte Libor-Zinssatz, wurde per geheim gehaltener Absprache niedrig gehalten, um die Differenz zwischen dem Zinssatz für geliehenes Geld und dem geforderten Zinssatz für den Verkauf der erworbenen Wertpapiere zu steigern. Zivilgesellschaftlich engagierte Menschen sind nicht nur über die marktideologisch bedingte leichtgläubige Verhaltensweise Greenspans erstaunt. Sie fragen sich, was stützte seine Annahme, dass Banken sich selbst regulieren können? War sein Vertrauen in die Selbstregulierungskraft von Banken gerechtfertigt? Wie war es möglich, dass sich in den Köpfen der ökonomischen Elite eine marktreligiöse Weltanschauung ausbreitete und z.B. der BMW-Vorstand Norbert Reithofer oder der Chef der Deutschen Bank, Ackermann, eine Eigenkapitalrendite von bis zu 26 Prozent anpeilen konnten?

Wenn Wertschöpfung aus der Inanspruchnahme der vier Ressourcen Arbeitsvermögen, Naturvermögen, Geldvermögen und Gesellschaftsvermögen entsteht, kann der Gewinn nicht nur beim Geldvermögen abgeladen werden. Was sprach gegen eine staatliche Regulierung der Großunternehmen und Banken? Warum fand kein intensiver Dialog zwischen Vertretern der Finanzindustrie, der Politik und Vertretern zivilgesellschaftlich engagierter Bürger statt, in dem man hätte ermitteln können, ob das Instrument der Selbstregulierung der Banken überhaupt dem gesamtgesellschaftlichen Gemeinwohl dienen kann? Warum blieb die Behauptung des Chefs der Deutschen Bank, Rolf Breuer, unwidersprochen, dass die Finanzmärkte die fünfte Gewalt in der Demokratie seien?

Mit welcher Begründung ist das vom Finanzkapital verschuldete Fiasko dem Steuerzahler aufgebürdet worden? Das Argument, Banken seien zu groß geworden (to big to fail) und ihr Zusammenbruch werde die gesamte Wirtschaft in den Abgrund führen, ist nicht ausreichend auf seine Stichhaltigkeit geprüft worden. Mit welchen zusätzlichen Argumenten ist es gelungen, Politiker in die Defensive zu treiben und sie dazu zu verleiten, den Banken zur Vermeidung von Kreditklemmen bei der Auslagerung von Kreditrisiken (faulen Krediten) unter die Arme zu greifen?

Warum wird Bankern vertraut, wenn sie mit Eigenmitteln spekulative Geschäfte mit Aktien oder Derivaten auf eigene Rechnung ausführen? Wie glaubhaft sind Zusicherungen von Analysten namhafter Banken, der internationale Finanzmarkt sei eine gewaltige Rationalitätsmaschine und noch das vertrackteste Risiko sei präzise bestimmbar geworden? Politikern ist durchaus bekannt, dass Banker im Glauben handeln, ihre Bank würde Pleite gehen, wenn sie keine riskanten Geschäfte tätigen und sich auf Bankgeschäfte beschränken, die vor allem den Kunden dienen. Ihnen ist ebenfalls bekannt, dass Unternehmens- und Bankenvorstände kostspielige Versicherungen gegen die Konsequenzen von Fehlendscheidungen abgeschlossen haben, um sich persönlich gegenüber Schadenersatzansprüchen abzusichern, aber ohne Skrupel bereit sind, dem Steuerzahler die Begleichung der Schulden zu überlassen.

Im Fall der Übernahme der Dresdner Bank halfen Politiker der übernehmenden Commerzbank mit 9,8 Milliarden Euro aus der Kapitalnot und sicherten ihr zusätzlich 15 Milliarden an Garantien zu. 18,2 Milliarden zahlte der Staat für seinen Einstieg in die Bank. Der Hypo Real Estate gab der Staat Bürgschaften in Höhe von 42 Milliarden Euro, der HSH Nordbank 30 Milliarden, der BayernLB 15 und der KfW-Tochter IKB 5 Milliarden.

Politiker sehen sich der Beschwerde großer Bankenvertreter und Vermögensverwalter ausgesetzt, sie würden von einer politisch motivierten Überregulierung gefesselt, obwohl lange Zeit überhaupt keine Maßnahmen gegen sie ergriffen worden sind. Liegt es daran, dass in den Ölstaaten, in China, in Japan, in den Tresoren der Rentenversicherer und den Kassen der Private-Equity-Gesellschaften Milliarden lagern, die wieder angelegt werden müssen?

US-amerikanische Kongressabgeordnete wehren sich gegen strenge Kontrollen für Rating-Agenturen, und in Großbritannien wehrt man sich gegen

Aufsichtsmaßnahmen für Hedgefonds. Warum fällt es den Repräsentanten so schwer, jetzt Schuldentilgungsfonds und eine wirksame Bankenkontrolle in der EU zu errichten? Wer übernimmt schließlich die Verluste der sogenannten Bad-Banks?

Wenn die Krise von 2007/2008 das Resultat eines kriminellen Verhaltens der Großbanken war, warum setzt man gegen sie nicht das Strafrecht ein, sondern lässt die Staatsanwaltschaft Milliardenvergleiche mit ihnen schließen? Milliardenvergleiche sind kein Schuldeingeständnis. Die Prozessakten bleiben für alle anderen Geschädigten unzugänglich, so dass es für Einzelpersonen schwierig ist, einen Prozess ohne diese Dokumente zu führen. Prozesse kosten viel Geld und dauern lange.

Ähnlich ist die Praxis an deutschen Gerichten zu bewerten, nach Schuldeingeständnissen das Verfahren abzukürzen. „Die Geschichte der Absprache“, schreibt Thomas Fischer, Richter am Bundesgerichtshof, „ist, vor allen Dingen, eine Schande der Justiz. Sie ging, wie alle Bürokratien, lange den Weg des geringsten Widerstands. Die Absprache ‚handelt‘ aus, was nicht ausgehandelt werden darf: Wahrheit, Schuld, Verantwortung. Weil wir uns doch alle kennen! Weil doch jeder weiß, was zuletzt herauskommt! Die (berechtigte) Kritik an der unverständlichen Überbewertung des Geständnisses geht ins Leere, denn alle Prozessbeteiligten wissen, dass die Strafe nicht wegen einer durchs bloße Zugeben gemilderten *Schuld* um ein Drittel gesenkt wird, sondern als *Belohnung* für eine erfreuliche Arbeitsersparnis.“ (Die Zeit, 27.3.2013).

6.8 Klagen über zunehmend ungleiche Einkommen und Vermögen

Zivilgesellschaftlich engagierte Menschen beklagten schon lange vor dem Finanzskandal die drastisch zunehmende Einkommensschere zwischen Vorstandsgehältern bei Banken und Dax-Unternehmen und dem Lohn der Beschäftigten in Industrie, Handwerk und Handel. Z.B. erhalten in Deutschland die reichsten zehn Prozent siebenmal so viel Einkommen wie die Ärmsten. Zwischen 2000 und 2010 hat laut Gustav Horn nur die obere Einkommenshälfte überhaupt einen Einkommenszuwachs erzielt und darunter vor allem die oberen zehn Prozent. Die untere Einkommenshälfte ist entweder leer ausgegangen oder hat einen Verlust bis zu 2,5 Prozent erlitten. Über den gesamten Zeitraum blieben die Lohnzuwächse hinter dem

Produktivitätsanstieg und der Inflation zurück. Der Agenda 2010 wird ein wesentlicher Anteil an der schwächeren Lohnentwicklung zugeschrieben (Gustav Horn, Vermögen bremsen Wirtschaft, Frankfurter Rundschau, 20.9.2013). Ein paar hundert Leute in den USA sind reicher als die ärmsten 100 Millionen Amerikaner.

Das Armutsrisiko für Kinder ist gestiegen. Der Gini-Koeffizient, der die Ungleichheit misst, stieg seit 1985 in der OECD im Schnitt um ein Zehntel. Die Armutsrisiken sind dort besonders hoch, wo auch die Einkommensunterschiede groß sind. Dax-Vorstände erhalten das 53-fache eines Durchschnittsverdieners und im Vergleich mit dem Walt-Disney-Vorstandschef Robert Iger, der im Jahr 2012 37,1 Millionen US-Dollar erhielt, sind die Gehälter deutscher Vorstandschefs – wie das des VW-Chefs Winterkorn – Peanuts.

Dennoch sind die Vermögen in Deutschland im europäischen Vergleich besonders ungleich verteilt. Daraus folgt, dass die hohen Einkommen keine höhere Investitionstätigkeit nach sich zogen, sondern lediglich das Vermögen steigerten. Die Investitionsschwäche des letzten Jahrzehnts blieb bestehen. Öffentliche und private Investitionen verharren auf einem Tiefpunkt. Nichtsdestoweniger lehnt die Deutsche Bundesbank eine Vermögensabgabe ab und spricht sich weiterhin für Ausgabenkürzungen aus, um die Schulden zu reduzieren.

Warum erduldet man kommentarlos, dass der Präsident der Europäischen Zentralbank, Mario Draghi, ohne Bedauern feststellt: „Der Wohlfahrtsstaat ist tot.“? Es wäre doch wenigstens danach zu fragen, was Draghi unter Wohlfahrtsstaat versteht? Rechtfertigt der Abbau von Schulden die drastische Kürzung der Daseinsvorsorge in den Krisenländern? Wieso toleriert man die Aussage des französischen Arbeitgeberpräsidenten Pierre Gattaz, dass die französische „Reichensteuer“ von 75 Prozent abgeschafft gehört, um das Vertrauen der Investoren wiederherzustellen?

6.9 Konzentration in der Medienbranche

Nicht nur US-Milliardäre sind seit einiger Zeit am Einkauf in die Medienbranche interessiert. In den USA beherrschen inzwischen fünf große Verlagshäuser den Buchmarkt und in Deutschland bewahren zwar noch einige Verlage ihre Unabhängigkeit, aber die Medienkonzerne Holtzbrinck und

Bonnier werden immer mächtiger. Zunehmend geraten auch vormals unabhängige Zeitungen ins Visier weniger Konzerne. Ihre Redaktionen werden zusammengelegt und drastisch verkleinert. Beiträge der verbliebenen Journalisten sind oftmals aus dem Internet abgeschrieben. Der Erhalt der Meinungsvielfalt und ihre vormalige Position als sogenannte vierte Gewalt geht zunehmend verloren. Selbst Universitäten droht ihr unabhängiges Urteil aufgrund immer geringer werdender staatlicher Finanzierung und zunehmender Drittmittelfinanzierung abhanden zu kommen. Stiftungs-Professuren bestimmen mehr und mehr die künftige Forschungsrichtung.

VII. Die Zivilgesellschaft im Konkurrenzkampf mit Staat und Wirtschaft um die Ausformulierung des gesamtgesellschaftlichen Gemeinwohls

1. Zivilgesellschaftliche Gemeinwohlbelange

Der auf gegenseitigem Respekt beruhende Diskurs, die darin aufscheinende Respektierung der Einmaligkeit jedes Individuums, das Bemühen, den eigennützigen Anteil des Handelns auf ein Minimum zurückzuführen und in der Artikulation und Durchsetzung der Bedürfnisse Maß zu halten, sind zusammen die Kennzeichen zivilgesellschaftlichen Engagements. Sie prägen das Profil des zivilgesellschaftlich orientierten gesamtgesellschaftlichen Gemeinwohls und haben zur Grundlage, dass in ihren Fähigkeiten ungleiche Bürger unterschiedliche Konkurrenzsituationen bewusst wahrnehmen, die Unterschiede auszugleichen versuchen und die Resultate der Konkurrenz für die Entwicklungsdynamik der Gesellschaft optimal zu nutzen vermögen.

Die individuelle Ungleichheit ist unabwendbar das gemeinsame Merkmal aller Menschen. Sie fruchtbar zu machen für das Zusammenleben der Bürger und negative Auswüchse zu vermeiden, zeichnet die zivilgesellschaftliche gegenüber der vom Staatswohl oder der von der Ökonomie dominierten Gesellschaft aus und prägt die einzelnen Gemeinwohlbelange der Zivilgesellschaft.

Auf dem Hintergrund der im vorigen Abschnitt zusammengestellten Ansammlung von kritikwürdigen Vorgängen lassen sich zivilgesellschaftliche Gemeinwohlbelange herausfiltern, die in ihrer Akkumulation das gesamtgesellschaftliche Gemeinwohl der Zivilgesellschaft darzustellen vermögen.

1.1 Mehr Repräsentation und weniger Herrschaft

Das Dekret des Bonner Grundgesetzkommentars, Demokratie könne und wolle die Differenzierung des Staatsverbandes in Herrschende und Beherrschte nicht aufheben und die Unterstellung der Herrschaft unter einen Legitimierungs- und Kontrollmechanismus sei ausreichend, wird der Anforderung des zivilgesellschaftlichen Gemeinwohls nicht gerecht (Reinhard Hildebrandt, Staat und Zivilgesellschaft, 2011, S. 164). Aus der Sicht des zivilgesellschaftlichen Gemeinwohls beruht Demokratie auf dem freiheitlichen Impuls einzelner Bürger bis hin zu Entscheidungen durch eine Volksabstimmung (Finger, Evelin, Wir beißen nicht – Plebiszit ist nicht das Gegenteil von Parlament. Die Politik sollte weniger Angst vor dem Souverän haben, Die Zeit, 8.7.2010). Die debattierende Öffentlichkeit müsse sich, meint Evelin Finger, in der parlamentarischen Debatte wiederfinden, wolle man den Eindruck einer „Scheindemokratie" oder einer „Parteienoligarchie" (Karl Jaspers) vermeiden. Die repräsentative Demokratie dürfe nicht losgelöst vom Souverän erscheinen (a.a.O.). Colin Crouch argumentiert schärfer. In seinem bereits 2008 erschienenen Buch „Postdemokratie" konstatiert er: „Während die demokratischen Institutionen formal weiterhin vollkommen intakt sind (und heute sogar in vielerlei Hinsicht weiter ausgebaut werden), entwickeln sich politische Verfahren und die Regierungen zunehmend in eine Richtung zurück, die typisch war für die vordemokratischen Zeiten. Der Einfluss privilegierter Eliten nimmt zu, in der Folge ist das egalitäre Projekt zunehmend mit der eigenen Ohnmacht konfrontiert." (Aus dem Englischen übersetzt von Nikolaus Gramm, Frankfurt am Main, 2008, zitiert bei Claus Leggewie, Was nach der Demokratie kommt, Die Zeit, 26.6.2008). Crouch zeigt sich überzeugt, dass die Regierungen nicht mehr in der Lage seien, „private Macht zu begrenzen, sie werden missmutig abgewählt, weil sie wenig ausrichten können." Postdemokratie heiße also: „In einem gewissen Sinne haben wir die Idee der Herrschaft des Volkes hinter uns gelassen, um die Idee der Herrschaft selbst infrage zu stellen." (a.a.O.) In ihrem Gastbeitrag für die Frankfurter Rundschau „Ein Stück Staatsgewalt zurückholen" vom 15.12.2010 fragt Christine Hohmann-Dennhardt, Richterin am Bundesverfassungsgericht, wie viel direkte Demokratie es denn sein dürfe? Ihre überraschende Antwort lautet: so viel Demokratie, wie die Bürger nachfragen! Die Reputation des Parlaments könne durchaus Abbruch erleiden, wenn parlamentarische Entscheidungen per Volksabstimmung zunichte gemacht werden, aber auch umgekehrt gelte, dass das Beharren auf politischen Entscheidungen, die von der Mehrheit der Bevölkerung abgelehnt werden, für die Demokratie schädlich sei. Die bisher vorherrschende Auffassung, dass zwischen dem Volk und dem Parlament kein *Rechtsverhältnis* der Repräsentation besteht, „weil das Volk nur im Staat, aber nicht als solches ein Rechtssubjekt ist, dem Rechte und Pflichten zukommen könnten; ..." (Bonner Kommentar zum Grundgesetz, Bd. 5, S. 26), unterscheidet strikt „zwischen einer politischen Idee und ihrer Verwirklichung im positiven Recht" (a.a.O.). Hingegen schreibt Christine Hohmann-Dennhardt: „Mehrheitlich will also das Volk die Gewalt, die von ihm ausgeht, öfter zu sich zurückkehren lassen und sie selbst ausüben". Das Volk wolle „mehr Demokratie in direkter Form wagen" (a.a.O.). Wird Repräsentierten zugestanden, auch in Volksbegehren und Volksentscheiden auf Bedürfnisse aufmerksam zu machen und auf Gesetzesentwürfe und -änderungen maßgeblich einzuwirken? Laut einer Emnid-Umfrage befürworten 84 Prozent bundesweite Volksentscheide (Präsentation der Studie in der Friedrich-Ebert-Stiftung kooperativ mit Neue Züricher Zeitung, 21.11.2013). Bisher sind alle elf Vorstöße, Plebiszite auf Bundesebene einzuführen, im Bundestag mit dem Argument gescheitert, das Volk wäre intellektuell überfordert und mächtige Interessengruppen könnten sich dieses Instruments bedienen.[4] Was spricht gegen die Auffassung von Jens Reich, das Volk sei durchaus zu strategisch erstaunlich weitsichtigen Entscheidungen fähig, wenn es um die eigenen Lebensgrundlagen geht (Tagesspiegel, 16.4.2009)? Gelten Bürgerbeteiligung, Volks- und Mitgliederbefragungen heutzutage nicht als zwingendes Element, die Mängel einer repräsentativen Demokratie zu korrigieren? Indem Hohmann-Dennhardt postuliert, dass prinzipiell so viel Demokratie gewährt werden soll, wie die Bürger nachfragen, öffnet sie implizit das gesamte Feld bis hin zur Infragestellung des Repräsentationsverhältnisses und sogar darüber hinaus bis in den Raum totaler Verneinung von Herrschaft.

Auch Hermann Hill verweist auf neuere Entscheidungen des Bundesverfassungsgerichts, in denen eine „vorsichtige Öffnung dieses Dogmas" zu erkennen sei. So werde etwa für die Legitimation einer Entscheidung „nicht mehr allein auf eine ununterbrochene Legitimationskette über das Parlament zum Volk abgestellt", „vielmehr" sei „das Legitimationsniveau als Gesamtheit und das Zusammenwirken unterschiedlicher Legitimationsquellen, die je nach Sachbereich verschieden zusammengesetzt sein können, entscheidend" (Hill, Hermann, Ausführungen über „Zivilgesellschaftliche

Verwaltungen in der Informationsgesellschaft", in: Klaus König/Sabine Kropp (Hrsg.), Theoretische Aspekte einer zivilgesellschaftlichen Verwaltung – Speyerische Forschungsberichte 263, 2009, S. 203). „Eine weitere Öffnung des demokratischen Prinzips nach Art. 20 Abs. 2 GG in Hinblick auf Formen der Organisation und Ausübung von Staatsgewalt in bestimmten Bereichen" werde „durch den Hinweis auf die Idee des sich selbstbestimmenden Menschen in einer freiheitlichen Ordnung (Art. 1 Abs. 1 GG) erzielt." (ebd.).

Bereits Marquis de Condorcet („Fortschritte des menschlichen Geistes", 1794) vertrat die Ansicht, dass die Mitsprache vieler Bürger in einer „kleinteiligen Gliederung in lokale Räume", zu einer permanenten öffentlichen Debatte der Bürger („geordneten Beratungen") führen würde. Es ging ihm darum, „durch kommunale Zusammenkünfte, eben jene Primärversammlungen, Orte der Debatte zu schaffen, in denen die Bürger Argumente, Gesetzesvorschläge und Kritik zur Sprache bringen können" (Daniel Schulz, „Die Politiker – das sind wir – Schon der französische Philosoph und Revolutionär Condorcet wusste, dass ein Parlament allein noch keine Demokratie macht", in: Die Zeit, 8.7.2010). Die an vielen Orten gleichzeitig stattfindenden Bürgerforen sollten durch „mehrere Vermittlungsinstanzen" mit der „Nationalrepräsentation des Parlaments" verbunden sein. „Der souveräne Volkswille", so Condorcet, „bleibt für jede direkte Aneignung – durch eine Partei, eine Avantgarde, einen Volkstribun – unverfügbar. Selbst eine absolute Mehrheit der Bürger hat nicht die absolute Macht." (a.a.O.).

Nach Condorcet findet die demokratische Willensbildung „als ein offenes Streitgespräch über die Zeit hinweg an verschiedenen Orten statt,..." (a.a.O.). Sie „lässt sich nur im Konflikt bewältigen; höhere Wahrheiten stehen dieser politischen Ordnung nicht zur Verfügung. Selbst eine vernünftige Verfassung ersetzt nicht den Streit um deren Auslegung. Unverfügbar bleiben für Condorcet allein die Menschen- und Bürgerrechte" (a.a.O.).

Der demokratischen Willensbildung der Bürger stehen heutzutage dank der neuen Kommunikationstechnologien noch weit mehr Möglichkeiten offen als zu früheren Zeiten. Internetgestützte Sammelbewegungen entstehen, ausgerüstet mit einer eigenen politischen Agenda zu bestimmten Themen von gut vernetzten Bürgern. Diese „politischen Netzwerke" halten durch die neuen Technologien „einen starken Hebel in ihren Händen“ (Johannes Bohnen und Jan-Friedrich Kallmorgen „Wie Web 2.0 die Politik verändert – Technologie formt eine neue Bürgergesellschaft“, Zeitschrift Internationale Politik, Juli/August 2009). Sie können laut Abschlussbericht der Tagung, „Das Internet & Gesellschaft“ Strategien entwickeln, mit denen die bisher abgeschotteten, nahezu geheimen Sphären des Regierens für mehr Transparenz und Partizipation geöffnet werden. Im Idealfall könnte sogar eine gelungene Partizipation zur Kollaboration führen, denn die Bürger verfügen bereits über eine gesellschaftlich relevante Expertise, die Politik und Verwaltung sonst nur durch externe Beratung erlangen. Frei zugängliche Datenbestände, die auf offenen Datenformaten basieren, ließen einfachere und zugleich effektivere Erfolgs- oder Misserfolgskontrollen zu. Schließlich könnten sogar ganze Prozessketten klassischer Verwaltungsprozesse anhand einer Wertschöpfungsketten-Analyse untersucht und umstrukturiert werden („Co:llaborator“, Abschlussbericht der Tagung, „Das Internet & Gesellschaft“, Oktober 2010, 1. Aufl., die Konzepte von »*Open Government*« und »*Offene Staatskunst*«, S. 14–24, zit. von Reinhard Hildebrandt, Staat und Zivilgesellschaft, a.a.O., S. 199–201).

Wie weit die konkrete Praxis jedoch von den verfügbaren Möglichkeiten noch entfernt ist, beschreibt eine Teilnehmerin der „Co:llaborator“-Tagung im folgenden Zitat: „Statt den ersten Diskussionsentwurf (das ist ein Gesetzesentwurf vor der Beschlussfassung im Kabinett) in einem intransparenten Verfahren nur an andere Ressorts und an ausgewählte Lobbyisten zu verschicken, könnte er auch veröffentlicht werden, frei zur Stellungnahme durch jede und jeden. Und die Stellungnahmen und Änderungswünsche wären ebenfalls für alle offen. Ja man könnte sogar eine Texthistorie offen legen: welche Änderungen an einem Vorschlag wurden gemacht und auf welchen Input gehen diese zurück?“ (Abschlussbericht, ebd. S. 25). Aber – bezogen auf die konkrete Praxis – stellt sie mit einiger Resignation fest: „Zu schwer wiegt noch die Furcht vor dem Kontrollverlust. Was eigentlich erstaunlich ist, denn wir erleben ja seit einiger Zeit, wie vor unseren Augen politische Macht mehr und mehr erodiert. Gibt es den Entscheidungsspielraum wirklich noch, den die Vertreter von Bundesministerien und Bundestag so vehement verteidigen?“ (ebd.). Nur für die kommunale Ebene sieht sie gewisse Fortschritte. Die Kommunen

„sind die Vorreiter, mit Bürgerhaushalten zum Beispiel geben sie konkrete Entscheidungen in die Hand der Betroffenen vor Ort. Durch den lokalen Bezug allein sehen sie schon eine höhere Qualität der Beteiligung, eine engere Bindung an den Prozess und sein Ergebnis“ (ebd.). Ein Paradigmenwechsel

- von „alles ist geheim, was nicht ausdrücklich als öffentlich gekennzeichnet ist“ zu „alles ist öffentlich, was nicht ausdrücklich als geheim gekennzeichnet ist“ (ebd. S. 54),
- von der „Umfang und Zeitpunkt der Veröffentlichung werden von den einzelnen Behörden selbst bestimmt“ zu „alle Daten, die keiner berechtigten Datenschutz- oder Sicherheitsbeschränkung unterliegen, werden pro-aktiv, im vollen Umfang und zeitnah veröffentlicht“ (ebd.),
- von „veröffentlichte Daten sind für den privaten Gebrauch zur Einsicht freizugeben. Alle weiteren Nutzungsrechte sind vorbehalten und können von Fall zu Fall gewährt werden“ zu „veröffentlichte Daten sind grundsätzlich von jedermann für jegliche Zwecke, auch kommerzielle, ohne Einschränkungen kostenfrei nutzbar“ (ebd. S. 55),

ist ihrer Ansicht nach demnach am ehesten in den Kommunen denkbar. Dort würden Bedenken und Argumente gegen eine umfassende Öffnung von Daten wie Datenschutz, Gefahr von Missdeutung und Fehlinterpretation, das Risiko von Diskriminierungen und Missbrauch, Vermischung von staatlichen und nicht-staatlichen Angeboten, Angst vor Kontrollverlust, Befürchtung der Einschränkung staatlicher Handlungsfreiheit, Bedenken gegen die kostenlose Herausgabe von Daten für die kommerzielle Nutzung, Bedenken wegen einer Gefährdung etablierter Geschäftsmodelle, am ehesten erodieren (ebd. S. 58), obwohl auch dort gelte, dass Wissen Macht bedeutet („Die Daten des öffentlichen Sektors sind in diesem Sinne eine Ressource von Wissen und damit eine Ressource von Macht“ [ebd. S. 63]).

Die amerikanische Soziologin Saskia Sassen fordert dennoch zivilgesellschaftlich Engagierte auf, die „Potentiale des Netzes“ zu nutzen und von der Finanzbranche zu lernen, die das World Wide Net virtuos in Anspruch nehme (Frankfurter Rundschau, 23.11.2010). Problematisch bliebe jedoch die Abhängigkeit von den Unternehmen, von denen die Netzwerke betrieben werden. Sie arbeiteten gewinnorientiert, deshalb müsse man Technologien verfügbar machen, „die auch unabhängig von kommerziellen Interessen funktionieren, Technologien, die in der Hand der Zivilgesellschaft sind“ (Tagesspiegel, 9.11.2010).[5]

Laut Hermann Hill scheint in Deutschland „trotz Umweltinformationsgesetz, Informationsfreiheitsgesetze des Bundes und einiger Länder, Informationsweiterverwendungs- und Verbraucherinformationsgesetz ... noch eine ‚Kultur des Aktengeheimnisses‘ vorzuherrschen, die durch einige wenige Ausnahmen (...) durchbrochen wurde“ (Hill, Hermann, a.a.O. S. 205). Hermann Hill entscheidet sich in einem von ihm vorgeschlagenen Modell zur „Verknüpfung von klassischer repräsentativer Demokratie und neuen Formen kooperativer Demokratie bzw. bürgerschaftlichen Engagements“ jedoch nur für die stärkere Berücksichtigung der sich selbstbestimmenden Individuen.

Letztere anerkennt er nicht als zweite gleichberechtigte Legitimationsquelle. In seinem Modell beschließen Gemeinderäte in ihrer Satzung, wie in Entwicklungs- und Rahmenprogrammen die Beiträge bürgerschaftlichen Engagements einbezogen werden können, z.B. durch eine „nachvollziehende Abwägung der Vorschläge aus der Bürgerschaft und eine Gemeinwohlprüfung durch den Rat“ (a.a.O.). Das in Art. 28 Abs. 1 Satz 1 und in Abs. 2 GG geregelte Recht der kommunalen Selbstverwaltung soll durch ein „Koordinationsregime bzw. Verfahrensmuster für die Einbeziehung bürgerschaftlicher Aktivitäten und Gruppen“ ergänzt werden, „das die Auswahl, die Beauftragung dieser Gruppen mit der Bearbeitung eines bestimmten Problems, die Zuweisung von Budgets und die Art der Rechenschaftslegung beinhaltet“ (ebd.). In diesem Rahmen wären bürgerschaftliche Gruppen zu selbständigem Handeln berechtigt. Der Gemeinderat würde dieses „Konzert der vielfältigen Akteure“ dirigieren und für ein „stimmiges und nachhaltiges Ganzes“ sorgen (a.a.O. S. 204).

Weitergehend als bei Hill bedürfte die „nachvollziehende Abwägung der Vorschläge aus der Bürgerschaft“ im Gemeinderat jedoch bei Gleichberechtigung beider Legitimationsquellen auch der Bestätigung durch die Bürger, die diese Vorschläge ursprünglich erarbeitet haben. Wenn ihr Einspruchsrecht nur aufschiebenden Charakter hätte, läge trotz gleichberechtigter Legitimationsquellen eine Kompetenzbegrenzung bei der Formulierung von Recht vor. Käme der Einspruch jedoch einem Veto gleich, das der Gesetzgeber nur überwinden kann, indem er auf die Wünsche der Aktivbürger eingeht, läge nur eine Kompetenzabstufung vor und bei Streitfällen müsste eine von beiden Seiten zu akzeptierende vermittelnde Instanz geschaffen werden.

Nach Christoph Reichart unterscheidet sich eine „zivilgesellschaftliche Verwaltung“ vom bürokratischen oder manageriellen Verwaltungstyp: „Vor allem geht es um das Verhältnis zwischen Staat und Bürgern: In der zivilgesellschaftlichen Verwaltung ist die Beziehung offen, kooperativ und tendenziell partnerschaftlich angelegt. Der Bürger hat klare Rechte und Einflussmöglichkeiten gegenüber Staat und Verwaltung und nimmt diese auch wahr. Die Verwaltung nimmt die Anliegen der Bürger ernst und mobilisiert Bürgergruppen oder zivilgesellschaftliche Organisationen, um dadurch zusätzliche Ressourcen sowie Legitimationsquellen zu nutzen.“ (Reichart, Christoph, Zivilgesellschaftliche Verwaltung aus der Sicht der Wirtschaftswissenschaften, in: Klaus König/ Sabine Kropp [Hrsg.], a.a.O. S. 209).

So ungewöhnlich diese neuartige Gewaltenteilung zwischen Verwaltung und Aktivbürgerschaft auf dem ersten Blick auch erscheint, so vertraut ist dem Staat eine solche Situation im Verhältnis von Legislative, Exekutive und Judikative seit langem. Aus der Formulierung des Art. 20 Abs. III GG, dass Exekutive und Rechtsprechung nicht nur an das Gesetz, sondern auch an das Recht gebunden sind, ergibt sich eine Einschränkung des Gesetzgebers. Die Grundgesetzkommentatoren betonen zwar die grundsätzliche Identifizierung von „Gesetz“ und „Recht“ und meinen, das „Gesetz“ habe gewissermaßen die Vermutung für sich, zugleich „Recht“ zu sein, aber wenn z.B. oberste Richter zur Auffassung gelangen sollten, dass ein Gesetz nicht oder nicht mehr dem „Rechtsempfinden“ entspricht, würden sie an den Gesetzgeber die Forderung richten müssen, das Gesetz „rechtskonform“ zu gestalten (Kommentar zum GG ... S. 9/10). Legislative und Judikative sind beide durch unterschiedliche Rechtsquellen legitimiert, Recht zu schöpfen. Aus der Legitimation der Judikative erwächst jedoch nur die Kompetenz, im Namen des Rechts Einspruch zu erheben. Die notwendig werdende Gesetzesänderung bleibt allein dem Gesetzgeber vorbehalten. In Anlehnung an dieses Beispiel wäre für die neuartige Gewaltenteilung zwischen Staat und Aktivbürgern ein Einspruchsrecht der Bürger denkbar, das beim Gesetzgeber eine Gesetzesänderung erzwingen würde. In einem solchen Fall bliebe nur noch der Zeitraum festzulegen, in dem die Änderung zu vollziehen ist.

Was die von Hill geforderte Gemeinwohlprüfung durch den Gemeinderat anbelangt, ist darauf hinzuweisen, dass der Staat schon seit langem seine Alleinbestimmung des Gemeinwohls aufgegeben hat bzw. aufgeben musste. Am Beispiel der geringen Gegenwehr, den die vergangenen zwei Bundesregierungen und die jetzige den Gemeinwohlbelangen der transnationalen Unternehmen und des Finanzkapitals entgegen gesetzt haben, könnte sich z.B. das Ausmaß der Gemeinwohlprüfung im Falle von Gemeinwohlbelangen aus der Aktivbürgerschaft orientieren; steht doch die den zivilgesellschaftlichen Aktivitäten zugeordnete Handlungslogik dem Demokratieideal sehr viel näher als die gewinn- bzw. geldorientierte Handlungslogik von Unternehmen und Finanzkapital. Angesichts der Schwäche des Staates gegenüber Wirtschafts- und Finanzunternehmen wäre die Zivilgesellschaft in der Tat ein relevanter Partner des vielgliedrigen Staates. Die verschiedenen Ansätze zur Stärkung des zivilgesellschaftlichen Charakters der Verwaltung sind sowohl im Bereich der Leistungserbringung wie in der Aktivierung der Bürger also durchaus ausbaufähig.

Ein scheinbar unüberwindbares Hindernis bleibt jedoch das Maß an Selbstrepräsentation der Repräsentanten in einer repräsentativen Demokratie. So bemängelt Christoph Reichard, „dass die repräsentative Politik (...) ihre eigenen Interessen verfolgt und nur sehr begrenzt und in Randbereichen bereit ist, Entscheidungskompetenzen an die Bürger abzugeben" (a.a.O. S. 217). Die Lebenslüge etablierter Demokratien, dass in ihnen der Staat ausschließlich uneigennützig in der Repräsentation der Repräsentierten handle, wird zum *Haupthindernis in der zivilgesellschaftlichen Öffnung der Hierarchie*. Selbstrepräsentation der Staatsvertreter und pekuniäre Zuwendungen aus Wirtschaft und Finanzkapital finden – wie leider die Erfahrung zeigt – nun einmal eher zusammen als die zu gemeinsamem Handeln von Staat und Zivilgesellschaft auffordernde Beschwörung, das Demokratieideal gemeinsam hochzuhalten. Dringlicher als je zuvor stellen sich also folgende Fragen:

- Welchen Legitimationskriterien muss heutzutage Herrschaft genügen, um als Herrschaft des Volkes anerkannt zu werden?
- Auf welche Weise kann die Selbstrepräsentation der Repräsentanten des Volkes auf ein Minimum zurückgedrängt werden?
- Wie muss die Idee der Volkssouveränität fortgeschrieben werden, um weiterhin glaubwürdig zu bleiben?

Wie wenig der Staat sich bisher bewegt hat, lässt sich aus der folgenden Bemerkung Hills entnehmen: „Obwohl somit Rechtsstaat und Demokratie in Rechtsprechung und Rechtswissenschaft unter Berufung auf Leitbegriffe wie Legitimation, Verantwortung, Transparenz, Rationalität und Rechenschaftslegung schrittweise neu gedacht werden, bleiben etwa eigenverantwortliche Entscheidungen bürgerschaftlicher Gruppen über die Verwendung von Globalbudgets, etwa im Rahmen von Quartiersmanagement, nach wie vor verfassungsrechtlich problematisch.“ (Hill, Hermann, a.a.O., S. 203.).

Den sich selbstbestimmenden Menschen jedoch als Legitimationsquelle einzubeziehen, hieße entweder, den bisher abstrakten Volksbegriff („nichtorganisierte, nichtformierte politisch ideelle Einheit“, „konkret geistige Ganzheit“) aufzugeben und die Vielzahl sich selbstbestimmender Individuen bzw. das reale Volk als Legitimationsquelle der Gewalt des Staates zu bestimmen, oder den bisherigen Bezug auf den abstrakten Volksbegriff zwar beizubehalten, aber zugleich zu begrenzen, indem die Verpflichtung zur Achtung der Würde des Menschen künftig sehr viel konkreter und weitreichender als bisher auf die Vielzahl sich selbstbestimmender Individuen als zusätzliche Legitimationsquelle des Rechts bezogen wird. Im ersten Fall würde das reale Volk uneingeschränkt die Staatsgewalt legitimieren und der Staat wäre dem Volk rechenschaftspflichtig. Im zweiten Fall bliebe die Herrschaft des Staates über das reale Volk nicht im gleichen Umfang wie bisher erhalten. Die Staatsgewalt verlöre ihre bisher angemaßte Definitionshoheit und sähe sich in der Ausübung ihrer Herrschaft durch eine neben ihr gleichberechtigt existierende Definitionsmacht in Gestalt des sich selbstbestimmenden Individuums nach Art. 1 Abs. 1 GG eingeschränkt.

In den selbstbestimmten Individuen stehen dem Staat aus eigenem Recht handelnde Menschen gegenüber, die als autonom agierende Individuen Macht über sich selbst und potentiell auch über ihre Umgebung ausüben. Der Staat hat diese außer ihm existierende Macht prinzipiell zu respektieren. Wenn sich Staat und selbstbestimmte Individuen gegenseitig in ihrer Gewaltbefugnis begrenzen, folgt daraus für das Profil des gesamtgesellschaftlichen Gemeinwohls, dass nicht nur die von zivilgesellschaftlich engagierten Bürgern propagierten Gemeinwohlbelange vom Staat zur Kenntnis genommen werden, sondern dass sie insgesamt als zivilgesellschaftlich geprägtes Gemeinwohl gleichberechtigt anerkannt und so zum integralen Bestandteil des gesamtgesellschaftlichen Gemeinwohls werden.

1.2 Weitgehende Entscheidungsfreiheit der Repräsentanten gegenüber außerparlamentarischen gesellschaftlichen Kräften

„An die Stelle der ideologischen Prämisse eines außergesellschaftlichen Gemeinwohls" tritt laut Bonner Grundgesetzkommentar (a.a.O., S. 19) die „praktische Vernunft" des „gruppierten Interesses". Was wird heutzutage unter „praktischer Vernunft" des „gruppierten Interesses" verstanden und welche Gemeinwohlvorstellung ist mit dieser Kombination von Vernunft und Interesse gemeint? Wie haben sich die einzelnen Repräsentanten im Parlament zu verhalten, die laut Art. 38 Abs. I Satz 2 GG „Vertreter des ganzen Volkes" sind, „an Aufträge und Weisungen nicht gebunden und nur ihrem Gewissen unterworfen"?

Der Vernunftbegriff der Grundgesetzkommentatoren ist nicht mit dem „unbedingten Vernunftgesetz" Immanuel Kants zu verwechseln, über den Zeit und Wissensstand hinweg gegangen ist. Basis der Kantschen Apologetik ist die Unterscheidbarkeit zwischen eigennützigem und vernunftgeleitetem Handeln auf dem Hintergrund eines die mathematische Analyse hofierenden Gesetzesbegriffs, der auf den Annahmen Newtons über die Existenz eines absoluten Raums, einer absoluten Zeit und einer absoluten Bewegung beruht. Vor Newton betrachtete die Metaphysik das Gebiet der zu erkennenden Gegenstände als unendlich weit. Mit jeder neuen Erkenntnis rückte der Horizont des Erkennbaren in weitere Ferne. Newton spannte das Gebiet der zu erkennenden Gegenstände jedoch auf eine große Kugel, die immer nur einen Teilbereich zur Einsicht preisgebe und daher der Erfahrung den Eindruck der grenzenlosen Weite und Vielfalt vortäusche. Unser heutiger Wissensstand widerlegt das Bild der Kugel als unangemessen. Wir kennen nicht den Horizont des Erkennbaren und wissen weder, ob die Kantsche Annahme, dass die Begriffe des Verstandes, welche die Zustände unserer Sinnlichkeit organisieren, als System bezeichnet werden können bzw. eine in sich selbst legitimierende systematische Ordnung darstellen, noch ob diese Systematik dem Denken und Handeln jenseits der Herstellung von Widerspruchsfreiheit eine adäquate Analyse der Objektwelt zu liefern vermag. Auch Georg Wilhelm Friedrich Hegels Hinterfragung der sinnlichen Gewissheit, mit der er die „Phänomenologie des Geistes" beginnt, führt hier nicht viel weiter. Bis zum heutigen Tag unübertroffen ist zwar die Einbeziehung des Entstehungs- und Verfallsprozesses des analysierenden Subjekts wie des analysierten Gegenstands in die Untersuchung ihres Verhältnisses zueinander, aber die von Hegel postulierte Identität und Nichtidentität von Subjekt und Objekt im Licht der Reinkarnation des Weltgeistes bleibt ein nicht hinterfragtes Axiom. Was also heutzutage unter „praktischer Vernunft" zu verstehen ist, wird dem hohen Anspruch Kants und Hegels nicht gerecht und muss in seiner Geltung auf der niedrigeren Ebene der Selbstgesetzlichkeit angesiedelt werden. Sich an die selbst gesetzten Regeln zu halten und den Eigennutz weitgehend auszuschalten, ist für das „gruppierte Interesse" ein bindender Maßstab.

Habermas lenkt in seinem normativ ausgelegten Demokratiemodell, das sich sowohl vom republikanischen Konzept des Staates als sittlicher Gemeinschaft wie auch dem liberalen Konzept des Staates als Hüter der Wirtschaftsgesellschaft stark unterscheidet, den Blick auf die Kommunikationsbedingungen des demokratischen Verfahrens. Das demokratische Verfahren stellt für ihn einen internen Zusammenhang her zwischen gängigen Modi von Verhandlungsabläufen und aktuellen Selbstverständigungs- sowie Gerechtigkeitsdiskursen. Entspreche die Prozedur von Beratung und Beschlussfassung auf ideale Weise demokratischen Prinzipien, sei zu vermuten, dass vernünftige Resultate erzielt werden (deliberativer Modus). Die praktische Vernunft ziehe sich im demokratisch organisierten Verfahren in Diskursregeln und Argumentationsformen zurück, die ihren normativen Gehalt der Geltungsbasis verständnisorientierten Handelns, letztlich der Struktur sprachlicher Kommunikation entlehnten. Die Diskurstheorie setzt keine kollektiv handlungsfähige Bürgerschaft voraus, sondern rechnet mit der höherstufigen Intersubjektivität von Verständigungsprozessen. In autonomen Öffentlichkeiten und rechtsstaatlich institutionalisierten Verfahren der demokratischen Meinungs- und Willensbildung könne sich, meint Habermas, die „sozialintegrative Gewalt der Solidarität" optimal entfalten und gegen die beiden anderen Gewalten, Geld und administrative Macht, behaupten. Eine nicht vermachtete Öffentlichkeit und eine starke Zivilgesellschaft böten der Lebenswelt Schutz vor Kolonialisierungsbestrebungen, die von administrativen und ökonomischen Imperativen der Systemsphäre ausgehen (Jürgen Habermas, SDÖ, S. 36). Dem Habermasschen Diskursbegriff der

Demokratie entspricht das Bild einer dezentrierten Gesellschaft, die in ihrer politischen Öffentlichkeit ein Forum für die Wahrnehmung, Identifizierung und Behandlung gesamtgesellschaftlicher Probleme ausdifferenziert hat und für zivilgesellschaftliches Engagement ein weiträumiges Aktionsfeld bietet.

Einzelinteresse und Gruppeninteresse sind jedoch stets mit einem Quantum Eigennutz verknüpft, das auch durch den Hinweis auf die „praktische Vernunft“ nicht aus dem Entscheidungsprozess verschwindet. Das in der Austragung von unterschiedlichen Interessen ermittelte Resultat erscheint zwar im Gewand des gesamtgesellschaftlichen Gemeinwohls, aber als Ergebnis des Ringens der im Parlament vertretenen Parteien ist und bleibt es nichtsdestoweniger auch zu einem gewissen Maß Ausdruck eines mit Eigennutz behafteten Interessenkonflikts.

Ob allein der Wille der Abgeordnetenmehrheit des Parlaments für das erzielte Resultat ausschlaggebend war oder einflussreiche außerparlamentarische gesellschaftliche Kräfte entscheidend mitgewirkt haben, darüber hinaus sogar für das erzielte Ergebnis verantwortlich gemacht werden müssen, bedarf intensiver Analysen. Zivilgesellschaftlich aktive Bürger erwarten zwar von ihren Repräsentanten, dass sie an ihre Wähler rückgekoppelt bleiben, einflussreiche außerparlamentarische gesellschaftliche Kräfte begrenzen und darauf achten, dass die Parteien, denen sie ihre Aufstellung als Repräsentanten verdanken, nicht zu „Selbsterhaltungssystemen“ herabsinken, aber ob ihre Erwartungshaltung den realen Kräfteverhältnissen entspricht, ist eine offene und immer wieder neu zu stellende Frage.

Zur Antwort gehört die Offenlegung von Nebeneinkünften der Repräsentanten, die Bekanntgabe von Nebenbeschäftigungen als Lobbyist während und nach der Tätigkeit als Repräsentant, die Information über die Mitwirkung von Lobbyisten bei der Erstellung von Gesetzesentwürfen in Ministerialverwaltungen sowie Parlamentsausschüssen, sowie die Einwirkungen von Medien auf die Entscheider usw.

Offensichtliche Beispiele für Fremdeinwirkung – Erstellung von Gesetzestexten durch Lobbyisten oder sogar deren direkte Mitarbeit in Ministerien – lassen sich viele finden. An hervorragender Stelle wäre hier der von der Frankfurter Rundschau publizierte „Verstoß gegen die Hygienevorschriften der Gesetzes-Produktion“ durch den ehemaligen Bundeswirtschaftsministers Karl-Theodor zu Guttenberg (CSU) zu nennen: „Die vom

Minister beauftragte britische Großkanzlei, eine Rechtsfabrik mit 2400 Anwälten, Wirtschaftsprüfern und Steuerberatern, schrieb einen Entwurf zum Kreditwesengesetz, der zu Guttenberg offenbar so gut gefiel, dass er den Text an die anderen Ministerien mit der Signatur der Kanzlei weiterleiten ließ" (Christian Bommarius, Lobbyisten an der Macht, Frankfurter Rundschau, 11./12.9.2010).

Zivilgesellschaftlich engagierte Bürger erwarten von ihren Repräsentanten, dass sie das zivilgesellschaftlich orientierte Gesamtgemeinwohl der Gesellschaft im Blick behalten und weder zu Erfüllungsgehilfen der von ihren Parteioberen ausgefertigten Direktiven werden, noch sich von außerparlamentarischen Kräften, wie z.B. Banken und transnationalen Unternehmen, unter Druck setzen lassen.

1.3 Zivilgesellschaftliches Engagement ermöglichende Arbeitszeiten, Löhne, Gehälter und Renten

Definitionsgemäß bemisst sich Arbeitskraft „nach der Verausgabung von Energie pro Zeiteinheit und kann mit abnehmender Intensität bis zur totalen Erschöpfung angewandt werden. Erst nach einer Erholungsphase, die mindestens das Ausmaß der Erschöpfung ausgleichen muss, kann sie erneut abgerufen werden (Notwendigkeit der Reproduktion von Arbeitskraft). Wie produktiv Arbeitskraft genutzt wird, hängt von verschiedenen Faktoren ab:

- *personenbezogen* von der Aus- und Fortbildung des Arbeitenden (die sich als Geschicklichkeit im Arbeitsprozess niederschlagen) und von seinem Gesundheitszustand sowie seinem Wohlbefinden,
- *sachbezogen* von den zur Verfügung stehenden Arbeitsmitteln und dem in ihnen repräsentierten technologischen Stand, von der gesamten Arbeitsorganisation einschließlich der termingerechten Zulieferung der erforderlichen Rohstoffe sowie der vorgefertigten Produkte und des rechtzeitigen Abtransports der produzierten Gegenstände" (Reinhard Hildebrandt, Staat und Zivilgesellschaft, a.a.O., S. 143–145).

Der traditionelle Tarifvertrag (Flächentarifvertrag), ausgehandelt und abgeschlossen zwischen den Gewerkschaften und der Unternehmensseite, betont die geleistete Arbeitszeit, während der Werkvertrag vorwiegend das Endprodukt im Blickfeld hat und die in ihm enthaltene Arbeitszeit nur zweitrangig berücksichtigt. In ihrem Beitrag über „Arbeiten ohne (Zeit-) Maß? – Ein neues Verhältnis von Arbeitszeit- und Leistungspolitik" gehen die Autoren – Sauer, Dieter / Döhl, Volker / Kratzer, Nick / Marrs, Kira – auf dieses Thema näher ein. (in: Bsirske, Franz / Mönig-Raane, Margret / Sterkel, Gabriele / Wiedemuth, Jörg (Hrsg.), Es ist Zeit: Das Logbuch für die ver.di-Arbeitszeitinitiative, Hamburg, 2004, S. 155–177). Sie stellen eingangs fest: die Risiken der Arbeitszeitflexibilisierung „verlagern sich weitgehend auf die Schultern der Beschäftigten und in deren lebensweltliches Umfeld. Flexibilisierung geht oft mit Extensivierung und Entgrenzung einher; das individuelle Leben und die private Lebenswelt werden zum Puffer wachsender betrieblicher Dynamiken und Flexibilitätsanforderungen; Vereinbarungsprobleme multiplizieren sich, weil Erwerbstätige ihre flexiblen Zeiten mit denen ihres lebensweltlichen Umfeldes nur noch mühsam in Einklang bringen können; ökonomische und soziale Risiken werden per Flexibilisierung externalisiert, arbeitsweltliche Konflikte zu individuellen Konflikten, Planungssicherheit wird zum Fremdwort; das Verhältnis von Arbeit und Leben muss im Kollegenkreis, in der Paarbeziehung und Familie, im sozialen Umfeld gemanagt, ausgehandelt und ausgehalten werden." (a.a.O. S. 156).

Zur Intensivierung der Arbeit schreiben sie: „Mit der forcierten Arbeitszeitflexibilisierung verbinden sich nicht nur verlängerte Arbeitszeiten, sondern auch eine höhere Intensität der Arbeitsverausgabung" (a.a.O. S. 157). Der traditionelle Leistungsbegriff wird ersetzt durch einen „markt- und wertschöpfungsorientierten Leistungsbegriff" (Ehlscheid, Ch., Formen der Entgeltgestaltung und Leistungsregulation im Umbruch, in: Ehlscheid, Ch./Mathes, H./ Scherbaum, M. (Hrsg.): »Das regelt schon der Markt!« Marktsteuerung und Alternativkonzepte in der Leistungs- und Arbeitszeitpolitik, Hamburg 2001, S. 114–132). Im vom Management gesetzten Rahmen (hochgesteckte Zielvorgaben, knappe Personalbemessung und Budgetzuteilung) werden die Beschäftigten sogar verpflichtet, nach dem Prinzip der Selbstorganisation ihre Arbeitsleistung und ihren Arbeitseinsatz flexibel zu gestalten. Der Selbstausbeutung sind keine Schranken gesetzt. „Während die Unternehmen in der Leistungssteuerung tendenziell von einem aufwands- und damit arbeitskraftbezogenen Leistungsbegriff abrücken, stellt sich das für die Beschäftigten ganz anders dar: Sie *müssen* nämlich in der Verausgabung ihrer Leistung auf ihre Arbeitskraft bezogen agieren, es sind *ihre* Anstrengungen, *ihre* Mühe, *ihre* Fähigkeiten und Qualifikationen usw., die sie »in Bewegung« setzen müssen, es sind *ihre* Beanspruchungen und Belastungen, *ihre* gesundheitlichen Risiken, die sie aushalten und denen sie begegnen müssen." (a.a.O., S. 163).

Das höhere Potential an individueller Entfaltung und Selbstverwirklichung der Beschäftigten – verknüpft mit dem Abbau hierarchischer Befehlsstrukturen innerhalb des Arbeitsprozesses und ersetzt durch kooperative Über- und Unterordnung in der Gruppe – wird überlagert durch ein neues Herrschaftsabhängigkeitsverhältnis, in dem vordergründig zwar der Markt bzw. die Kundenorientierung die Herrschaftsseite auszufüllen scheint, aber in Wirklichkeit das Management mit seiner Definitions- und Interpretationsmacht Herrschaft ausübt.

Der Ausbau des Niedriglohnsektors im Rahmen der Agenda 2010 hat außerdem dazu geführt, dass Niedriglöhnern, die wegen ihres geringen Lohns pro Arbeitsplatz sogar auf zwei oder mehrere Arbeitsverhältnisse zurückgreifen müssen, um mit dem Gesamtlohn auf das Existenzminimum zu kommen, keine Freizeit verbleibt, um sich zivilgesellschaftlich zu engagieren. Werkvertragsnehmer sind oftmals an kurzfristige Abgabefristen gebunden, die ihnen aufgrund der erforderlichen hohen Arbeitszeiten pro Tag keine zusätzliche Freiwilligenaktivität erlauben. Wenn von gut verdienenden Lohnabhängigen bzw. Gehaltsempfängern generell die Ableistung von bezahlten oder unbezahlten Überstunden abverlangt wird, verbleibt auch ihnen für zivilgesellschaftliches Engagement meistens keine Zeit mehr. Soll das geringe Familieneinkommen durch Aufnahme der Teilzeitbeschäftigung eines Elternteils aufgebessert werden, um beispielsweise den Kindern eine gute Ausbildung zu ermöglichen, geht dies auf Kosten zivilgesellschaftlicher Aktivitäten. Laut Freiwilligen-Survey müssen Arbeitslose mit erheblichen materiellen, sozialen und emotionalen Benachteiligungen zurechtkommen, so dass ihr Engagement geringer ausfällt.

Zivilgesellschaftliches Engagement setzt aber eine Freizeit ermöglichende Arbeitszeit und ein genügend großes Einkommen voraus, mit dem mehr als die Lebenshaltungskosten auf niedrigem Niveau bestritten werden können. Unter oder nahe dem Existenzminimum liegende Löhne, Gehälter, Renten und Pensionen, hohe Arbeitsintensitäten und unregelmäßige sowie lange Arbeitszeiten blockieren den Freiwilligeneinsatz.

1.4 Restrukturierung der Daseinsvorsorge

Das sehr viel stärker als früher ausgeprägte Selbstverwirklichungsverlangen von Individuen verlangt umfangreiche Restrukturierungsmaßnahmen in der Daseinsvorsorge. Der Gewährleistungsanspruch des Bürgers gegenüber dem zur Daseinsvorsorge rechtlich verpflichteten Staat erfährt insofern eine Veränderung gegenüber vergangenen Wohlfahrtszeiten, als das Individuum in seiner Verhaltensweise nicht mehr vorwiegend passiv agierend wahrgenommen wird, sondern als aktiver, selbstbewusster, risikobewusster Teilhaber an seiner und der gesamtgesellschaftlichen Daseinsbewältigung. In der Tat kann man heutzutage nicht mehr von einem Vorherrschen des konservativen Paternalismus ausgehen. Über- und Unterordnungsverhältnisse sind nicht mehr gesamtgesellschaftlich bestimmend, sondern – sofern sie weiter existieren – von starken diskursorientierten Herrschafts-Beherrschungsverhältnissen umgeben. Die Orientierung an besten Praktiken (Benchmarking) hat – wie bereits angedeutet – in dem Maße nachgelassen, wie der bisher von den USA ausgehende Neoliberalismus weltweit an Wirkungskraft verliert. Modernisierer blicken stärker auf nachahmenswerte Beispiele in Europa oder in ihrem eigenen unmittelbaren Betätigungsfeld und treffen hier auf zivilgesellschaftliche Entwicklungen, für die nicht mehr die eher passive Konsumorientierung, sondern das Selbstverwirklichungsstreben von ausschlaggebender Bedeutung ist. In der Tat scheint es keinen größeren Gegensatz zu geben als den zwischen der Konsumfreiheit der Bürger und der versorgungsstaatlichen Bevormundung jedes Einzelnen. Schlägt aber die Freiheit zum Konsum in die Befriedigung von Bedürfnissen um, die durch eine mit allen Verführungsmitteln arbeitende Werbung geweckt und in Kauflust/Kaufzwang umgewandelt worden ist, kann aus der Freiheit der Wahl eine alles beherrschende Konsumorientierung werden, unter der die Selbstverwirklichungskräfte ersticken. Ein in dieser Weise außengeleiteter Konsument empfängt mit der gleichen Selbstverständlichkeit die versorgungsstaatlichen Wohltaten wie er die mit Geld bezahlbaren Konsumgüter ordert, ohne weiter nach dem Unterschied von beiden zu fragen. Selbstverwirklichungsstreben hingegen beleuchtet kritisch die eigenen Kaufreflexe und fördert die mittel- und langfristige Ausrichtung der eigenen Lebensperspektiven. Zivilgesellschafts- und Marktdiskurs sind eben nicht zwei Ausprägungen der gleichen ideologischen Grundkonstellation, wie Frank

Nullmeier meint (Frank Nullmeier, a.a.O.). Die Pluralität der verschiedenen untereinander konkurrierenden Vernünfte gewinnt wieder an Bedeutung. Die Restrukturierung öffentlicher Daseinsvorsorge hat sich diesem veränderten gesellschaftlichen Umfeld anzupassen und die Daseinsvorsorge im Schnittpunkt staatlicher, ökonomischer und zivilgesellschaftlicher Aktivitäten anzusiedeln. Unter dieser Perspektive sind Forderungen nach Trinkwasser in guter Qualität, ausreichender Abwasser- und Müllbeseitigung, bezahlbarer Energie, sauberer Luft und Lärmreduktionsmaßnahmen, einer guten Verkehrsinfrastruktur, Ansprüche auf ein vielfältiges Bildungs- und Kulturangebot, auf für alle Bürger erschwingliche Gesundheitseinrichtungen, ausreichenden Schutz vor Altersarmut und bezahlbaren Wohnraum in Ballungszentren sowie Groß- und Hochschulstädten und auf einen ausreichenden Schutz vor Naturkatastrophen unverzichtbare Bestandteile eines zivilgesellschaftlich orientierten gesamtgesellschaftlichen Gemeinwohls, dem sich der Staat nicht durch Privatisierung der Aufgaben entziehen kann.

1.4.1 Exkurs: Kontroverse um eine die Leistungsbereitschaft der Bürger unterstützende staatliche Daseinsvorsorge am Beispiel des Konflikts zwischen der EU und den Mitgliedsstaaten

1.4.1.1 Staatliche Daseinsfürsorge im Widerstreit

In Verhandlungen des General Agreement on Trade in Services (GATS), die Handelshemmnisse im Bereich öffentlicher Dienstleistungen abzubauen, sorgte zu Beginn des jetzigen Jahrhunderts der Streit über die Frage, was unter staatlicher Daseinsvorsorge bzw. öffentlicher Dienstleistung zu verstehen sei und wie staatliche Subventionspolitik für solche Leistungen einzuschätzen wären, für Aufregung. Die Verfechter eines zivilgesellschaftlich orientierten Gemeinwohls trennte ein tiefer Graben von den USA und von Vertretern neoliberalen Gedankenguts in der EU. Der Amsterdamer Vertrag hatte mit Artikel 16 des EU-Vertrages zwar die Daseinsvorsorge unter dem Begriff „Dienste von allgemeinem wirtschaftlichen Interesse" vertraglich abgesichert, aber ob im konkreten Fall neben dem Wettbewerbs- und Beihilferecht der Daseinsvorsorge auf allen Ebenen ein angemessener Platz eingeräumt würde, musste sich erst noch im weiteren Verlauf des in Nizza eingeleiteten und in Barcelona fortgesetzten Prozesses für mehr Rechtssicherheit in der Anwendung europäischen Rechts erweisen. Angemessen wäre eine dem Wettbewerbs- und Beihilferecht gleichgestellte Position der

Daseinsvorsorge, denn ohne die Dienste von allgemeinem wirtschaftlichen Interesse ist die Gesellschaft funktionsunfähig.

Aus den Grundsätzen des Art. 16 ging bereits hervor, dass dem Markt keine Dominanz gegenüber staatlichen und zivilgesellschaftlichen Zuständigkeiten und Aktivitäten eingeräumt werden soll. Der Staat wurde darin *nicht* auf seine so genannten Kernfunktionen zurückgeführt. Das bestehende Spannungsverhältnis zwischen Ökonomie, Staat und Zivilgesellschaft durfte nicht zu Gunsten der Unterordnung der beiden letzteren unter die Ökonomie aufgelöst werden. Im Fall seiner Unterordnung unter den Markt hätte sich der Staat beispielsweise automatisch aus gesellschaftlichen Bereichen zurückziehen müssen, die mit marktgängigen Mitteln erbracht werden können. Es wäre ihm nicht gestattet, auf solchen Gebieten konkurrierend zur Wirtschaft tätig zu werden. Stattdessen müsste er diese Bereiche sowie neue Aufgabenfelder öffentlich ausschreiben und an gewinnorientierte private Unternehmen vergeben. Sollten die Auftragnehmer den Spagat zwischen Gewinnorientierung und flächendeckender Versorgung nicht schaffen, entstünden neue Aufgabenfelder, die wiederum an andere gewinnorientierte private Unternehmen zu vergeben wären.

1.4.1.2 Der Prozess der vertraglichen Verankerung in der EU

In einem vom CEEP (Zentralverband der öffentlichen Wirtschaft bzw. European Centre of Enterprises with Public Participation and of Enterprises of General Economic Interest) und dem EGB (Europäischer Gewerkschaftsbund) verfassten Vorentwurf wurde die folgende Definition für einen Dienst von allgemeinem Interesse formuliert, die später Eingang in offizielle Formulierungen fand: „Ein Dienst von allgemeinem Interesse ist ein Dienst, der unter Achtung des Subsidiaritätsprinzips von einer staatlichen Behörde geschaffen, organisiert und reguliert wird, um zu garantieren, dass die Bereitstellung des Dienstes zu den Bedingungen erfolgt, die sie für notwendig hält, um die Bedürfnisse der Gesellschaft zu befriedigen (Art. 2). Bei der Bestimmung der Aufgaben und Pflichten des Dienstes sind die technologischen Entwicklungen und neuen Bedürfnisse zu berücksichtigen (Art. 7). Die Definition der ‚Dienste von allgemeinem Interesse‘ schließt ‚Dienste von allgemeinem wirtschaftlichen Interesse‘ ein, beschränkt sich aber nicht auf sie.“ (Artikel 2). In Artikel 2 wird außerdem vorgeschlagen, dass „in der Definition der ‚Dienste von allgemeinem Interesse‘ der Bezug zu gesellschaftlichen Bedürfnissen ausdrücklich erwähnt werden muss". Zur Vermeidung von Missverständnissen sollen auch Begriffe wie „staatliche Behörde" und ihre europäisch, national, regional und lokal unterschiedlichen Wirkungsebenen sowie die von staatlichen Behörden bestimmten Regulierungsbehörden und/oder -organe und die „Erbringer von Dienstleistungen von allgemeinem Interesse" in der Definition Platz finden und so gut wie möglich bestimmt werden. Zu den „Diensten von allgemeinem Interesse", heißt es weiter, „würden alle Dienste gehören, deren Ziel es ist, die Wahrnehmung der Grundrechte (wie sie in der ‚Charta der Grundrechte' vereinbart sind, die vom Europäischen Rat im Dezember 2000 in Nizza verkündet wurde) zu sichern und die Befriedigung der sozialen Bedürfnisse in allen Bereichen zu gewährleisten, die zur Lebensqualität und zur nachhaltigen Entwicklung beitragen, insbesondere in den Bereichen Gesundheit, Kultur, Bildung, Transport, Kommunikation, Information, Energie, Wasser, Ernährungssicherheit, Umwelt und Wohnungswesen, ...".

Es könnten sowohl wirtschaftliche wie soziale Gründe vorliegen, die einen „Dienst von allgemeinem Interesse" (DAI) rechtfertigen.

Als wirtschaftliche Gründe wurden genannt:

- „die hohen Kosten der nötigen Investitionen;
- die Seltenheit des Guts oder wesentlicher Elemente, die für die Erbringung des Dienstes erforderlich sind;
- die nachhaltige Entwicklung."

Unter „soziale Gründe" wurden erwähnt:

- „der soziale Zusammenhalt im Hinblick auf den Abbau der regionalen Ungleichgewichte und die volle Beteiligung aller am gesellschaftlichen Leben;
- der gleichberechtigte Zugang aller zu den DAI und die Wahrung der Grundrechte;
- der Kampf gegen soziale Diskriminierung;
- die wirtschaftliche Gerechtigkeit durch Tarifeinheit und/oder die Anwendung von Sozialtarifen".

Der Artikel 3 des Entwurfs betonte das Gleichgewicht zwischen Gemeinwohl und Wettbewerb: „Gemeinwohlorientierte Leistungen sind marktbezogene oder nichtmarktbezogene Leistungen, die im Interesse der

Allgemeinheit erbracht und daher von den Behörden mit spezifischen Gemeinwohlverpflichtungen verknüpft werden. Sie umfassen nichtwirtschaftliche Tätigkeiten (Pflichtschulwesen, soziale Sicherheit usw.) und Dienstleistungen von allgemeinem wirtschaftlichen Interesse (Energieversorgung, Kommunikation usw.)." (SCADPlus: Glossar, a.a.O., S. 7/8).

In Artikel 9 wurde der zuständigen staatlichen Behörde die Entscheidung über den Status des Anbieters und spätere Veränderungen vorbehalten (Umwandlung einer Verwaltung in ein öffentliches Unternehmen, teilweise oder vollständige Privatisierung eines öffentlichen Unternehmens oder im Gegenteil die Übernahme der öffentlichen Kontrolle über ein privates Unternehmen).

Artikel 10 regelte die Transparenz der Beziehungen zwischen Anbietern und Behörden. Unter anderem müssten die Ausgaben und Einnahmen von Gemeinwohlaktivitäten klar identifiziert und in den Rechnungen der Anbieter von den anderen Aktivitäten getrennt werden.

Artikel 11 zählte Grundsätze für die Einbeziehung der „Nutzer" solcher Dienste auf. An oberster Stelle stand die demokratische Beteiligung.

In Artikel 16 wurde hervorgehoben, dass die Rahmenrichtlinie das Instrument ist, „mit dem sich die Europäische Union und die Mitgliedsstaaten verpflichten, eine kohärente allgemeine Politik für die Dienstleistungen von allgemeinem Interesse und die von ihnen verkörperten Werte ins Leben zu rufen, damit ein solcher Ansatz zum gemeinsamen Bezug in der Europäischen Union, für die beitrittswilligen Länder und insbesondere in den Verhandlungen über Handelsabkommen zwischen der Union und ihren Partnern wird. Die Bürger haben das Recht auf hochwertige DAI, die Mindeststandards sicherstellen."

Bereits in ihrer Plattform zu den „Kommunalen Unternehmen" vom 12.09.2000 (Öffentliche kommunale Dienstleistungen und die Öffnung der Märkte: Die Rolle der öffentlichen kommunalen Unternehmen – Eine erneuerte Plattform der CEEP-Kommission „Kommunale Unternehmen" (CEEP.00/EL.02-3, 12.09.00) hatte die CEEP „eine neue Phase der Europäischen Wettbewerbspolitik" gefordert. Die EU-Kommission sollte insbesondere der Tatsache Rechnung tragen, „dass in den meisten Mitgliedsländern die Gebietskörperschaften das konstitutionelle Recht haben, auf ihrem Gebiet die Dienstleistungen von allgemeinem wirtschaftlichen Interesse zu organisieren". Durch „ungezügelten Wettbewerb" könnte dieses Recht ausgehöhlt werden. Die EU müsse berücksichtigen, dass nach der Öffnung fast aller Märkte nun das Bedürfnis nach „vorsichtiger Regulierung" stärker werde, um

- „neue Monopole und Oligopole, die ihre dominante Stellung missbrauchen, zu vermeiden,
- einen reinen Verdrängungswettbewerb zu vermeiden,
- ausreichend Wettbewerb auf dem Gebiet der Dienstleistungen von allgemeinem wirtschaftlichen Interesse in allen territorialen Gebieten zu gewährleisten". Die EU-Kommission solle auch berücksichtigen, dass in den deregulierten Märkten keine öffentlichen Ausschreibungsverfahren mehr nötig sind. Im Herbst 2002 verständigte sich der Europäische Rat auf einen Kompromisstext im Bereich der Daseinsvorsorge, der die Befreiung von der Anwendung von Vergaberegeln vorsah, sofern ein freier Marktzugang bestand und Wettbewerb herrschte.

Das Europäische Parlament hatte sich in einer Entschließung zur Mitteilung der Kommission „Leistungen der Daseinsvorsorge in Europa" (KOM(200) 580 – C5-0399/2001 – 20001/2157(COS) mit der Konzeption der Daseinsvorsorge in der EU, dem europäischen Handlungsbedarf, dem Handlungsbedarf auf der Ebene der Mitgliedsstaaten und mit branchenbezogenen Einzelfällen auseinandergesetzt. Einleitend wies das Parlament auf die Leistungen der Daseinsvorsorge als Teil des europäischen Sozialmodells hin und forderte vor jeder in diesem Bereich geplanten Liberalisierungsmaßnahme eine präzise und vergleichende Evaluierung der Qualität der erbrachten Dienstleistungen. Lägen bestimmte Bedingungen vor, müssten Sektoren der Daseinsvorsorge sogar ganz von den Wettbewerbsregeln ausgenommen werden. Ob ein Dienst als Leistung der Daseinsvorsorge anzusehen ist und wie er organisiert werden soll, überließ das EU-Parlament zunächst der Entscheidung auf nationaler Ebene. Europäischen Handlungsbedarf sah das Parlament in der Bewertung von bereits eingeleiteten Liberalisierungsmaßnahmen auf den Sektoren Verkehr, Strom, Gas und Post. Vor weiteren Maßnahmen sollte erst geprüft werden, welche Auswirkungen auf den sozialen und territorialen Zusammenhalt in der EU zu erwarten sind. Handlungsbedarf auf der Ebene der Mitgliedsstaaten sah das Parlament in der stärkeren eigenverantwortlichen und präzisen Definition von Leistungen der Daseinsvorsorge unter

Beachtung des Wettbewerbsrechts der EU (z.B. bei der als problematisch angesehenen Quersubventionierung). Die EU-Kommission hatte entschieden, dass die Deutsche Post Staatshilfe in Höhe von 572 Millionen Euro bis zum 1.1.2003 an die deutsche Bundesregierung zurückzahlen muss. Die EU-Kommission hatte der Post Quersubventionierung unterstellt. Das Unternehmen habe seine staatlich gesicherte Monopolstellung im Briefbereich zur Stützung seines im privatwirtschaftlichen Wettbewerb stehenden Paketdienstes verwendet. Die Post hingegen bestritt diese Unterstellung und klagte vor dem Europäischen Gerichtshof (Tagesspiegel, 31.10.2002), so dass in einer breiten politischen Debatte über die Grenzen der Wettbewerbspolitik deutlicher als bisher herausgearbeitet werden konnte, in welcher Weise Wettbewerbspolitik andere Kerntätigkeiten der EU (bzw. Kerntätigkeiten auf nationaler, regionaler oder lokaler Ebene) beeinträchtigte. Keinesfalls dürfe es dazu kommen, dass die Abschaffung staatlicher Monopole die Etablierung privater Monopole zur Folge habe.

Nach vielen weiteren Erwägungen und Wünschen zur Ausbalancierung von Wettbewerbsregeln und Daseinsvorsorge betonte das Parlament abschließend seine Überzeugung, dass das Modell der sozialen Marktwirtschaft das europäische Zukunftsmodell sei, das sich im internationalen Vergleich am ehesten als tragfähig und dauerhaft erweisen werde.

Der Generalangriff der Europäischen Kommission vom 15. Oktober 2002 gegen die Abschottung von Energiemärkten in mehreren Mitgliedsländern wurde von der französischen Regierung mit dem Argument zurückgewiesen, diese Privilegien seien auf Grund der von der EDF erbrachten „*Dienstleistungen im allgemeinen wirtschaftlichen Interesse*" gerechtfertigt. Selbst wenn solche Unternehmen ursprünglich der Komplettierung des industriellen Angebots gedient hätten, das sich ohne staatliche Hilfestellung auf rein privater Basis nicht herzustellen vermochte, – und insofern der Selbsterhaltung des strukturierten Ganzen von Nutzen war -, verstärkten solche Unternehmen später *die* Seite des Staates, die sich als ganz normale autonome Einheit von den anderen Einheiten nicht unterscheide. Für solche staatlichen Unternehmen träfe zweifellos zu, dass sie marktorientiert sein sollen und gegebenenfalls auch in der Besinnung auf Kernbereiche privatisiert werden könnten. Solche Bereiche über die Anfangsgründe hinaus in öffentlicher Hand zu belassen, könne sogar den besonderen Charakter der öffentlichen „Dienstleistungsproduktion“ unterminieren, wenn die für jenen Bereich gültige profit- und wettbewerbsorientierte Messlatte den Maßstab bildet, den der Staat seiner Tätigkeit zur Erhaltung des strukturierten Ganzen anlegen muss. Starres Beharren auf solche Bereiche verstärke den Konflikt, um der Selbsterhaltung des strukturierten Ganzen willen stets gegen das andere seiner selbst prozessieren zu müssen. Schlüge dieser Konflikt eindeutig zu Gunsten des profit- und wettbewerbsorientierten unternehmerischen Verhaltens aus, verlöre der Staat seine Besonderheit und konkurriere mit anderen diskursiven Formationen um die Erringung der Hegemonie. Die verbliebene öffentliche „Dienstleistungsproduktion“ verkomme zum Anhängsel der hegemonialen Praxis des Staates.

Der Argwohn des Wettbewerbskommissars Mario Monti richtete sich in erster Linie gegen die so genannte verdeckte Beihilfe des Staates an EDF, worunter vor allem Steuervorteile und besonders günstige Bedingungen bei der Kreditvergabe zu verstehen waren. Von den europäischen Konkurrenten wurde der EDF vorgeworfen, grenzüberschreitend ungehemmt auf Einkaufstour zu gehen, während der staatseigene Konzern gleichzeitig daheim vor unliebsamer Konkurrenz geschützt und von der Regierung massiv subventioniert werde (Frankfurter Rundschau, 16. u. 17.10.2002).

So kritikwürdig die Position der französischen Regierung in der Abschließung des französischen Strommarktes auch war, von entscheidender Bedeutung für die künftige Ausgestaltung der EU war diese Verhaltensweise nicht. Viel wichtiger war die Klärung der Frage, ob der Europäische Rat und die Europäische Kommission sich von der anfänglichen Dominanz des europäischen Binnenmarkt- und Wettbewerbsrechts endgültig verabschiedet hatten und die Gleichrangigkeit der staatlichen Daseinsvorsorge anzuerkennen bereit waren; denn mit einem Nischendasein der Daseinsvorsorge im Hechtteich des Marktes würde keine Gleichstellung zu erreichen sein. Sofern die ausstehende Präzisierung der „Dienste im allgemeinen Interesse“ nur dazu diente, die Grenzen der eingeräumten Nische exakt zu umschreiben, war noch kein qualitativer Sprung getan. Die erste Stufe eines qualitativen Sprungs würde erst mit der Anerkennung des Spannungsverhältnisses zwischen dem Binnenmarkt- und Wettbewerbsrecht auf der einen Seite des Pols und dem Daseinsvorsorgerecht auf der anderen Seite erreicht werden. Der darauf folgende Schritt hätte dann das Daseinsvorsorgerecht mit dem zivilgesellschaftlichen Gemeinwohl zu verknüpfen.

1.4.1.3 Umsetzung unter den Vorzeichen des Neoliberalismus

Letztlich verbarg sich hinter der Diskussion über die Dienste von allgemeinem Interesse bzw. über die gemeinwohlorientierte Daseinsvorsorge die Frage nach dem Verhältnis von Ökonomie, Staat und Zivilgesellschaft. Konservativer Paternalismus, gemeinwirtschaftlicher Sozialismus sowie fortschrittsorientierter Modernismus hatten laut Gerold Ambrosius (Entstehung und Entwicklung der öffentlichen Daseinsvorsorge in Europa, in: Tagung der EZFF, a.a.O. S. 4) neben anderen sozioökonomischen und politisch-administrativen Faktoren die Entwicklung der Daseinsvorsorge im 19. Jahrhundert ideologisch geprägt und dem Staat eine gestaltende Aufgabe in der Herausbildung national begrenzter Zirkulationssphären eingeräumt. Der Übergang zum Wohlfahrtsstaat im 20. Jahrhundert, verknüpft mit dem Keynesianismus in der Wirtschaftspolitik, verstärkte diesen Trend. Am Ende dieser Entwicklung etablierte sich der Eingriffsstaat, der über seine ordnenden Aufgaben hinaus den Ablauf der wirtschaftlichen Konjunktur zu beeinflussen suchte und über die Daseinsvorsorge seine Anker in fast alle gesellschaftlichen Sektoren auslegte.

Dem wohlfahrtsverpflichteten Eingriffsstaat der Vergangenheit lag in der Tat unterschwellig die Tendenz zu Grunde, mit der Vielfalt seiner Interventionen die Gesellschaft Schritt für Schritt zu unterwandern, deren Selbständigkeit allmählich aufzurollen, um schließlich in einer verstaatlichten Gesellschaft zu landen. Am weitesten hatten die schwedischen Sozialdemokraten diesen Versuch zur Schaffung einer freiheitlichen Reformgesellschaft mit domestizierter Ökonomie vorangetrieben. Als jedoch das Kapital in Koffern aus dem Lande geschafft wurde und die private Investitionstätigkeit immer mehr nachließ, erzwangen steigende Arbeitslosigkeit und schrumpfendes Steueraufkommen eine drastische Kurskorrektur.

Die Gegenbewegung hatte in den USA und Großbritannien schon längst unter dem Zeichen des Neoliberalismus Fuß gefasst und breitete sich wie ein Buschfeuer in den Metropolen und der Peripherie aus. Aus der Perspektive eines Neoliberalen gebührte dem Staat lediglich eine Existenz am Rande der sich selbst regulierenden Marktgesellschaft, bestenfalls noch zuständig für die Garantie von Rechtssicherheit sowie eng umgrenzter Aufgaben der inneren und äußeren Sicherheit. In der Peripherie schienen selbst diese sogenannten „Kernaufgaben“ des Staates für private Unternehmen käuflich zu werden. In der von den USA vorangetriebenen Globalisierung der Märkte kompensierte die zunehmende ökonomische, militärische und politische Stärke der USA den abnehmenden Einfluss der übrigen Nationalstaaten, so dass selbst für die Ausgestaltung des EU-Binnenmarktes das neoliberale Muster der USA als allein erfolgversprechend favorisiert wurde. Die bis dahin klaglos akzeptierten Dienste der Daseinsvorsorge gerieten jetzt unter Anpassungsdruck und die mit solchen Aufgaben betrauten öffentlichen Unternehmen unter Rechtfertigungsdruck.

Die Europäische Kommission agierte zunächst weitgehend „marktorientiert“

- „mit der Kontrolle und Verhinderung von Subventionen,
- der Anwendung des europäischen Wettbewerbsrechts und der Verhinderung des Missbrauchs einer marktbeherrschenden Stellung,
- der Durchsetzung der Grundfreiheiten des Gemeinsamen Marktes“ (Martin Nettelsheim, in: Tagung der EZFF, a.a.O., S. 6).

Im Fortschrittsbericht der EU-Kommission an den Europäischen Rat über die Reduzierung und Neuausrichtung staatlicher Beihilfen vom 16.10.2002, (KOM (2002 555) folgte sie dieser Politik noch weiter.

Die später aus aller Welt einlaufenden negativen Resultate in der Umsetzung neoliberaler Strategien hatten aber mittlerweile zu größerer Offenheit des Europäischen Rats und der EU-Kommission gegenüber den Diensten von allgemeinem Interesse geführt. Sie wurden jetzt als notwendiger Gegenpol zum Markt begriffen und nicht mehr nur mit der Messlatte des Binnenmarkt- und Wettbewerbsrechts beurteilt. Nach der Anerkennung ihres Eigenwerts stand als nächstes auf der Tagesordnung, sie aus ihrer wohlfahrtsstaatlichen Umklammerung zu befreien und als Schnittpunkt staatlicher, ökonomischer und zivilgesellschaftlicher Aktivitäten ins Visier zu nehmen.

Der wissenschaftliche wie auch in der Öffentlichkeit geführte Diskurs über die Restrukturierung der Daseinsvorsorge muss sich mit den der Anfangszeit entstammenden unterschiedlichen Begründungen für die Daseinsvorsorge auseinandersetzen. So stabilisierte die Fürsorge des Übergeordneten gegenüber dem Untergeordneten aus dem Blickwinkel des konservativen Paternalismus das etablierte Über- und Unterordnungsverhältnis. Als Gegenleistung für die Übernahme der vom Übergeordneten getroffenen Auswahl von Handlungsmöglichkeiten erwartete der Untergeordnete über

Anerkennung und Lob für die von ihm erbrachten Leistungen hinaus auch die Absicherung seines Lebens in Form von direkten Zuwendungen und als versicherungsgebundenen Beistand bei Krankheit, Berufsunfähigkeit und Altersruhe. Aus der Perspektive des gemeinwirtschaftlichen Sozialismus sollte mit Hilfe der öffentlichen Daseinsvorsorge Chancen-, Zugangs- und Beteiligungsgleichheit für den gesellschaftlich nichtprivilegierten Teil der Bevölkerung hergestellt werden. Im Rahmen des bestehenden Herrschafts-Beherrschungsverhältnisses favorisierte oder kreierte man diskursive Formationen, die Reformmaßnahmen anstrebten und zur Bildung von Gegenmacht aufriefen. Vertreter des fortschrittsorientierten Modernismus verglichen die gesamten gesellschaftlichen Leistungen der verschiedenen untereinander konkurrierenden Zirkulationssphären und maßen derjenigen einen Spitzenplatz in der Hierarchie zu, die im Benchmarking am besten abschnitt.

Der Gewährleistungsanspruch des Bürgers in der staatlichen Daseinsvorsorge basiert in der gegenwärtigen Diskussion darauf, dass das Individuum als aktiver, selbstbewusster, risikobewusster Teilhaber an seiner und der gesamtgesellschaftlichen Daseinsbewältigung beteiligt ist.

1.5 Voraussetzungen für eine als gerecht empfundene Einkommens- und Vermögensverteilung

Der Gini-Koeffizient, der die Ungleichheit misst, ist ein statistisches Maß zur Berechnung der Ungleichheitsverteilung. Seit 1985 ist er in der OECD im Schnitt um ein Zehntel gestiegen.

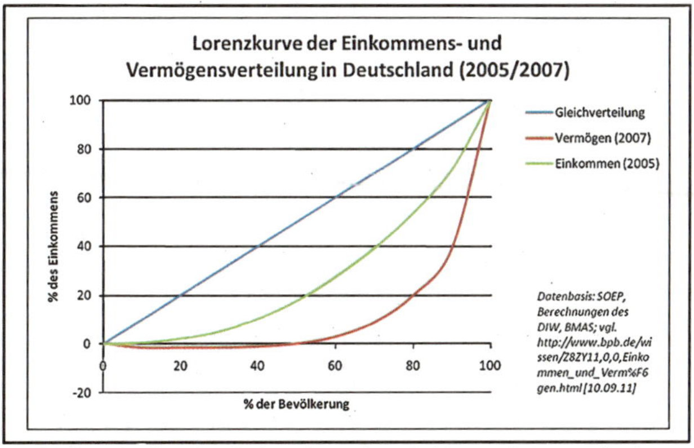

This work has been released into the public domain by its author, Roland Struwe at the German Wikipedia project

Die Daten des DIW und des managermagazins für das Jahr 2007, die in dieser Graphik zusammengeführt werden, zeichnen eine Vermögensverteilung in Deutschland, die sinnvoll nicht mehr in Dezilen dargestellt werden kann. Dieser Vermögensverteilung wird die Darstellung in einem Linien-Diagramm gerechter als die bei Roland Struwe wiedergegebene (Kiwifo.de).

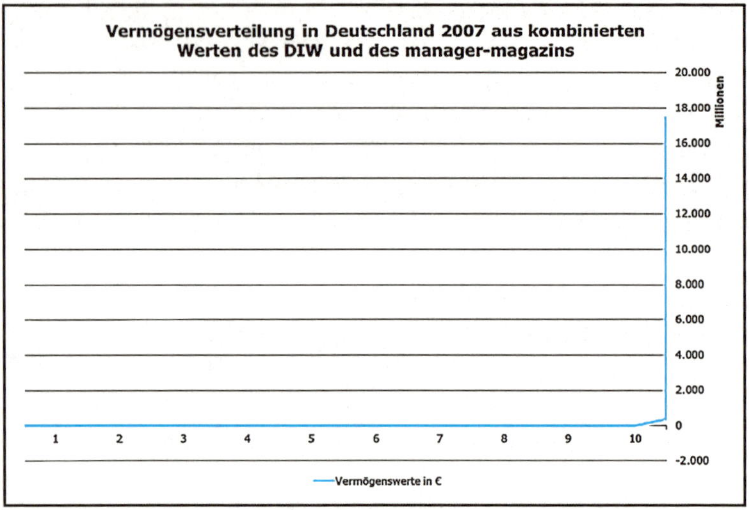

Kein zivilgesellschaftlich engagierter Bürger fände es gerecht, wenn Einkommen und Vermögen in der Bevölkerung gleich verteilt wären. Eine solche absolute Gleichverteilung widerspräche der Ungleichheit, hervorgerufen durch die unterschiedlichen Fähigkeiten von Menschen und diese Unterschiede verstärkenden gesellschaftlichen Gegebenheiten, in denen sie leben wollen oder gezwungenermaßen existieren müssen. Ebenso nähme es kein zivilgesellschaftlich engagierter Bürger als gerecht hin, wenn ein einzelner Bürger über die Masse des Vermögens und Einkommens verfügte, alle anderen Menschen gleichgeschaltet wären und auf (oder unter) dem Niveau des Existenzminimums vegetieren müssten. Laut Statistik verteilt sich das Vermögen in Deutschland zwar nicht in dieser extremen Weise, aber bemerkenswert ist schon, dass sich der wirkliche Reichtum auf die letzten Prozentpunkte des letzten Zehntels der Gesamtbevölkerung beschränkt (Anstieg der Linie der Vermögenswerte auf der Grundlinie). Die zuvor abgebildete Lorenzkurve der Einkommens- und Vermögensverteilung von Roland Struwe wird dieser extremen Verteilung nicht gerecht.

In ihr werden die tatsächlichen gesellschaftlichen Verhältnisse verschleiert. An der von Struwe aufgelisteten Verteilung des Vermögens zwischen 2005 und 2007 lässt sich ein zweites Extrem jedoch gut erkennen. Sie zeigt, dass mehr als 40 Prozent der Bevölkerung keinerlei Vermögen besitzen und der Anstieg des Vermögens bei den folgenden 40 Prozent im Vergleich mit den letzten zehn Prozent nur sehr moderat verläuft. Die Einkommenskurve verläuft im Vergleich zur Vermögenskurve nicht so extrem. Aber auch hier verdeutlicht bei Struwe der Anstieg der Kurve im letzten Zehntel nicht den enormen Zuwachs des Einkommens gegenüber den vorherigen Einkommensunterschieden.

Die Lorenzkurve gibt nicht per se Auskunft über die Zufriedenheit oder Unzufriedenheit der Bürger über die gesellschaftlichen Verhältnisse ihres Landes, aber sie ist ein erster Anhaltspunkt, ab welchem Grad an Ungleichheit zivilgesellschaftlich engagierte Bürger an der Verteilung Anstoß nehmen.

Angesichts der deutlichen Verteilungsproblematik beim Einkommen und Vermögen geben sich zivilgesellschaftlich engagierte Bürger nicht mit der Weisheit des Philosophen Aristoteles zufrieden, dass Gerechtigkeit die Mitte zwischen Zuviel und Zuwenig ist. Sie stellen die Frage nach *unverdienter* Armut und *unverdientem* Reichtum. Sie fragen, ob sie ihre Energien für eine solche Ungleichheit produzierende Gesellschaft einsetzen sollen, und wenn ja, mit welchem kritischen Engagement in Bezug auf Reichtum, der nicht durch Arbeitsleistung aufgehäuft wurde, und mit welcher Empörung in Bezug auf Armut, die trotz großen Bemühens, ihr zu entkommen, die davon betroffenen Bürger fest im Griff hält und demütigt. Der Blick zivilgesellschaftlich engagierter Bürger richtet sich auf den Typus des gesamtgesellschaftlichen Gemeinwohls, der eine solche Einkommens- und Vermögensverteilung ermöglicht und veranlasst sie zu der Frage, mit welchem Demokratieverständnis ein solches Gemeinwohl verknüpft ist.

1.6 Das Gebot einer ungleiche Lebensverhältnisse ausgleichenden Steuerpolitik

1.6.1 Unterschiedliche Besteuerungsmethoden

Zur Selbstausstattung und Finanzierung sozialstaatlicher Maßnahmen benötigt der Staat ausreichende Steuereinnahmen, die er sich auf unterschiedliche Weise beschaffen kann. Besteuerte er beispielsweise alle Bürger gleich, würde er zwar mit einem bestimmten Prozentsatz das erforderliche Steuereinkommen erzielen, aber Niedriglöhner könnten mit ihrem Nettoeinkommen unter das Existenzminimum gedrückt werden und einkommens- und vermögensstarke Steuerzahler würden den abzuführenden Betrag vielleicht als kaum beachtenswert empfinden. Die zunehmende Spanne zwischen den niedrigsten und höchsten Einkommen und die sich weiter öffnende Schere der Vermögensunterschiede könnte zu Unruhen führen, einen nicht mehr zu bewältigenden gesellschaftlichen Konflikt heraufbeschwören und den formlosen Gegenhalt der Gesellschaft schließlich zerbrechen lassen.

Jedoch nur die höchsten Einkommen und die an Vermögen reichsten Bürger mit einem für die erforderlichen Steuereinnahmen notwendigen Steuersatz zu belegen, hätte wahrscheinlich zur Folge, dass die Grenzen zum Ausland geschlossen werden müssten, um jegliche Geld- und Kapitalausfuhr in Niedrigsteuerländer oder Steueroasen zu unterbinden.

Die Steuerprogression stattdessen für alle Steuerzahler linear von null bis 100 Prozent ansteigen zu lassen, würde mindestens zu zwei Übeln führen: zur Existenzbedrohung im unteren Bereich und zur Kapitalflucht im oberen. Als weiteres Übel käme als Folge dieser absehbaren Entwicklung hinzu, dass die Steuerzahler mit mittleren Einkommen und Vermögen schließlich am stärksten belastet werden müssten, um das erforderliche Steueraufkommen trotz Zahlungsunfähigkeit der Niedriglöhner sowie Vermögenslosen und Kapitalflucht der Einkommensstarken und Vermögensreichen noch erzielen zu können. Staaten tendieren zur Vermeidung der drei Übel dazu, die Veranlagung zur Einkommensteuer zwar progressiv zu gestalten, aber im unteren Bereich ganz auf Steuereinnahmen zu verzichten und im oberen nur einen höheren Prozentsatz des Einkommens und Vermögens wegzusteuern.

1.6.2 Steuerpolitik am Beispiel der Bundesrepublik Deutschland

1.6.2.1 Einkommensteuer

In Deutschland unterscheidet man z.B. drei Bereiche: den Grundfreibetrag, den Bereich der Steuerprogression und den in zwei Zonen aufgeteilten Spitzensteuersatz. Die Steuerprogressionskurve steigt nach dem Grundfreibetrag zunächst stark auf 24 Prozent an und klettert dann kontinuierlich zunächst auf eine Höhe von 42 Prozent und im weiteren Verlauf linear auf höchstens 45 Prozentpunkte. Laut Urteil des Bundesverfassungsgerichtes von 1996 muss das Existenzminimum durch steuerliche Freistellung gesichert werden. Deshalb ist der Grundfreibetrag wegen steigender Lebenshaltungskosten im Lauf der Jahre in mehreren Stufen angehoben worden. Der Gini-Koeffizient der Einkommensverteilung verringert sich zwar als Folge der unterschiedlichen Steuersätze, aber die gleichbleibende Besteuerung hoher Einkommen (nicht höher als 45 Prozent) führt dazu, dass die mittleren Einkommen relativ hoch belastet werden.[6]

1.6.2.2 Ertragsteuer

Die Besteuerung des Ertrags unterscheidet zwischen dem Transparenz- und dem Trennungsprinzip. Einzelunternehmen und Personengesellschaften unterliegen dem ersten und Kapitalgesellschaften dem zweiten Prinzip.

„Bei Personengesellschaften gilt das Transparenzprinzip: Steuerpflichtig sind nur die Gesellschafter: Natürliche Personen unterliegen der progressiven Einkommensteuer, Körperschaften, Personenvereinigungen und Vermögensmassen im Sinne des § 1 KStG der Körperschaftsteuer und zwar jeweils mit ihren Gewinnanteilen im Entstehungsjahr …

Bei Kapitalgesellschaften gilt das Trennungsprinzip: Die Gewinne unterliegen im Entstehungsjahr bei der Kapitalgesellschaft der Körperschaftsteuer von zur Zeit 40% (Tarifbelastung), ausgeschüttete Gewinne bilden bei den Gesellschaftern Einkünfte aus Kapitalvermögen und unterliegen der progressiven Einkommensteuer …“ (steuernetz.de, 17.05.2003). Anders als beim Einkommen wird im Falle von Ausschüttungen der Kapitalertrag einheitlich mit einem fünfundzwanzigprozentigen Steuerabzug belegt. Gegenüber Einkommensbeziehern werden Bezieher von Kapitalerträgen somit stark bevorzugt.

Einkünfte aus Gewerbebetrieb unterliegen der Gewerbesteuer. Zur Einkommens- und Körperschaftssteuer wird zusätzlich ein Solidaritätszuschlag einbehalten.

1.6.2.3 Verbrauchsteuer

Umsatz- und Grunderwerbsteuer sind die maßgeblichen Verbrauchsteuern. Die Grunderwerbsteuer beträgt bisher 5 Prozent vom Kaufpreis eines Grundstückes und demnächst 6,5 Prozent.

Seit Januar 2007 gilt bei der Umsatzsteuer der Regelsatz von 19 Prozent und von 7 Prozent als ermäßigter Regelsatz. Diese Verbrauchsteuer trifft stärker das untere Drittel der Einkommensbezieher.

1.6.2.4 Substanzsteuer

Darunter fallen die Steuerarten Grundsteuer, Erbschaft- und Schenkungsteuer. Die Hebesätze der Grundsteuer werden von den Gemeinden nach Bedarf und in Konkurrenz zueinander festgelegt. Im Gegensatz zur Grunderwerbsteuer wird die Grundsteuer jedes Jahr erneut fällig.

Nahe Angehörige erhalten hohe Freibeträge. Errechnet werden Barvermögen, Wertpapiere und vermietete Immobilien. Die Höhe der Freibeträge beträgt in Steuerklasse I:

- für Ehepartner und Lebenspartner einer eingetragenen Lebenspartnerschaft 500 000 Euro,
- für Kinder und Enkelkinder, deren Eltern verstorben sind, sowie für Stief- und Adoptivkinder 400 000 Euro,
- für Enkelkinder 200 000 Euro,
- für Eltern und Großeltern beim Erwerb durch Erbschaft 100 000 Euro.

in Steuerklasse II:

- für Eltern und Großeltern beim Erwerb durch Schenkung, für Geschwister, Kinder der Geschwister, Stiefeltern, Schwiegerkinder, Schwiegereltern, geschiedene Ehepartner und Lebenspartner einer aufgehobenen Lebenspartnerschaft 20 000 Euro.

in Steuerklasse III:

- für alle anderen Empfänger einer Schenkung, Erbschaft 20 000 Euro.

Für Erbschaften und Schenkungen, bei denen die Steuer nach dem 1.1.2009 entstanden ist, gelten die nachfolgend genannten Steuersätze (Eine Besonderheit gilt in der Steuerklasse II: Für Erbschaften und Schenkungen, bei denen die Steuer ab dem 1.1.2010 entsteht, gelten niedrigere Steuersätze.):

Wert des steuerpflichtigen Erwerbs bis einschließlich	Steuersätze in der Steuerklasse			
	I	II		III
		2009	2010	
75.000 Euro	7 %	30 %	15 %	30 %
300 000 Euro	11 %	30 %	20 %	30 %
600 000 Euro	15 %	30 %	25 %	30 %
6 000 000 Euro	19 %	30 %	30 %	30 %
13 000 000 Euro	23 %	50 %	35 %	50 %

Für Betriebsnachfolger sind immer die Steuersätze der Steuerklasse I maßgeblich. Das Verwandtschaftsverhältnis ist ohne Bedeutung.

Zwischen 2000 und 2010 sind bereits zwei Billionen Euro vererbt worden. Bis 2020 wird es noch einmal eine ähnlich hohe oder höhere Summe sein (Daniel Baumann, Reiche werden geschont, Frankfurter Rundschau, 5./6.7.2014).

1.6.3 Wachsende Ungleichheit als Folge unterschiedlicher Regelungen

Der Spitzensteuersatz für Einkommen lag noch zu Beginn dieses Jahrhunderts bei 53 Prozent. Er beträgt jetzt 42 bzw. bei 45 Prozent (zweite Stufe). Die Vermögensteuer wurde ganz gestrichen.

Die Abgeltungssteuer für Kapitalerträge sieht lediglich einen Grundfreibetrag vor. Noch stärker als bei der Einkommensbesteuerung, die den enormen Anstieg der Einkommen im letzten Zehntel bereits zu wenig berücksichtigt, führt der überaus steile Anstieg des Vermögens in den letzten Prozentpunkten der Vermögensverteilung nicht zu einer ebenso steilen Anhebung des Steuersatzes. Die Bevorzugung dieser Privilegierten wird durch die einheitliche Besteuerung des Kapitalertrags noch verstärkt.

Die Umsatzsteuer mit dem Regelsatz von 19 % bzw. 7 % wird auf die Endpreise umgelegt. Da diese Regelsätze für alle Bürger gelten, müssen geringer Verdienende einen sehr viel höheren Anteil ihres Gesamteinkommens für den täglichen Konsum ausgeben als Bezieher von hohen Einkommen und Vermögen, ganz abgesehen von Niedriglöhnern, deren Einkommen völlig aufgezehrt wird und für die Vermögensbildung außerhalb jeglicher Reichweite liegt.

Die Regelungen der Erbschaft- und Schenkungsteuer privilegieren vermögende Bürger noch großzügiger als die Abgeltungssteuer für Kapitalerträge und die Umsatzsteuer. Erben erwerben ihr Vermögen noch nicht einmal durch eigene Arbeit. Ihr Vermögen fällt eindeutig unter die Kategorie „unverdienter Reichtum". Die Steuergesetzgebung behandelt „unverdienten Reichtum" als besonders förderungswürdig. Ungleichheit vor dem Steuergesetzgeber trifft auf ganz besondere Weise auch auf transnationale Unternehmen zu. Die Berücksichtigung des zivilgesellschaftlichen Gemeinwohls verlangt eine Veränderung der kritisch angemahnten Punkte.

1.7 Die Bewahrung von Medienvielfalt zur Artikulation von und Kritik an gesellschaftlichen Missständen

Zivilgesellschaftliches Engagement ist in seiner Wirksamkeit auf Medien angewiesen, die auf zivilgesellschaftlich relevante Ereignisse aufmerksam machen, die Diskussion über Behandlungs- und Lösungsvorschläge dokumentieren und die Resultate der Öffentlichkeit unterbreiten. Bereits der Bonner Grundgesetzkommentar hat den Medien seit seiner ersten Auflage eine Kontrollaufgabe zugewiesen. Nicht das Maß „realplebiszitärer Unmittelbarkeit" sei entscheidend, pflichtet er Konrad Hesse bei, sondern die „Abwesenheit nichtegalitärer Legitimationsgründe und die ungehinderte Kontrolle und Beeinflussung der herrschenden Parteien durch die Wahlen und die öffentliche Meinung der Presse und der organisierten Interessen" (Bonner Kommentar zum Grundgesetz, Bd. 5 Art. 20 Abs. II Satz 1, S. 25). Die „ungehinderte Kontrolle und Beeinflussung der herrschenden Parteien" findet laut Hesse in periodisch stattfindenden Wahlen und in der von der Presse und den organisierten Interessen hergestellten Öffentlichkeit statt.

Während die Wähler nur in zeitlich versetzten Perioden ihr Votum abgeben können, obliegt der durch die Medien hergestellten Öffentlichkeit und der veröffentlichten Meinung der organisierten Interessen für Hesse die ständige Kontrolle und Beeinflussung der herrschenden Parteien. Damit bezeichnet er die Medien und die organisierten Interessen als maßgebliche Gestalter der Öffentlichkeit. Im kurzen Text des Kommentars zum Grundgesetz unterscheidet Hesse weder zwischen Medien in staatlicher oder privater Hand, noch differenziert er bei der veröffentlichten Meinung, ob sie mehrheitlich von einflussmächtigen und finanzkräftigen organisierten Interessen produziert wird, oder ob weniger einflussreiche organisierte Interessen auch Berücksichtigung gefunden haben.

Die Kontrollfunktion teilt er unterschiedslos allen Medien und organisierten Interessen zu. Dass vom Staat unmittelbar betriebene Medien in ihrer Kontrollfunktion stärker an regierungsamtliche Richtlinien gebunden sind als öffentliche Medien mit einem hohen Maß an Autonomie, und dass in privater Hand befindliche Medien die Ertragserwartungen ihrer privaten Eigentümer bedienen müssen, bleibt bei ihm ebenso unerwähnt wie die weitaus stärkere Kontrollmacht einflussreicher organisierter Interessen im Vergleich zur geringeren Durchsetzungsfähigkeit randständiger Institutionen und Organisationen.

Die Beeinflussung und Kontrolle der herrschenden Parteien geschieht für Hesse vor allem durch Herstellung von Öffentlichkeit, nicht jedoch durch eine mehr oder weniger intensive Lobbytätigkeit in den Parteiorganisationen selbst und innerhalb der legislativen und exekutiven Einrichtungen des Staates. Beides bleibt im Text des Bonner Grundgesetzkommentars unerwähnt. In seiner Sichtweise scheinen alle Medien und organisierten Interessen gleichstark an der Gestaltung der Öffentlichkeit und an der Kontrolle der herrschenden Parteien beteiligt zu sein, und alle zusammen bilden die Medien als sogenannte „vierte Gewalt".

Die heutzutage empirisch feststellbaren Realitäten sprechen jedoch eine sehr viel zwiespältigere Sprache. Zeitungen verschwinden vom Markt (Financial Times Deutschland) oder Zentralredaktionen wie z.B. die DuMont Redaktionsgemeinschaft beliefern gleich mehrere Zeitungen. Die Werbeanzeigen brechen weg. „In den USA sind die Anzeigenerlöse von 50 Milliarden Dollar im Jahre 2005 in sieben Jahren auf rund 25 Milliarden Dollar gefallen." (Ruth Ciesinger, Das Blatt wendet sich, Tagesspiegel, 30.3.2014). In anderen Teilen der Welt sieht die Lage nicht günstiger aus. Qualitätszeitungen werden von finanzstarken Unternehmen aufgekauft und zu marktgängigen Produkten umgewandelt. Infotainment verdrängt die zeitaufwendige und kostspielige Recherche. „Gab es in den USA 2006 rund 55 000 festangestellte Journalisten, waren es 2011 noch rund 40 000." (ebd.). Finanzielle Abhängigkeit von Werbeeinnahmen beeinträchtigte bereits in der Vergangenheit das Streben nach Objektivität. Die zunehmende Verschwisterung von Qualitätsjournalismus und wirtschafts- und staatsnahen Organisationen sowie Stiftungen erschwert die

Suche nach objektiver Berichterstattung immer mehr. Wenn ein Journalist der Wochenzeitung „Die Zeit" dem Bundespräsidenten eine Rede schreibt und später die Rede in seiner Zeitung positiv kommentiert, ohne dem Leser mitzuteilen, dass er sie selbst geschrieben hat, oder wenn die Garde der hochangesehenen Rundfunk- und Fernsehjournalisten Sitz und Stimme in zahlreichen einflussreichen Stiftungen einnimmt und den Einladungen führender Presseunternehmen ohne Skrupel folgt oder sich bereitwillig von Regierungen und Ministerien mit Hintergrundwissen spicken lässt, erleidet das Streben nach Unabhängigkeit zweifellos Einbußen.

In diese Richtung deutet beispielsweise die Aussage des US-amerikanischen Präsidenten Barak Obama über die Fähigkeit der USA, „die Weltmeinung zu prägen". In der Ukraine-Krise sei Russland „sofort isoliert" worden (Quelle: dpa in: RP Online, 28.5.2014, 18.02 Uhr, Sanktionen gegen Russland). Der deutschen Bevölkerung wurde in Meinungsumfragen mehrheitlich Verständnis für die Position Russlands attestiert (noch im Mai 2014 zeigten 50 Prozent Verständnis), obwohl sie monatelang von fast allen deutschen Medien mit negativen Informationen über die russische Politik nahezu überschüttet wurde. Redaktionen beklagten sich über die Masse der prorussischen Leserbriefe, die ihnen jeden Tag zugingen und vermuteten dahinter sogar eine gezielte russische Kampagne. Angesichts der Diskrepanz zwischen Medienvertretern und Bevölkerung liegt die Frage nahe, ob sich Berichterstatter und Kommentatoren in ihren Meinungsäußerungen nur gegenseitig bestätigen und die Nutzer der Medien keine Rolle spielen. Oder glauben Medienvertreter, die aus ihrer Sicht un- oder einseitig informierte Bevölkerung erziehen zu müssen? Dahinter lauert die Frage, wer bestimmt eigentlich die Meinungsbildung innerhalb deutscher Medien.

Alarmierend ist auch die weltweite Entwicklung im Konzentrationsprozess der Nachrichtenorganisationen und Verlage. In den USA gehören beispielsweise drei von den sechs wichtigsten Verlagen deutschen Medienunternehmen: Random House, die Hälfte der Aktienanteile von Penguin liegt bei Bertelsmann, Holtzbrinck besitzt die MacMillian Group. In anderen Teilen der Welt hat der Konzentrationsprozess ebenfalls zugenommen.

Je weniger und einseitiger Journalisten in den Massenmedien über Alltagsereignisse sowie regionale und globale gesellschaftliche Probleme berichten, desto stärker nimmt bei Lesern und Zuhörern das Interesse an ihnen ab und desto mehr müssen informationsbegierige Bürger auf Online-Portale des Internets ausweichen. Sie verzichten auf die Türsteher, die ihnen in der Vergangenheit den Zugang zu Informationen öffneten und schaufeln sich jetzt selbst den Weg frei. Erfolgreich betätigen sich hierbei vor allem die Angehörigen der Bildungsschicht, während die bildungsfernen Teile der Bevölkerung immer mehr vom reichlich fließenden Informationsfluss abgekoppelt werden. Dies hat Folgen für das zivilgesellschaftliche Engagement. Zivilgesellschaftliches Engagement kann nur dann wirksam sein, wenn die Informationsfreiheit gewährleistet ist und von der Mehrheit der Bevölkerung auch wahrgenommen werden kann. Wenn sie sich auf das kleine Segment der gebildeten Teile der Bevölkerung beschränkt, verhält sich die Mehrheit der Bevölkerung zunehmend passiv.

1.8 Ein austariertes Verhältnis zwischen Exekutive, Legislative und Judikative

Im Absolutismus, in dem Exekutive und Judikative dem Monarchen bedingungslos untergeordnet waren und in dem legislative Institutionen bestenfalls in manchen Gesellschaften auf lokaler Ebene rudimentär existierten, wurde der Mensch zum ohnmächtigen Untertan des absolut herrschenden Monarchen degradiert. In einem solchen Verhältnis von Herrschaft und Knechtschaft hatte das seiner Autonomie beraubte Individuum keine Chance, sich zivilgesellschaftlich zu engagieren. Jegliche Aktivität der Untertanen unterlag der zu jedem Zeitpunkt kündbaren Duldung durch den Herrscher.

Eine unabhängige Legislative und Justiz konnten erst entstehen, wenn regionale Herrschaftshäuser untereinander um die Macht konkurrierten und/oder ein erstarkendes Bürgertum vom Monarchen mehr Rechtssicherheit für seine Geschäftsbeziehungen einforderte und in harten Konflikten erkämpfte. Leere Schatzkammern des Monarchen und sein begieriger Blick auf die gefüllten Geldsäckel des Handel treibenden Bürgertums taten ihr Übriges. Legislative und Judikative haben ihre Entstehung also veränderten gesellschaftlichen Machtverteilungen und der Entfaltung und Durchsetzung von Ideen auf dem Hintergrund dieser neuen gesellschaftlichen Bedingungen zu verdanken.

Die Exekutive hingegen blieb durch die historischen Epochen hindurch stets erhalten und passte sich in ihrer besonderen Ausprägung den wechselnden Machtverhältnissen an. Sie dehnte ihre Machtbefugnisse aus, wenn es die gesellschaftlichen Bedingungen erlaubten und schränkte sie ein, wenn sie von unüberwindbaren Gegenkräften dazu gezwungen wurde. Unabhängig von der Exekutive agierende Formen der Legislative und Judikative hingegen konnten und können nicht auf eine solche die Zeit überdauernde Existenzgarantie zurückgreifen. Gleiches trifft auf die unterschiedlichen Formen von Zivilgesellschaft zu, weil die Grundlage der Zivilgesellschaft – die Autonomie des Individuums – ebenfalls ein Produkt der historischen Entwicklung ist.

Das Grundgesetz der Bundesrepublik Deutschland entfaltet diesen Zusammenhang in kürzest möglicher Weise, indem es in Art. 20, Abs. II Satz 1 zwar alle Staatsgewalt vom Volke ausgehen lässt, aber die Herrschaft des Staates über das Volk unabhängig vom realen Volk definiert. Das Volk wird lediglich dazu aufgerufen, dem unabhängig von ihm herrschenden Staat durch Wahlen nachträglich eine gewisse Legitimation zu erteilen. Die grundgesetzliche Definition des Staates betrachtet Legislative, Judikative und Exekutive als unterschiedliche Formen staatlicher Machtexekution. Der grundgesetzlichen Garantie der Gewaltenteilung ist nicht zu entnehmen, dass sie zwischen Exekutive, Legislative und Judikative prinzipiell gleichgewichtig sein muss, so dass andersartige gesellschaftliche Bedingungen Gewichtsverschiebungen zwischen der Exekutive, der Legislative und Judikative hervorrufen können. Eine solche Verschiebung hätte auch Folgen für die Zivilgesellschaft.

Als der ehemalige deutsche Innenminister Hans-Peter Friedrich das „Supergrundrecht Sicherheit“ proklamierte, verschob er die gegenwärtige Gewichtsverteilung zwischen den drei Gewalten zugunsten der zur Exekutive zählenden Geheimdienste, die künftig auch die Aktivitäten der legislativen und judikativen Verfassungsorgane im Namen der Aufrechterhaltung von Sicherheit kontrollieren würden.

Noch weitreichender als das „Supergrundrecht Sicherheit“ würden die im gegenwärtig verhandelten transatlantischen Freihandelsabkommen vorgesehenen Investor-Staats-Schiedsgerichtsverfahren die demokratische Entscheidungsfreiheit von Staaten beschränken. Global agierendes Finanzkapital und transnationale Unternehmen könnten Staaten in staatsunabhängigen Schiedsgerichten auf hohen Schadenersatz verklagen, wenn ihnen durch demokratisch getroffene Entscheidungen dieser Schaden entstünde. Nicht nur die nationale Gerichtsbarkeit würde durch solche privaten Schiedsgerichte ganz ausgehebelt werden, sondern auch alle anderen demokratischen Organisationen und Institutionen der Staaten, einschließlich der von der Zivilgesellschaft in ihnen durchgesetzten Reformen.

In der Europäischen Union ereignet sich zurzeit ein Kampf um eine Neuverteilung der Zuständigkeiten zwischen dem Europäischen Rat und dem Europäischen Parlament. Das Parlament als Legislative der Europäischen Union beansprucht die Ausweitung seiner Befugnisse zu Lasten des Europäischen Rats, der gegenüber der exekutiven EU-Kommission ebenfalls legislative Aufgaben wahrnimmt. Der Europäische Rat, in dem die Regierungen der Mitgliedsländer Sitz und Stimme haben, leitet seine legislative Befugnis aus den nationalen Wahlen ab. Wenn künftig sein Vorschlagsrecht für den Chef der Europäischen Kommission in der Weise begrenzt werden sollte, dass die aus europaweiten Wahlen als siegreicher Präsidentschaftskandidat hervorgegangene Person zu benennen ist, würde daraus eine Stärkung des Europäischen Parlaments resultieren. Dieses Beispiel zeigt, dass nicht nur Gewichtsverschiebungen zwischen den drei Gewalten das austarierte Verhältnis verändern. Ob beispielsweise die Zuständigkeit für die Anerkennung zivilgesellschaftlicher Aktivitäten beim EU-Parlament oder dem Europäischen Rat angesiedelt ist, hat Folgen für die europaweite Durchsetzung des gesamtgesellschaftlichen Gemeinwohls der Zivilgesellschaft.

2. Einverleibung zivilgesellschaftlicher Gemeinwohlbelange durch den Staat

Staat und Ökonomie waren im Verlauf der Geschichte mehrfach bestrebt, das gesamtgesellschaftliche Gemeinwohl allein zu bestimmen. Beide annektierten außerdem Auffassungen über ein auf die gesamte Gesellschaft bezogenes zivilgesellschaftliches Gemeinwohl und ordneten zivilgesellschaftliche Ideen fortan als Unterpunkte ihren eigenen Gemeinwohlbestimmungen zu. Sie handelten im Wissen, dass ohne zivilgesellschaftliches Verhalten der Bürger repräsentative Demokratien zu rein formal funktionierenden Systemen verkommen. Der Streit um die Entwicklung eines auf die gesamte Gesellschaft bezogenen zivilgesellschaftlichen Gemeinwohls ist Teil der Auseinandersetzungen. Welche Einverleibungsbestrebungen Staat und Ökonomie gegenüber der Zivilgesellschaft gegenwärtig aufführen, ist als nächstes darzustellen. Erst im Anschluss daran können Formen eines austarierten Verhältnisses zwischen Staat, Wirtschaft und Zivilgesellschaft entfaltet werden.

Im Koalitionsvertrag 2013 „Deutschlands Zukunft gestalten“ zwischen CDU, CSU und SPD zur 18. Legislaturperiode heißt es unter Punkt 5.2 (Moderner Staat, lebendige Demokratie und Bürgerbeteiligung): „Wir wollen Bürgerinnen und Bürger und die Akteure der Zivilgesellschaft konsequent in die Diskussion um Zukunftsprojekte und die Ausgestaltung von Forschungsagenden einbinden. Wir wollen neue Formen der Bürgerbeteiligung und der Wissenschaftskommunikation entwickeln und in einem Gesamtkonzept zusammenführen.“ (Vorwärts, Nov./Dez. 2013, S. 78). Der zweite Satz („Wir wollen neue Formen der Bürgerbeteiligung ... entwickeln und in einem Gesamtkonzept zusammenführen.“) demonstriert den Anspruch der Regierung auf Einverleibung des zivilgesellschaftlichen Engagements in ein vom Staat konzipiertes und von ihm dominiertes Gesamtkonzept. Der Text geht ganz selbstverständlich davon aus, dass kein unabhängig vom Staat separates gesamtgesellschaftliches Gemeinwohl der Zivilgesellschaft existiert und Formen der Bürgerbeteiligung auf das staatlich fixierte gesamtgesellschaftliche Gemeinwohl auszurichten seien.

Der Entwurf eines Handbuches für eine gute Bürgerbeteiligung, vorgestellt auf der Pressekonferenz der beiden Bundesminister Hans-Peter Friedrich und Peter Ramsauer am 28.3.2012 und publiziert am 6.11.2012, lieferte einen „Werkzeugkasten“ zur effektiven Einbindung der Betroffenen in weitreichende Entscheidungen von Behörden und Bauträgern. Der außerdem vorgestellte Gesetzesentwurf „zur Verbesserung der Öffentlichkeitsbeteiligung und Vereinheitlichung von Planfeststellungsverfahren“ diente der Konfliktvermeidung und sollte die gerichtliche Anfechtung von Behördenentscheidungen reduzieren helfen. Bei allem Entgegenkommen war laut Homepage des Bundesverkehrsministeriums jedoch kein Mitentscheidungsrecht der Betroffenen vorgesehen. Die „grundsätzliche Bedarfsentscheidung für Infrastrukturprojekte“, hieß es, treffe weiterhin das Parlament: „Dabei findet, wie bei anderen parlamentarischen Entscheidungen der repräsentativen Demokratie auch, keine Bürgerbeteiligung statt.“ (www.bmvbs.de/SharedDocs/DE/Artikel/UI/handbuchbürgerbeteiligung-fragen-und antworten.html?nn=81086). Christian Bommarius kritisierte in der Frankfurter Rundschau am 29.3.2012, was das Handbuch nicht enthält: „Neue verbindliche Garantien einer Bürgerbeteiligung, die über das Recht zur Anhörung und Wortmeldung hinausgeht". Der BUND-Verkehrsexperte Werner Reh äußerte anlässlich der Publizierung des Handbuches, dass ohne einen Rechtsanspruch auf Transparenz Beteiligung ein leeres Versprechen bleibe (www.braun-schweiger-zeitung.de/nachrichten/Deutschland/ramsauer-will-buerger-bei-groß-projekten-staerker-einbeziehen-id7955858.html). Bereits diese Beispiele lassen erkennen, dass der Staat zwar zivilgesellschaftlich engagierte Bürger begrüßt, aber die Oberhand über ihre Aktivitäten behalten möchte.

3. Einverleibungsversuche zivilgesellschaftlicher Gemeinwohlbelange durch staats- oder unternehmensfreundliche Stiftungen – z.B. Stiftung Zukunft Berlin, Netzwerk Bürgerbeteiligung, Bertelsmann Stiftung

Der Vorstandsvorsitzende der Stiftung Zukunft Berlin Volker Hassemer, ehemaliger Senator für Stadtentwicklung und Umweltschutz, diagnostizierte „eine Vertrauenslücke zwischen Bürgern und politischen Repräsentanten", die es mit Hilfe von mehr „bürgerschaftlicher Mitverantwortung" zu schließen gelte (Pressemeldung). In Kooperation mit der BMW-Stiftung Herbert Quant veröffentlichte die Stiftung zehn Grundsätze zur Kultur der Zusammenarbeit, unter denen der Punkt 10 festschreibt: „Auch nach Abschluss des Verfahrens bleiben die Bürger beteiligt, zumindest indem die Entscheider Rechenschaft ablegen über ihre Entscheidung", nachdem vorher bereits in Punkt 8 das Verfahren als kooperativ bezeichnet wurde und Konfrontation ausgeschlossen ist (www.berlin-agora.de/0608-echte-demokratie-in-berlin, zit. von Thomas Wagner, Die Mitmachfalle – Bürgerbeteiligung als Herrschaftsinstrument, Köln 2013, S. 180).

Die diagnostizierte Vertrauenslücke zwischen Bürgern und ihren politischen Repräsentanten ist jedoch nicht in einem auf Kooperation entstandenen Verhältnis zwischen Regierenden und Regierten entstanden (in dem ein ideales Über- und Unterordnungsverhältnis freiwillige Unterordnung erzeugt), sondern in einem Verhältnis von Herrschaft und Beherrschung, in dem die Subordination der Repräsentierten erzwungen wird (vgl. den Bonner Grundgesetzkommentar dazu). Daraus ergibt sich, dass eine entstandene Vertrauenslücke nicht durch Kooperation, sondern nur durch

Infragestellung der Herrschaftsformen, d.h. nur durch Aufbegehren der Beherrschten aufgehoben werden kann.

Der Antagonismus eines Herrschafts-Beherrschungsverhältnisses bleibt selbst dann erhalten, wenn der Verfassungsstaat seine allumfassende Gewaltbefugnis in Selbstverpflichtung freiwillig einschränkt und sich auf die Respektierung der Grundrechte verpflichtet. Das Aufbegehren der Beherrschten stellt Herrschaft in Frage und kann nicht als Begehren nach Kooperation mit dem Herrscher missverstanden werden. Jeder Versuch, unter Beibehaltung des Herrschafts-Beherrschungsverhältnisses von den Beherrschten Kooperation zu erwarten, folgt einseitig nur der Logik der Beherrschung. Dies trifft auch für die Leitidee des „Netzwerks Bürgerbeteiligung" zu, das von allen angeschlossenen Aktivisten und Organisationen eine „vertrauensvolle Zusammenarbeit" verlangt.

Der Gründer der Bertelsmann AG, Reinhard Mohn, bis zu seinem Tod an führender Position in der Bertelsmann Stiftung tätig, hob in seinem Buch „Die gesellschaftliche Verantwortung des Unternehmers" (München 2003) hervor, „dass die Impulse des Wettbewerbs im öffentlichen Bereich genau denselben Erfolg haben wie in der Wirtschaft". Was er darunter verstand, wird im folgenden Zitat deutlich: „Wenn wir eine wirkungsvolle Demokratie für erstrebenswert halten, müssen wir uns in diesem Sinne auch für das beste Ordnungssystem im öffentlichen Bereich entscheiden. Es heißt Unternehmenskultur!" (Thomas Wagner, a.a.O., S. 195). Wenn die Unternehmenskultur in vergangenen Zeiten ausgereicht hätte, den „formlosen Gegenhalt" in einer Gesellschaft zu erhalten, wäre es nicht nötig gewesen, den Staat als korrigierende Institution zu erschaffen. Die Ausrichtung des Unternehmens auf Gewinnerzielung kann deshalb weder ein Modell für den Staat noch für das zivilgesellschaftlich orientierte gesamtgesellschaftliche Gemeinwohl sein.

4. Einverleibungsversuche zivilgesellschaftlicher Gemeinwohlbelange durch Unternehmen und Markt – Die Initiative Neue Soziale Marktwirtschaft (INSM)

Die vom Arbeitgeberverband Gesamtmetall 2002/2003 gegründete INSM verstand unter Einverleibung des staatlich wie zivilgesellschaftlich orientierten gesamtgesellschaftlichen Gemeinwohls die vollkommene Abschaffung der Gemeinwohlbelange ihrer Konkurrenten. Sie strebte die Hegemonie über Staat und Zivilgesellschaft an und bewirkte mit ihrer hegemonialen Praxis für mehrere Jahre die fast vollkommene Unterordnung von Staat und Zivilgesellschaft unter ihre hegemoniale Praxis. Im Einzelnen verlangte sie gleich zu Anfang:

- Abschaffung der (angeblichen) Rundumversorgung und Beschränkung auf die Absicherung wirklicher – von der INSM definierter – Notlagen,
- Einführung der Kopfpauschale im Gesundheitsbereich und Ablehnung der Bürgerversicherung,
- Betonung der Chancengerechtigkeit statt Umverteilung zugunsten der weniger Privilegierten,
- Zulassung von mehr Ungleichheit,
- Einbau von Markt- und Wettbewerbselementen in die Altersvorsorge,
- Abbau des Kündigungsschutzes und Verlängerung der Arbeitszeit ohne Lohnausgleich,
- Reduzierung der Mehrarbeitszuschläge und Einführung der Samstags- und Sonntagsarbeit,
- Abschaffung des Flächentarifvertrags und Ersetzung durch betriebliche Vereinbarungen,
- Beseitigung der Mitbestimmung.

Die INSM griff zur Bewältigung der Massenarbeitslosigkeit auf die Grenznutzen- und Grenzproduktivitätstheorie zurück. Auf dem Hintergrund des sogenannten Grenzleids bekam das Faulheitsargument eine scheinbar theoretische Fundierung. Die Differenz zwischen Arbeitslosen- bzw. Sozialhilfe und der durchschnittlichen Lohnhöhe im Niedriglohnsektor sei so gering, dass sich die Arbeitsaufnahme für Arbeitssuchende nicht lohne. Deshalb erscheine Arbeitslosen die Schwarzarbeit attraktiver. Als Schlussfolgerung forderte sie, dass die Arbeitslosenhilfe auf Sozialhilfeniveau absinken müsse und schärfere Bedingungen in der Arbeitsvermittlung unumgänglich seien.

Während ihres Aufstiegs zur hegemonialen Formation konnte sie einen hohen Anteil ihrer Forderungen in die gesellschaftliche Praxis umsetzen. Zu Diensten war ihr die rot-grüne Koalition unter Bundeskanzler Schröder (SPD) und Vizekanzler Fischer (Grüne), die nach dem Rezept, „Schlimmeres verhüten zu wollen“, den zunächst eingeschlagenen zivilgesellschaftlichen

Diskurs verließ und statt dessen immer stärker auf „mehr Eigenverantwortung für das Individuum" setzte, hierbei getrieben von den im Bundesrat dominierenden Oppositionsparteien CDU und FDP, die beide der INSM nach einem Regierungswechsel mehr Entgegenkommen signalisierten. Der umfangreiche Katalog der INSM enthielt Forderungen wie z.B.

- die Betonung der Chancengerechtigkeit statt der Umverteilung zugunsten der weniger Privilegierten,
- generell mehr Zulassung von ungerechtfertigter Ungleichheit in der Gesellschaft (Umverteilung von unten nach oben),
- individuelle Absicherung und Vorsorge über die Kapitalmärkte (der Einbau von Markt- und Wettbewerbselementen in die Altersvorsorge),
- Absenkung der durchschnittlichen Rentenhöhe und Abschaffung der Rentenanpassungsformel an die Lohnentwicklung,
- Anhebung der Altersgrenze auf 67 Jahre,
- Senkung der Lohnnebenkosten,
- partielle Einführung der Kopfpauschale im Gesundheitsbereich und Ablehnung der Bürgerversicherung,
- Einführung der Praxis- und Medikamentengebühr,
- Alleinfinanzierung der Beiträge für Zahnersatz und Krankengeld durch die Versicherten,
- teilweiser Abbau des Kündigungsschutzes und die Verlängerung der Arbeitszeit ohne Lohnausgleich,
- Reduzierung der Mehrarbeitszuschläge und Einführung der Samstagsarbeit,
- weitgehende Unterhöhlung des Flächentarifvertrags und dessen Ersetzung durch betriebliche Vereinbarungen,
- Steigerung des Angebotsdrucks für Arbeitslose durch die Hartz-Reformen (Verschärfung der Anspruchsvoraussetzungen für Arbeitslosengeld I),
- Kürzung der Bezugsdauer von Arbeitslosengeld I auf ein Jahr,
- Reduzierung des erlaubten Nebenverdienstes auf unter 15 Stunden,
- Einbeziehung des Ersparten in die Berechnung der Arbeitslosenunterstützung,
- Konfrontation mit „Sofortangeboten" und im Falle der Ablehnung Drohung mit Sanktionen,
- Nachweispflicht für nichteheliche Partnerschaften,

- Schaffung eines Niedriglohnsektors,
- Senkung der Entfernungspauschale auf 30 Cent pro Kilometer,
- Wegfall der Pendlerpauschale für Entfernungen unter 20 km,
- verschärfte Bedingungen für die steuerliche Anerkennung eines häuslichen Arbeitszimmers,
- Reduzierung des Sparfreibetrages,
- Unterlaufen der Mitbestimmung,
- drastische Senkung der unternehmensrelevanten Steuern für deutsche Kapitalgesellschaften auf effektiv 10 Prozent,
- steuerliche Geltendmachung von Kosten für Auslandsinvestitionen, niedrige Versteuerung von Auslandserträgen (2 Prozent), Beibehaltung der Steuerschlupflöcher.

Viele dieser Maßnahmen reduzierten Kernbereiche der Daseinsvorsorge des Staates, die bis dahin zum staatlich orientierten gesamtgesellschaftlichen Gemeinwohl zählten, verringerten drastisch die Verwirklichungsmöglichkeiten zivilgesellschaftlichen Engagements und verletzten damit die gesamtgesellschaftliche Gemeinwohlvorstellung der Zivilgesellschaft. Die von der Initiative Neue Soziale Marktwirtschaft geschaffene Hierarchisierung mit dem Unternehmenssektor und dem Finanzkapital an der Spitze und der Zivilgesellschaft am unteren Ende war geeignet, demokratische Strukturen gänzlich abzubauen.

VIII. Staatliches Handeln zwischen Markt und Macht

1. Unzulängliches Eingreifen des Staates

1.1 Die Illusion des idealen Marktes

Je angebots- und nachfragemächtiger Marktteilnehmer werden, desto mehr muss auch der Staat mit Regeln in das Marktgeschehen eingreifen. Sein Maßstab kann nicht die Aktivierung der Selbstheilungskräfte des Marktes sein, sondern die Erhaltung des formlosen Gegenhalts mit den Mitteln der Demokratie, damit Marktgeschehen überhaupt stattfinden kann. Der Staat folgt vornehmlich der Exekution von Macht als der ihm zugeschriebenen Handlungslogik. Dieser Handlungslogik bedienen sich auch die Vertreter der Unternehmen und der Banken. Konsequent fordert deshalb Joseph E. Stiglitz in seinem Buch „The Price Of Inequality" auch den Staat in seinen ersten zwölf Forderungen auf, im Sinne der Erhaltung demokratischer Strukturen und der Förderung des gesamtgesellschaftlichen Gemeinwohls zu handeln. Ordnet sich der Staat hingegen den Interessen der Unternehmen und des Finanzkapitals unter, lässt er zu, dass Parlament und Ministerialverwaltung zunehmend von deren Vertretern durchsetzt und schließlich unterminiert werden und die Demokratie Gefahr läuft, gänzlich abgeschafft zu werden. Stärker noch als schon von Stiglitz erwähnt, muss das Versagen des Staates hervorgehoben werden. Sein Handeln darf sich nicht an den viel beschworenen „Selbstheilungskräften der Wirtschaft" orientieren, sondern einzig und allein am Maßstab der Erhaltung der Demokratie. Der „marktkonforme Staat" ist der Totengräber der Demokratie.

1.2 Öffnung der hierarchischen Struktur des Staates

Im Neoliberalismus, in dem selbst der Staat zum Diener der Wirtschaft deklariert wird, bleibt der Zivilgesellschaft ebenfalls kein anderes Schicksal erspart. Wird das auf wechselseitige Eigenmacht beruhende Verhältnis zwischen Wirtschaft, Staat und Zivilgesellschaft durch ein hierarchisches ersetzt, ist letztlich jede Form von Gesellschaft gefährdet und ein Zusammenbruch aller demokratischer Lebensformen unvermeidlich.

Wenn staatliche Einrichtungen ihre besondere Existenz gegenüber der Wirtschaft erhalten wollen, müssen sie Abschied nehmen von der Tendenz, staatlich finanzierte zivilgesellschaftliche Einrichtungen auf ökonomisch ausgerichtete Effizienz- und Effektivitätskriterien zu programmieren. Mit dieser Politik entkernen sie einen potentiellen Verbündeten und liefern ihn der ökonomischen Unterwanderung aus, was man an den zunehmenden meist kurzfristigen Projektvereinbarungen zwischen Unternehmen und Vertretern zivilgesellschaftlicher Organisationen, vermittelt von Freiwilligen-Agenturen auf künstlich geschaffenen Märkten, gut erkennen kann.

Würde jedoch die staatliche Administration ihre eigene aus dem Absolutismus überkommene hierarchische Struktur gegenüber zivilgesellschaftlichen Anforderungen öffnen, gewönne sie einen Verbündeten und stärkte sich selbst gegen weitere Übergriffe der Wirtschaft. Das Verhältnis zwischen Staat, Ökonomie und Zivilgesellschaft könnte austariert werden und die vielfältigen, nahe an der Lebenswelt angesiedelten zivilgesellschaftlichen Aktivitäten von selbstbestimmten Individuen erhielten einen staatlichen Ansprechpartner, der mit ihnen zum Teil auf gleicher Wellenlänge sendet und empfängt.

1.3 Ungenügendes Eingreifen des Staates (dargestellt durch Joseph E. Stiglitz am Beispiel der USA)

“Inequality is the result of political forces as much as of economic ones. In a modern economy government sets and enforces the rules of the game – what is fair competition, and what actions are deemed anticompetitive and illegal, who gets what in the event of bankruptcy, when a deptor can’t pay all that he owes, what are fraudulant practices and forbidden.” (ebd. S. 38). Ergänzend fügt Stiglitz hinzu: “Government also gives away resources (both openly and less transparently) and, through taxes and social expenditures, modifies the distribution of income that emerges from the market, shaped as it is by technology and polititics.” (ebd.). Über diese staatlichen Eingriffe hinaus, die weitgehend der Erhaltung des „formlosen Gegenhalts“ der Gesellschaft dienen, erwähnt Stiglitz außerdem Maßnahmen des Staates zur Erhaltung und Steigerung des gesamtgesellschaftlichen Gemeinwohls, wie z.B. „providing free public education“ (ebd.).

Als eine Ursache für Ungleichheit bezeichnet er die unzulängliche Bekämpfung des „Marktversagens“ durch die Regierung. “Markets by themselves often fail to produce efficient and desirable outcomes, and there is a role for government in correcting these market failures, that is, designing policies (tax and regulations) that bring private incentives and social returns into alignment.” (ebd. S. 42). Er bezieht sich hier auf die bereits in der Analyse der erwähnten „externalities“ (Verwirklichung „neuer Kombinationen“ im Produktionsprozess, Differenz zwischen Nettoinvestition und Nettosparen, unelastisches Angebot). Zwar werde es einer Regierung niemals gelingen, „Marktversagen“ perfekt zu korrigieren, aber nur dann, wenn die Regierung ihre Arbeit gut mache, werde die Wirtschaft prosperieren (ebd. S. 42/43).

Unter „shaping markets“ versteht Stiglitz z.B. das Ergreifen von Maßnahmen zur Verhinderung vollkommener Konkurrenz. In Management-Schulen werde bereits Studenten gelehrt, “how to recognize, and create, barriers to competition – including barriers to entry – that help ensure that profits won't be eroded” (ebd. S. 44). Märkte weniger transparent zu gestalten sei ein weiteres bevorzugtes Instrument (ebd. S. 44). Unter “rent seeking” versteht Stiglitz: “hidden and open transfers and subsidies from the government, laws that make the marketplace less competitive, lax enforcement of existing competition laws, and statutes that allow corporations to take advantage of others or to pass costs on to the rest of society.” (ebd. S. 48). „Rent seeking“ sei nicht nur ein Übel in rohstoffreichen Ländern, sondern auch in den hochindustrialisierten Staaten.

Eine andere Form von “rent seeking” bestehe darin, “selling to government products at above market prices (noncompetitive procurement). The drug companies and military contractors excel in this form of rent seeking.” (ebd. S. 50). Stiglitz verweist auch auf die zunehmende Handlungsweise des Managements privater Unternehmen, ihre Machtposition auszunutzen, um für sich einen größeren Teil des Gewinns abzuzweigen. Im zunehmenden Maße würden auch große Rechtsanwaltspraxen „rent seeking“ betreiben, indem sie den Reichen dabei helfen, Gesetze legal zu umgehen, für den Gesetzgeber Gesetze schreiben, in denen Schlupflöcher für die Reichen in der Begleichung der Steuern eingebaut sind (ebd. S. 53). Speziell in den USA sei das Patentrecht so gestaltet, dass die zeitliche Dauer gewährter Patente immer mehr ausgedehnt werde und durch den Ausschluss potentieller Wettbewerber der Monopolgewinn gesichert sei (ebd. S. 54). Ein Trugschluss der amerikanischen Bevölkerung sei auch, dass Subventionen für die Landwirtschaft den kleinen notleidenden Bauern zuteil würden. Daran verdienten insbesondere Agrarfabriken (ebd. S. 64).

In einem besonderen Kapitel beschäftigt sich Stiglitz mit den Auswüchsen der Globalisierung. "Nowhere do politics shape market forces more than in the globalization arena." (ebd. S. 73). In den vergangenen drei Jahrzehnten hätten US-amerikanische Finanzinstitute die größtmögliche Mobilität in der weltweiten Anlage von Finanzkapital durchgesetzt. Die ihnen von der Politik zugestandene Freizügigkeit sei sehr viel umfangreicher als diejenige der Arbeiter oder sogar der Politik selbst ausgefallen (ebd. S. 74). Finanzinstitute drohten mit der Verlagerung von Kapital, wenn ihnen die Politik und die Lohnforderungen der Gewerkschaften nicht gefalle. Weltweit sei so eine nach unten weisende Lohnspirale in Gang gesetzt worden, die in den USA zwar mehr Arbeitsplätze in der Finanzindustrie erbracht habe, aber dafür eine hohe Zahl von Arbeitslosen in der traditionellen Industrie (ebd. S. 75). "The way globalization has been managed, however, has itself led to still lower wages because workers' bargaining power has been eviscerated." (ebd. S. 77). Die prophezeiten „trickle-down" Effekte, d.h. Wachstumsprozesse in Industriebereichen als Folge der niedrigeren Löhne und der höheren Wettbewerbsfähigkeit, traten nicht ein, statt dessen konkurrierten jetzt zunehmend US-amerikanische Arbeiter mit chinesischen auf der Basis weltweit niedriger Löhne (ebd. S. 79). In vielen hochindustrialisierten Ländern habe der Abbau von Arbeitsplätzen den Zugewinn an neuen übertroffen (ebd. S. 80). Hinzu gekommen seien Diskriminierungen von Migranten, denen noch geringere Arbeitslöhne als den Ungelernten zugestanden worden seien.

Mit der Begründung, reduzierte Steuern würden die Investitionstätigkeit der Unternehmen steigern, habe man außerdem die Spitzensteuersätze von 70 Prozent unter dem Präsidenten Carter auf 28 Prozent unter Präsident Reagan drastisch vermindert. Präsident Clinton hob sie erneut auf 39,6 Prozent an und George W. Bush senkte sie wieder auf 35 Prozent (ebd. S. 89). Stiglitz kommentiert die "double role" US-amerikanischer Regierungen in der folgenden Bemerkung: "It is partly responsible for the inequality in before-tax distribution of income, and it has taken a diminished role in 'correcting' this inequality through progressive tax and expenditure policies." (ebd. S. 96). Er plädiert für die Regulierung von Banken, ein Verbot räuberischer Kreditbedingungen, die Haftung der Banken für betrügerische Praktiken („toxic mortgages") und die Bestrafung für den Missbrauch ihrer Monopolstellung (ebd. S. 100).

In diesem Kontext verweist Stiglitz auf die einseitige Inanspruchnahme der US-amerikanischen und europäischen Zentralbank durch das Finanzkapital. Für ihn wurden die beiden Institute sogar "captured by the financial sector. They might not have been democratically accountable, but they did respond to the interests and perspectives of the bankers." (ebd. S. 311).

Außerdem stimmt er Jamie Galbraith zu, die einen Zusammenhang hergestellt hat zwischen einem großen Finanzsektor und hoher Ungleichheit. Je weniger Steuereinnahmen der Staat habe, desto weniger könne er für die Ausbildung der nachwachsenden Generation ausgeben ("Our underinvestment in the common good, including public education, has contributed to the decline in economic mobility ..." [ebd. S. 117]). Als zentrales Argument seines Buches bezeichnet Stiglitz die ungerechtfertigte Bereicherung der reichsten ein Prozent der US-Amerikaner auf Kosten der übrigen neunundneunzig Prozent der Bevölkerung (ebd. S. 334).

Unter den unerträglichsten Kosten, die von den ein Prozent sehr Reichen in den USA der Gesamtbevölkerung aufgebürdet werden, zählt Stiglitz: „The erosion of our sense of identity in which fair play, equality of opportunity, and a sense of community are so important. America has long prided itself on being a fair society, where everyone has an equal chance of getting ahead, but the statistics today, as we've seen, suggest otherwise: the chances that a poor or even a middle-class American will make it to the top in America are smaller than in any countries of Europe." (ebd. S. 146/147).

1.4 Stiglitzs Reform Agenda

Stiglitz propagiert eine umfangreiche „Economic Reform Agenda", ohne bereits ein ausgefeiltes Programm anzubieten. Im Einzelnen zählt er folgende Punkte auf:

- „curbing the excesses at the top,
- stronger and more effectively enforced competition laws,

- improving corporate governance – especially to limit the power of the CEO's to divert so much of corporate resources for their own benefit,
- comprehensive reform of bankruptcy laws – from the treatment of derivatives to underwater homes and to student loans,
- end government giveaways – whether in the disposition of public assets or in procurement,
- end corporate welfare – including hidden subsidies,
- legal reform – democratizing access to justice, and diminishing the arms race,
- tax reform, create a more progressive income and corporate tax system – with fewer loopholes, create a more effective and effectively enforced estate tax system, to prevent the creation of a new oligarchy,
- improving access to education,
- helping ordinary Americans save,
- health care for all,
- strengthening other social protection programs,
- tempering globalization: creating a more level playing field and ending the race to the bottom,
- restoring and maintaining full employment,
- a monetary policy – and monetary institutions – to maintain full employment,
- correcting trade imbalances,
- active labor market policies and improved social protection,
- a new social compact,
- restoring sustainable and equitable growth,
- redirecting investment and innovation
- to preserve jobs and the environment." (ebd. S. 336–363).

Keynesianisch geprägt sind seine letzten sieben Forderungen. Keynes hatte die Lehrmeinung der klassischen Ökonomie zurückgewiesen, dass das Angebot die Nachfrage bestimmt (Saysches Gesetz). Er argumentierte umgekehrt. Bei zu geringer Nachfrage schrumpft die Wirtschaft und der Staat muss eingreifen. „Seine Politikempfehlung lautete: Der Staat solle in die Bresche springen und die Gesamtnachfrage stärken – durch schuldenfinanzierte Staatsausgaben. Dieser Gedanke revolutionierte die Politik. Es führte nach dem Zweiten Weltkrieg zum Konzept der staatlichen Globalsteuerung, das sich auf der ganzen Welt verbreitete." (Carl Christian von Weizsäcker, John Maynhard Keynes, Der Bezwinger der Weltwirtschaftkrisen, www.faz.net, › Wirtschaft › Wirtschaftswissen › Die Weltverbesserer, 20.07.2013). In der klassischen Theorie brachte der Zins Gesamtangebot und Gesamtnachfrage nach Gütern zu jedem Zeitpunkt zur Deckung. Dass dies nicht der Fall ist, beweist die Politik der US-amerikanischen Zentralbank, die seit geraumer Zeit mit einem Zinssatz von null bzw. nahe null den vergeblichen Versuch unternimmt, die US-amerikanische Gesamtnachfrage kräftig anzukurbeln, aber mit dieser Maßnahme für lange Zeit lediglich erreicht hat, dass sich die Banken sanieren.

Stiglitzs „Economic Reform Agenda" ist bereits ein Meilenstein in der Neudefinition des Staates vis à vis finanzkapitalistischer und transnationaler Unternehmen, aber ohne die Entfaltung eines auf gegenseitiger Anerkennung beruhenden Verhältnisses zur Zivilgesellschaft ist er ein gefesselter Gigant. Erst die Formulierung eines gesamtgesellschaftlichen Gemeinwohls, in das seine und die ökonomischen sowie die zivilgesellschaftlichen Gemeinwohlbelange gleichgewichtig Eingang gefunden haben, verändert die Situation auf entscheidende Weise.

IX. Ein austariertes Verhältnis zwischen zivilgesellschaftlichem, staatlichem und ökonomischem Gemeinwohl in der Gesamtgesellschaft

1. Zu relativierende Deutungsansprüche

Weil bisher kein zivilgesellschaftlich orientiertes gesamtgesellschaftliches Gemeinwohl existiert, konnte auch noch keine gleichgewichtige Konkurrenzsituation zu den beiden anderen hergestellt werden. Gegenüber der machtorientierten Sphäre von Ökonomie und Staat bietet die zivilgesellschaftliche das Bild der diffusen Bereitschaft einer Vielzahl engagierter Bürger, Vereine, Verbände. Sie ist in ihren Tätigkeiten weniger als ihre Konkurrenten vernetzt und der ständigen Gefahr ausgesetzt, durch Staat und Ökonomie einverleibt zu werden. Eine zivilgesellschaftliche Struktur, auf deren Grundlage sich zivilgesellschaftliche Organisationen und Institutionen auf Gemeinwohlbelange einigen könnten, muss erst noch geschaffen werden. Solange Gemeinwohlbelange der Zivilgesellschaft nicht stärker ausformuliert und zu einer Gesamtheit zusammengeführt werden, ist jede Konkurrenz zwischen Wirtschaft, Staat und Zivilgesellschaft durch ein ungleichgewichtiges Kräfteverhältnis geprägt. Erhielte die Zivilgesellschaft gleiche Startchancen wie Staat und Ökonomie, würde sich das andauernde Ringen der drei um eine gleichgewichtige Beteiligung am gesamtgesellschaftlichen Gemeinwohl im schließlich erzielten Resultat (eine darauf ausgerichtete neue Rechtsordnung) widerspiegeln. Zwischen ihnen würde sich eine die unterschiedlichen Deutungsansprüche relativierende Kultur herausbilden und ein austariertes Verhältnis entstehen lassen. Welche Kompromisse jede Seite dann akzeptieren müsste, ist als nächstes ins Blickfeld zu rücken.

1.1 Relativierter Deutungsanspruch des Staates

In der konstitutionellen Monarchie verlor der Monarch seinen Absolutheitsanspruch in der Deutung des gesamtgesellschaftlichen Gemeinwohls zugunsten des im Namen der Volkssouveränität sprechenden Parlaments.

Die Deutungshoheit ging auf Interessenvertreter über, denen es in der parlamentarischen Gesetzgebung als Abgeordnete gelang, ihre Interessen zum Gemeinwohl zu erheben und diesen Verwandlungsprozess den Wählern als das Walten „praktischer Vernunft" zu begründen. Die Exekutive wurde zunehmend an Gesetz und Recht gebunden und der Überprüfung der richterlichen Gewalt unterworfen.

Plausibilität erhielt dieser Vorgang durch die willkürlich vorgenommene absolute Trennung von selbstgesetzlichem und eigennützigem Handeln. Dementsprechend sind die parlamentarischen Repräsentanten mit ihrer Wahl durch den Bürger aufgefordert, ihren Eigennutz zugunsten der Selbstgesetzlichkeit abzustreifen und ein Regelwerk der Gesetzgebung und -ausführung zu entwickeln, das ihnen die Verwandlung von Partialinteressen in Gemeinwohl als unhintergehbares Gebot auferlegt und die Exekutive zwingt, den Vollzug des Gemeinwohls zur uneingeschränkten Richtschnur ihres Handelns zu erheben. Es ist jedoch danach zu fragen, auf welchem Pfad und in welchen Schritten es gelingen soll, eigennützige Interessen vollkommen in Gemeinwohlbelange zu verwandeln, in denen Interessen ihre Eigennützigkeit abgestreift haben und der Definition gemäß als Gemeinwohl nur noch der Gesamtgesellschaft dienen. Reicht es dazu aus, auf die „praktischer Vernunft" der Abgeordneten, die sich kooperativ auf einen alle Seiten befriedigenden Kompromiss verständigen sollen, zu verweisen? Wie sollen die Regeln der „praktischer Vernunft" aussehen, die das parlamentarische Gesetzgebungsverfahren bestimmen? Wenn jedoch, wie bereits dargelegt, überhaupt keine allumfassende Vernunft existiert, welche spezifische „Vernunft" setzt sich dann als „praktische" in der Formulierung eines allgemeines Gesetzes durch? Welcher Anteil der Vernunftentscheidung ist in ihr der Selbstgesetzlichkeit geschuldet und welcher bleibt weiterhin dem Eigennutz vorbehalten?

Wenn den Repräsentanten der Bürger – entgegen der philosophischen Annahme – das unterstellte Ausmaß an „Vernunft" fehlt und statt dessen Fraktionszwang, Denken in Freund-Feind-Verhältnissen und Überlegenheitsgefühle gegenüber anderen existieren, hat eigennütziges Verhalten durchaus seinen festen Platz in staatlichen Gremien. Daraus folgt, wie bereits im Verweis auf Nida-Rümelin erwähnt, dass die scharfe Trennung zwischen Selbstgesetzlichkeit und Eigennutz des philosophischen Liberalismus nicht aufrecht erhalten werden kann und die Demokratie auf eine

Kultur angewiesen ist, die individuelle Autonomie für alle respektiert, einen kooperativen Umgang zwischen den Menschen *fördert* und *den zivilen Austrag von Konflikten ermöglicht* (in Zeit-Philosophie, Die Zeit Nr. 25, 68. Jahrgang, Juni 2013, S. 32). Um Demokratie als Staats- und Lebensform zu verwirklichen, ist die Anerkennung des autonom handelnden Individuums eine unbedingte Notwendigkeit. Daraus ergibt sich die Relativierung des staatlichen Deutungsanspruchs.

1.2 Relativierter Deutungsanspruch der Ökonomie

Auf dem Hintergrund der als Modell für die Gesellschaft angepriesenen Unternehmenskultur (Reinhard Mohn) beanspruchte auch Hilmar Kopper, Vorstandssprecher der Deutschen Bank (1989 bis 1997), das Recht, der deutschen Bevölkerung sagen zu können, *was geht und was nicht geht*. 1998 verdeutlichten der Chef der Deutschen Bank, Rolf Breuer, und der ehemalige Bundesbankdirektor Tietmeyer der gerade ins Amt gewählten rot-grünen Regierung, dass sie in Zukunft die Herrschaft des Finanzkapitals zu akzeptieren hätten.

Die Herrschaft des Finanzkapitals mündete in der Weltfinanzkrise, die seit 2008/2009 die globale Ökonomie fest im Griff hat und zu hoher Verschuldung vieler Staaten, Massenarbeitslosigkeit und einer immer weiter geöffneten Einkommensschere zwischen arm und reich führte. Der Deutungsanspruch der Ökonomie zur Bestimmung des gesamtgesellschaftlichen Gemeinwohls hat sich als irreführend erwiesen und muss erheblich zugunsten eines austarierten Verhältnisses zwischen Staat, Zivilgesellschaft und Ökonomie zurück genommen werden. Das heißt nicht, dass auf ihn verzichtet werden kann. Künftig ist er dem von Staat und Zivilgesellschaft propagierten Deutungen des gesamtgesellschaftlichen Gemeinwohls als gleichberechtigte Position beiseite zu stellen.

1.3 Relativierter Deutungsanspruch der Zivilgesellschaft

In der zivilgesellschaftlichen Literatur wurde anfangs geleugnet, dass eigennütziges Verhalten auch in ihr eine Rolle spielt. Negativen Beispielen wie marodierende Motorradgangs oder mafiose Vereinigungen drückte man den Stempel „unzivil" auf, ohne näher auf den Zusammenhang von selbstgesetzlichem und eigennützigem Verhalten einzugehen. Dies ändert sich jetzt, so dass der zu Beginn sehr idealistisch geprägte Deutungsanspruch zurück zu nehmen ist. Auch der Deutungsanspruch der Zivilgesellschaft bedarf einer Zuordnung zu den beiden anderen Bestimmungen des gesamtgesellschaftlichen Gemeinwohls. Absolutheitsanspruch kann er nicht erheben.

2. Präsentation eines austarierten Verhältnisses zwischen den drei gesamtgesellschaftlichen Gemeinwohlbestimmungen

In den vorangegangenen Kapiteln wurde deutlich, dass weder der Staat, die Ökonomie noch die Zivilgesellschaft allein den formlosen Gegenhalt der Gesellschaft garantieren können. Ergreift einer der drei die Deutungshoheit über das gesamtgesellschaftliche Gemeinwohl und erzwingt die Subordination der gesellschaftlichen Gemeinwohlbestimmungen der beiden anderen, gerät die Gesellschaft in gravierende Konflikte. Als negative Folge dieser Anmaßung erlahmt die Dynamik der gesellschaftlichen Entwicklung und kommt schließlich ganz zum Stillstand.

Erforderlich ist also die gleichgewichtige Beteiligung aller drei Bestimmungen am gesamtgesellschaftlichen Gemeinwohl. Um nicht im gesellschaftlichen Chaos zu enden, muss konfliktorientiert für eine optimale dynamische Entwicklung der Gesellschaft gestritten werden. In der Austragung von antagonistisch geprägten Konflikten ist es außerdem notwendig, die Grenzen des maximal verfügbaren Handlungsspielraums rechtzeitig zu erkennen.

Bevor jedoch der Prozess des Austarierens beginnen kann, bedarf es der Zusammenfassung der einzelnen zivilgesellschaftlichen Gemeinwohlbelange zum zivilgesellschaftlich orientierten gesamtgesellschaftlichen Gemeinwohl. Sein Profil entfaltet sich als gemeinsamer Nenner aller im siebten Abschnitt genannten zivilgesellschaftlichen Gemeinwohlbelange und ist geprägt durch selbstbestimmte Bürger, die zwar in ihren Fähigkeiten ungleich sind, aber die Unterschiede nicht bewusst zum Nachteil der anderen ausspielen wollen, sondern gerade umgekehrt für die Entwicklungsdynamik der Gesellschaft optimal zu nutzen versuchen. Zum Profil zählen:

- mehr Repräsentation und weniger Herrschaft;
- weitgehende Entscheidungsfreiheit der Repräsentanten gegenüber außerparlamentarischen gesellschaftlichen Kräften;

- zivilgesellschaftliches Engagement ermöglichende Arbeitszeiten, Löhne, Gehälter und Renten;
- Restrukturierung der Daseinsvorsorge;
- eine als gerecht empfundene Einkommens- und Vermögensverteilung;
- das Gebot einer ungleiche Lebensverhältnisse ausgleichenden Steuerpolitik;
- Informations- und Meinungsfreiheit und Bewahrung der Medienvielfalt zur Artikulation und Kritik gesellschaftlicher Missstände;
- ein austariertes Verhältnis zwischen Exekutive, Legislative und Judikative.

Diese und noch weitere zivilgesellschaftliche Gemeinwohlbelange in die vom Staat und der Ökonomie vertretenen einzubringen und für das realisierte gesamtgesellschaftliche Gemeinwohl ein austariertes Verhältnis zwischen allen dreien zu erzielen, ist nicht ohne die Hinnahme erheblicher Konflikte zu erreichen, öffnet aber die Aussicht auf eine maximale Entwicklungsdynamik der Gesellschaft.

2.1 Was bedeutet mehr Repräsentation und weniger Herrschaft des Staates?

Mehr Repräsentation und weniger Herrschaft beinhaltet, den sich selbstbestimmenden Menschen als Legitimationsquelle einzubeziehen, den abstrakten Volksbegriff zwar beizubehalten, aber zugleich noch stärker als bisher zu begrenzen. Die Anerkennung des Volkes als prinzipiell gleichberechtigte Definitionsmacht erfordert eine Neukonstruktion der Rechtsordnung, in der dem Volk über die Abhaltung von periodisch durchgeführten Wahlen hinaus weitere Kontrollmöglichkeiten zugestanden werden. Dazu gehört umgekehrt aber auch, dass in der Zivilgesellschaft engagierte Bürger zu Selbstkontrolle bereit sind.

Als immer wieder berechtigte Vorsicht des Staates wird die „Beliebigkeit zivilgesellschaftlichen Engagements" angeführt. Ohne Zweifel ist das oberste Gebot aller staatlicher Aktivitäten die Verlässlichkeit und Kontinuität. Z.B. ist das Prinzip der Rechtssicherheit ein hohes Gut, gegen das der Staat nicht verstoßen darf. Im Fokus dieser Verpflichtung ist der Staat geneigt, die Kooperation mit Arbeitskreisen zivilgesellschaftlicher Provenienz mit großen Vorbehalten zu betrachten. In der Verwaltung kann man sich nie sicher sein, wie lange das auf freiwilliger Mitarbeit beruhende Engagement der Mitglieder solcher Arbeitskreise andauert. Insbesondere dann, wenn finanzielle Zuwendungen des Staates für gemeinsam verfolgte Zwecke erfolgen, ist dies ein gewichtiger Grund. Daraus folgt für den zivilgesellschaftlichen Kooperationspartner, dass er seine organisatorische Struktur straffen muss, Kontinuität in der Arbeit für einen überschaubaren Zeitraum gewährleisten sollte, seine finanziellen Mittel gegenüber dem Staat offen zu legen hat und die strikte Überprüfbarkeit der Ausgaben ein unbedingtes Erfordernis bildet. Letzteres gilt auch für die Vorbereitung und Durchführung von Volksbegehren und Volksentscheiden, bei der die finanzielle Unterstützung eine nicht unerhebliche Rolle spielt.

2.2 Wie erreicht man mehr Entscheidungsfreiheit der Repräsentanten in Legislative, Exekutive und Judikative gegenüber mächtigen außerparlamentarischen Kräften?

Die drei staatlichen Organe gegenüber jeglichem Lobbyismus abzuschirmen, wäre zweifellos ein falscher Weg. Lobbyisten bieten in Gesprächen und Gutachten interessenbezogene Informationen, die von den Mitgliedern der Organe in ihrer Fülle und in der stets knapp bemessenen Zeit selbst gar nicht generiert werden können. Die Tätigkeit von Lobbyisten durch regulative Vorschriften zu begrenzen, setzt erstens bei den Mitgliedern der Organe die simple Einsicht voraus, dass sie es mit eigennützigen Interessenten zu tun haben, und zweitens, dass sie selbst nicht ausschließen können, uneingestanden Interessenvertreter zu sein, die im Namen des Gemeinwohls ihren Interessen zum Erfolg verhelfen wollen. Der Appell an ihr „Gewissen", wie es die Kommentatoren des Bonner Grundgesetzes anraten, reicht bei weitem nicht aus, um dieses Dilemma aus dem Weg zu räumen. Als untaugliches Mittel hat sich auch die gute finanzielle Ausstattung der Repräsentanten erwiesen. Im US-amerikanischen Kongress sitzen beispielsweise mehrheitlich Millionäre, die das gesamtgesellschaftliche Gemeinwohl nichtsdestoweniger oder gerade deswegen mit Schlagseite zur Ökonomie bestimmen.

Die Entscheidungsfreiheit der Repräsentanten muss sich auch auf die Lobbyisten der Zivilgesellschaft erstrecken. Jene sind ebenfalls nicht frei von Eigennutz, aber ihren Argumenten in der gleichen Weise wie bei den

Vertretern des Staatswohls und der Ökonomie Aufmerksamkeit zu schenken, vermindert die einseitige Ausrichtung des gesamtgesellschaftlichen Gemeinwohls.

2.3 Wie sind Arbeitszeiten, Löhne, Gehälter und Renten auszurichten, damit zivilgesellschaftliches Engagement möglich ist?

Zivilgesellschaftliches Engagement setzt Freizeit, regelmäßige Arbeitszeiten, eine nicht bis zur Erschöpfung geleistete Verausgabung von Arbeitskraft und ein genügend großes Einkommen voraus. Unter oder nahe dem Existenzminimum liegende Löhne, Gehälter, Renten und Pensionen, hohe Arbeitsintensitäten und unregelmäßige sowie lange Arbeitszeiten blockieren den Freiwilligeneinsatz und behindern den Aufbau einer zivilgesellschaftlichen Struktur. Zivilgesellschaftliches Engagement ermöglichende Arbeitszeiten, Löhne, Gehälter und Renten sind deshalb eine grundlegende Forderung zivilgesellschaftlich engagierter Bürger. Das heißt u.a.: Einführung des Mindestlohns, Stärkung der Gewerkschaften in Tarifverhandlungen, Reduzierung der Leiharbeit, weniger Werkverträge und befristete Arbeitsverträge.

Der am 3.7.2014 beschlossene gesetzliche Mindestlohn von 8,50 Euro ab Januar 2017 gilt zwar für alle Branchen, auch für Praktikanten, sofern sie über einen Berufs- oder Studienabschluss verfügen. Dennoch müssen Widerstände innerhalb der großen Koalition ausgeglichen werden. So wird Erntehelfern Unterkunft und Logis in Rechnung gestellt, statt 50 können sie jetzt 70 Tage sozialversicherungsfrei beschäftigt bleiben. Für Zeitungszusteller wurde eine Übergangsfrist geschaffen. Langzeitarbeitslose erhalten in den ersten sechs Monaten einer Beschäftigung noch nicht den Mindestlohn (Daniel Baumann, Eine historische Entscheidung, Frankfurter Rundschau, 4.7.2014). Der Vorsitzende der Gewerkschaft Ver.di beklagt, dass die Ausnahmeregelungen ausgerechnet die Schwächsten treffe. Sie seien weiterhin „Hungerlöhnen" ausgeliefert (AFP, dpa, 29.6.2014; Ver.di-Chef Bsirske wirft der SPD Wählertäuschung vor).

Die Durchsetzung der zivilgesellschaftlichen Forderungen stößt auf massive Widerstände der Unternehmen. Einige unter ihnen sehen sich in ihrer Existenz bedroht und Interessenvertreter der Unternehmen wenden sich an den Staat, mit ihnen zusammen die zivilgesellschaftlich motivierten Ansprüche zurück zu weisen. Konfliktlösungen beinhalten oftmals lang andauernde Streiks und können sogar dazu führen, dass Produktionsstätten ins Ausland verlagert werden. Mit welchen Schwierigkeiten die gleichgewichtige Anerkennung des zivilgesellschaftlich orientierten Gesamtgemeinwohls verbunden sein kann, zeigt sich in diesem Fall auf besondere Weise.

2.4 Auf welche Weise muss die Daseinsvorsorge restrukturiert werden?

Zivilgesellschaftlich engagierte Bürger lehnen die entmündigende Daseinsvorsorge des Wohlfahrtsstaats ab. Zugleich stemmen sie sich auch gegen deren privatwirtschaftliche Vernachlässigung. Während beispielsweise Kommunen die Daseinsvorsorge rekommunalisieren wollen, um die privatwirtschaftliche Fehlentwicklung zu korrigieren, verhandelt die EU mit 20 Staaten hinter verschlossenen Türen ein Abkommen über Dienstleistungen (TISA), das künftig Rekommunalisierungen verhindern könnte (Johannes Lauterbach, Bauplan für eine andere Handelspolitik, Frankfurter Rundschau, 28./29.6.2014).

Ohne die Existenz einer angemessenen Daseinsvorsorge in den Bereichen Gesundheit, Kultur, Bildung, Transport, Kommunikation, Information, Energie, Wasser, Ernährungssicherheit, Umwelt und Wohnungswesen endet das zivilgesellschaftliche Engagement entweder in der totalen Auflehnung oder aus schierer Verzweiflung in gänzlicher Passivität. Beides hat bedrohliche Folgen für den gesellschaftlichen Zusammenhalt. Wie in diesem Bereich das bisher in Wechselwirkung von Staat und Ökonomie allein bestimmte gesamtgesellschaftliche Gemeinwohl verändert wird, wenn das zivilgesellschaftliche Gemeinwohl gleichberechtigt hinzutritt, ist in den folgenden Punkten näher zu erläutern.

2.4.1 Gesundheitsanforderungen und mehr Ernährungssicherheit

In der Gesundheitspolitik wäre sofort die Mehrkosten verursachende Aufteilung in gesetzliche und private Krankenkassen aufzuheben. Gesetzlich Versicherte müssen heutzutage mit sehr langen Wartezeiten beim Arzt rechnen, wodurch sich nicht nur ihr Krankheitszustand verschlechtert. Sie verlieren außerdem Zeit, die sie für ihr zivilgesellschaftliches Engagement nutzen könnten.

Im Kampf gegen *unverdiente Verdienste* würden zivilgesellschaftlich Engagierte verlangen, dass der Spielraum der Pharmaindustrie bei der Preisgestaltung für Medikamente viel stärker als bisher kontrolliert und die Veröffentlichungspraxis bei Forschungsergebnissen strafferen Regeln unterworfen wird. Die kostentreibende Überversorgung mit Krankenhäusern (bei schrumpfender Bevölkerung) und die ebenfalls kostspieligen enormen Unterschiede in der Bezahlung zwischen Chefärzten und Fachsowie Assistenzärzten würden aus dem gleichen Grund auf den Prüfstand gestellt. Ganz allgemein stünde aus der Sicht zivilgesellschaftlicher Verantwortung nicht die Behandlung von bereits eingetretenen Krankheiten, sondern deren Vermeidung im Vordergrund.

Mit Kampagnen zur gesunden Ernährung würde die Selbstverpflichtung zur Gesunderhaltung vorangetrieben und für die Heilung von Krankheiten aufgrund grob falscher Lebenshaltung müsste ein Eigenbeitrag vorgesehen werden. Die Lebensmittelindustrie hätte Auflagen zur Produktion gesunder Produkte und in der Spezifikation von Zutaten, die der Haltbarkeit der Waren dienen, zu erwarten.

2.4.2 Kultur

Der Berliner Staatssekretär für Kulturelle Angelegenheiten, Tim Renner, fordert zu einem ausgewogenen Verhältnis zwischen Staat, Ökonomie und Zivilgesellschaft auf. In der kulturellen Szene Berlins wisse man, dass erst immer die Künstler kämen, dann die Clubs und Galerien und schließlich die Immobilienentwickler. Im Tagesspiegel-Artikel „Wir sind die Stadt" vom 29.6.2014 schrieb er: „Damit die kreativ getriebene Zuwanderung anhält und die Transformation von kulturellem in ökonomisches Kapitel nicht zu einer Verödung von Stadträumen führt, müssen wir diejenigen schützen, die den Boom ausgelöst haben und befeuern. Das sind die Künstler mit ihren Studios, Ateliers oder Proberäumen. Sie im Rahmen von Luxussanierung, Umwidmungen oder Problemen mit Lärmemissionen zu vertreiben, heißt den Rohstoff zu verlieren, von dem Berlin seit geraumer Zeit lebt. Das gleiche gilt für Kulturräume wie Museen, Theater, Oper, Konzerthallen und Clubs." (ebd.) Es müsse als selbstverständlich angesehen werden, führte er weiter aus, künstlerische Aktivität und Kreativität in der Stadt zu halten und die Kulturpolitik sowohl zusammen mit Wirtschaftspolitik als auch im Rahmen von Stadtentwicklung zu denken, wenn man die Entwicklung Berlins vorantreiben wolle (ebd.).

Seine Forderung, Kulturförderung als Bestandteil von Innovationsförderung anzusehen und in die Liegenschaftspolitik sowie in die Bebauungspläne einzubeziehen, um das Wachstum der Stadt zu sichern, setzt sich offensichtlich zum Ziel, im gesellschaftlichen Gemeinwohl Berlins die Gemeinwohlbelange von Staat, Wirtschaft und Zivilgesellschaft gleichgewichtig zu berücksichtigen. Vollständig luxussanierte Stadtteile Berlins wie Prenzlauer Berg bezeichnete er als „Synonym“ für eine unbefriedigende Politik, in der sich „das ursprünglich von den Künstlern mitgebrachte kulturelle Kapital ... in ökonomischen Mehrwert verwandelt“ und der Verdrängung anheimfällt (ebd.). Renner weist mit seinem Artikel auf die überragende Bedeutung der Kultur als zivilgesellschaftliches, politisches und ökonomisches Projekt hin.

Kultur ist, wie Sabine Handschuck und Hubertus Schröer darlegen, eine Anordnung „von Konzepten, Überzeugungen, Einstellungen und Werteorientierungen, mit denen gesellschaftliche Gruppen auf strukturelle Anforderungen reagieren. Dieses gemeinsame Repertoire an Symbolen, Kommunikations- und Repräsentationsmitteln ist dynamisch in Theorie, Kommunikations- und Repräsentationsmitteln, ist dynamisch in seiner Anpassung an gesellschaftliche Veränderungsprozesse. Es ist damit ein dem Wandel unterliegendes Orientierungssystem, das Wahrnehmung, Werte sowie das Denken und Handeln von Menschen in sozialen, politischen und ökonomischen Kontexten definiert.“ (Sabine Handschuck/Hubertus Schröer, Interkulturelle Orientierung und Öffnung von Organisationen, „neue praxis“ 5, 2002, S. 511–521).

Die von Handschuck/Schröer in ihrer Definition unter der Kategorie „gesellschaftliche Gruppe“ zusammengefassten zivilgesellschaftlich engagierten Menschen erheben als „Anforderung“ an die Gesellschaft, dass die Arbeits- und Lebensformen, Denk- und Handlungsweisen, Wertvorstellungen und geistigen Lebensäußerungen selbstverantwortlich handelnder Individuen in die bisher von Staat und Ökonomie dominierte gesellschaftliche Struktur eingebunden und in der Daseinsvorsorge angemessen repräsentiert werden. Kulturelles Leben beruhe nun einmal zu einem hohen Maß auf zivilgesellschaftlichem Engagement. Die Verantwortung des Staates zeigt sich besonders darin, durch Entbürokratisierung Chancen zur Teilhabe an Kunst und Kultur für alle Menschen offen zu halten und für eine ausreichende öffentliche Finanzierung zu sorgen.

„Kulturelle Daseinsvorsorge" ist in der Wahrnehmung des Deutschen Kulturrats „ein flächendeckendes Kulturangebot in den verschiedenen künstlerischen Sparten, das zu erschwinglichen Preisen, mit niedrigen Zugangsschwellen breiten Teilen der Bevölkerung kontinuierlich und verlässlich zur Verfügung steht." Bereits bei kleinen Kindern und Jugendlichen könne und müsse die Begeisterung für Kunst und Kultur geweckt werden, denn „kulturelle Bildung ist die Voraussetzung für Teilhabe am kulturellen Leben." Der Deutsche Kulturrat verweist auf den Art. 5 Abs. 3 S. 1 des Grundgesetzes zur Kunstfreiheit, der laut Bundesverfassungsgericht nicht nur als passives Abwehrrecht gegen unzulässige Einmischungen des Staates in die Kunstfreiheit angesehen, sondern auch als aktive Gestaltungsaufgabe des Staates interpretiert werden müsse. Kulturelle Daseinsvorsorge dürfe sich daher nicht darin erschöpfen, ein Angebot bloß bereitzuhalten. Es komme auch darauf an, die Bevölkerung mit diesem Angebot zu erreichen. Nur so lasse sich die Definition als Daseinsvorsorge und die weitgehende Finanzierung durch die Allgemeinheit begründen. Die Politik sei gefordert, „unter Beteiligung der Bürgerinnen und Bürger Entscheidungen über den Umfang des kulturellen Angebotes zu treffen und nach diesen Entscheidungen für eine adäquate Mittelausstattung Sorge zu tragen". Der Gedanke der kulturellen Vielfalt müsse die Grundlage der kulturellen Daseinsvorsorge bilden (zitiert aus: Kultur als Daseinsvorsorge! Der Deutsche Kulturrat, der Spitzenverband der Bundeskulturverbände, Berlin, den 29.09.2004). Würde die kulturell ausgerichtete zivilgesellschaftliche Daseinsvorsorge in der bisher vom Staat dominierten Kulturpolitik stärker berücksichtigt, erhielte die Kultur im gesamtgesellschaftlichen Gemeinwohl einen erheblich höheren Stellenwert. In diesem Zusammenhang ist auch die Rolle der Wirtschaft als Sponsor und Mäzen zu überdenken und gegebenenfalls neu auszurichten.

2.4.3 Bildung

Bildung ist kein Luxusgut, sondern ein Grundbedürfnis. Als solches beginnt Bildung im Vorschulalter und muss insbesondere Eltern aus bildungsfernen Schichten in die Kindergartenarbeit einbeziehen, so dass beim Eintritt in die Primarschule die Sprach- und Verhaltenskompetenzen der Erstklässler nicht unüberbrückbar auseinander klaffen. Eine Arbeitsgruppe der Nationalen Akademie der Wissenschaften hat ermittelt: „Was ein Kleinkind lernt, beeinflusst sein Leben noch Jahrzehnte später. Investitionen in hochwertige frühkindliche Betreuungsangebote versprechen darum besonders reiche Früchte – individuell wie gesellschaftlich ... Anlagen bestimmen den Menschen zwar und können darum von vornherein individuelle Möglichkeiten begrenzen. Doch gerade von frühen Erfahrungen hängt es ab, wie gut sich die vorhandenen ‚Strukturen des Nervensystems' entwickeln können." (Anja Kühne, Frühe Förderung hilft ein Leben lang, Tagesspiegel, 4.7.2014).

Die Grundschule mit dieser Integrationsaufgabe allein zu lassen, überfordert die Lehrer und sortiert zu Beginn der Sekundarstufe die Schüler aus bildungsfernen Familien in Schulzweige mit vorwiegend praktischer Ausrichtung, während Kinder bildungsbeflissener Familien vorwiegend zum Gymnasium mit dem Ziel der Hochschulreife vermittelt werden. Die frühzeitige Trennung von Primar- und Sekundarschule verstärkt zusätzlich die Nachteile der Schüler aus bildungsfernen Familien. Nach vier Jahren Grundschule sind ihre Bildungsdefizite noch nicht behoben. Nur über zeit- und energieraubende Umwege erreichen einige von ihnen schließlich auf dem sogenannten 2. Bildungsweg (Fachoberschulen, Kollegs, Volkshochschulen) die Hochschulreife. Nehmen sie ein Studium auf, sehen sie sich oftmals gezwungen, wegen der fehlenden finanziellen Unterstützung durch ihre Eltern und zu niedrig dotierter Stipendien in der knapp bemessenen Studienzeit noch einer Erwerbstätigkeit nachgehen zu müssen. Ein erfolgreicher Abschluss des Studiums scheitert nicht selten an diesen ungünstigen Bedingungen.

Massive Bildungsunterschiede akzeptierende Gesellschaftsstrukturen haben zur Folge, dass bildungsferne Bevölkerungsschichten sich passiver als andere verhalten und ein geringeres zivilgesellschaftliches Engagement zeigen. Der bildungsbewusstere Teil der Bevölkerung dominiert die Diskurse, bestimmt allein die Themenauswahl, reproduziert in der Zivilgesellschaft die gesamtgesellschaftliche Spaltung und muss hinnehmen, dass Machteliten den zivilgesellschaftlichen Einfluss auf die Mehrheit der Bevölkerung zunehmend erschweren.

Machteliten ungleichgewichtig strukturierter Gesellschaften nutzen Bildungsdefizite in der Mehrheit der Bevölkerung zur Absicherung ihrer eigenen Machterhaltung. Sie tendieren dazu, diesem Teil der Bevölkerung den Eindruck eines idealen Unterordnungsverhältnisses zu vermitteln. Die Ausübung von Macht wird in einem solchen Verhältnis entweder überhaupt nicht vom Bewusstsein der Machtunterworfenen als Herrschaft der Machtelite über sie wahrgenommen oder führt bei ihnen zu einem in seiner Bedeutung nicht zu unterschätzenden passiven Duldungsverhalten. Jene Machtunterworfene sind überzeugt, dass „die da oben" sowieso machen, was sie wollen, und der Aufstand gegen sie zwecklos sei. Gelingt es der Machtelite, die eine oder sogar beide Bewusstseinsstrukturen in der Mehrheit der Bevölkerung zu erzeugen, läuft die mehr Bildungsangebote und Aufklärung einfordernde Minderheit Gefahr, separiert bzw. sogar isoliert zu werden und jeglichen Einfluss auf die passive Mehrheit zu verlieren.

Zivilgesellschaftlich Engagierte gehören potentiell zu dieser gesellschaftskritischen Minderheit, deren Einfluss auf die Mehrheit der Bevölkerung von der Machtelite als unliebsame Konkurrenz begriffen wird. Die Machtelite ist deshalb bestrebt, die von dieser Bevölkerungsgruppe vertretenen Gemeinwohlbelange zu usurpieren und sie den eigenen Gemeinwohlbelangen unter veränderter Perspektive unterzuordnen. Die Hoffnung zivilgesellschaftlich Engagierter, dass ihre bildungsorientierten Gemeinwohlbelange von der machtbewussten Elite anerkannt und im realisierten gesamtgesellschaftlichen Gemeinwohl als gleichberechtigt durchgesetzt wird, erweist sich als illusionär.

Da Machteliten nur in besonderen Ausnahmesituationen Entgegenkommen gegenüber lästigen Mitbewerbern zeigen, müssen zivilgesellschaftlich engagierte Gruppen stets neue Ansatzpunkte suchen, um ihren Bildungsvorstellungen in der Konkurrenz mit staatlichen und wirtschaftlichen zum Durchbruch zu verhelfen. So opponieren beispielsweise zivilgesellschaftlich Engagierte gegen die finanzielle und personelle Auszehrung öffentlicher Kindergärten, Schulen und Universitäten und gegen die parallel dazu praktizierte vermehrte Zulassung elitärer und hohe Gebühren verlangender privater Kindergärten, Privatschulen und Privatuniversitäten. Sie plädieren für einheitliche und verlässliche rechtliche Rahmenbedingungen in öffentlichen und privaten Einrichtungen, setzen Qualitätsmaßstäbe für Beschäftigte und mahnen insgesamt hohe Standards und eine professionelle Bildung an.

Zivilgesellschaftlich Engagierte protestieren gegen die Platzierung vorwiegend unterhaltender Sendungen in Rundfunk- und Fernsehprogrammen öffentlicher Sender vor 22.00 Uhr und kritisieren die Verschiebung stärker informativer Beiträge auf die Zeit danach, wenn die Mehrheit der Bevölkerung bereits zu Bett gegangen ist. Sie bekämpfen das weitere Vordringen privater Sender, die mit Werbeeinnahmen ihre Programme finanzieren, dem Einfluss finanzstarker Wirtschaftsunternehmen zugänglich sind und vor allem auf hohe Zuschauerquoten achten müssen.

Sie plakatieren die Auswüchse der Konsumgesellschaft, die Menschen zur Verausgabung ihrer knappen freien Zeit im Erwerb neuer Konsumgüter verleitet und in der Kaufwünsche durch die Aufnahme von Krediten scheinbar leicht zu realisieren sind. Zuerst die finanziellen Grundlagen für vermehrte Konsumwünsche zu erarbeiten und mehr Sorgfalt auf die Auswahl zu legen, um der späteren Überschuldung zu entgehen, tritt in den Hintergrund.

Sie setzen sich für Erhalt und Ausbau von Bibliotheken ein. Mangels kommunaler Finanzen droht einigen die Schließung. Sie mahnen größere Beschaffungsetats für neue Bücher an, um bei den Lesern die Attraktivität zu erhöhen.

Eine besondere gesellschaftliche Ausnahmesituation begünstigt seit einiger Zeit zivilgesellschaftliche Organisationen und Institutionen in ihrer Werbung um mehr Engagement der Bevölkerung. Machteliten aller Zirkulationssphären sehen ihre ökonomischen Grundlagen der zunehmenden Konkurrenz auf dem Weltmarkt ausgesetzt. Zur Erhöhung der Wettbewerbsfähigkeit reformieren sie nicht nur ihre Bildungssysteme aus eigenem Antrieb, sondern schenken auch den zivilgesellschaftlichen Aktivitäten höhere Aufmerksamkeit. Das kann einerseits dazu führen, dass der Druck, der von zivilgesellschaftlichen Protestaktionen auf die Repräsentanten des Volkes und wirtschaftsnahe Stiftungen ausgeübt wird, im Fahrwasser der Globalisierung erstmals Auftrieb erfährt. Andererseits besteht auch die Gefahr der Vereinnahmung durch Politik und Wirtschaft. Dennoch kann es gelingen, dass Bildung als Teil der Daseinsvorsorge den ihr angemessenen Stellenwert im gesamtgesellschaftlichen Gemeinwohl erhält.

2.4.4 Umwelt, Wasser, Energie und Transport

Die der Zivilgesellschaft momentan zugewachsene Wertschätzung äußert sich auch in Volksbegehren und Volksentscheiden zum Erhalt der natürlichen

Lebensgrundlagen. Das Verlangen nach mehr und qualitativ höherwertiger Daseinsvorsorge bei Umwelt-, Wasser-, Energie- und Transportproblemen nimmt zu. Zahlreiche Großstädte sahen sich gezwungen, zur Verringerung der Feinstaubbelastung in den Innenstadtbereichen Zulassungsbeschränkungen zu erlassen und den Einbau von Filtern in Dieselfahrzeugen und älteren Autos anzuordnen. Der Umstieg auf erneuerbare Energien (Solarstrom, Windkraft- und Biomasse) und der Ausstieg aus der Energiegewinnung durch Atom-, Braun- und Steinkohlekraftwerke kommt voran, obgleich das Problem, zu viel erzeugten Solar- und Windkraftstrom zu speichern und den in Windkraftanlagen der Nord- und Ostsee produzierten Strom nach Süddeutschland weiterzuleiten, noch nicht gelöst ist.

Unter Druck von zivilgesellschaftlich engagierten Bürgern geratene Kommunen unternehmen große Anstrengungen, die in der Periode des Neoliberalismus leichtfertig privatisierte Trinkwasserversorgung, Abwasserreinigung und Müllbeseitigung zu rekommunalisieren. Ungelöst ist dagegen bisher, auf welche Weise der massenhafte Transport von Waren mit Lastkraftwagen auf die Umwelt schonendere Schiene verlegt werden kann. Begonnen wird aber in manchen Großstädten, den Individualverkehr vom PKW zum öffentlichen Nahverkehr umzuleiten und die Benutzung von Fahrrädern weniger gefährlich für die Radler zu organisieren.

Allerdings besteht gerade in diesem Bereich die Gefahr, dass wirtschaftliche Interessen in der Formulierung des gesamtgesellschaftlichen Gemeinwohls immer wieder versuchen, die Oberhand zu gewinnen. Das heißt, es muss ein ständiger Prozess des Austarierens der drei Gemeinwohle sicherhergestellt werden.

2.4.5 Wohnungswesen

Seit Jahren droht Berlin die gleiche ungute Entwicklung wie Paris, London, München und Frankfurt. Den zunehmenden Verdrängungsprozess der auf Hartz-IV-Angewiesenen aus Kreuzberg und den nördlichen Teilen Neuköllns in die Randgebiete der Stadt kommentierte der SPD-Bürgermeister Klaus Wowereit mit den folgenden Worten: die zugezogenen gut verdienenden Neubürger würden wenigstens Steuern zahlen. Mit seiner flapsigen Bemerkung rief er Quartiersbeiräte, Stadtteilvertretungen, runde Tische, Bürgerhaushalte und Bürgerplattformen auf den Plan, ihre Möglichkeiten noch stärker als bisher zu nutzen, den Verdrängungsprozess zu verhindern, der von Immobilienspekulanten aus aller Welt in Gang gesetzt wurde, um flüssiges Kapital profitgünstig in Berlin anzulegen.

Welche negativen Folgen aus einer solchen kurzsichtigen Wohnungs- und Baupolitik entstehen, könnte Wowereit anhand der alarmierenden Entmischungspolitik beispielsweise in Paris besichtigen. In Paris verkommen immer mehr Stadtviertel zu schicken Quartieren, in denen gut situierte Bürger in luxuriös sanierten Häusern wohnen und in ihrem Museum von Touristen bestaunt werden, aber aus Angst vor verarmten und arbeitslosen Stadtrandbewohnern, die ihnen den Wohlstand neiden würden, ihre Wohnquartiere verbarrikadieren und jeden Kontakt zu ihnen ablehnen. Dass eine solche in arm und reich zergliederte Stadt das städtische Leben letztlich zerstört und die Menschenwürde der benachteiligten Mitbewohner der Stadt verletzt, gelangte erst langsam ins Bewusstsein der privilegierten Pariser Bevölkerung. Eine solche Entmischungspolitik widerspricht der Politik des Austarierens der drei gesamtgesellschaftlichen Gemeinwohlausrichtungen.

2.5 Steuerpolitik zur Herstellung einer als gerecht empfundenen Einkommens- und Vermögensverteilung

Das realisierte gesamtgesellschaftliche Gemeinwohl Deutschlands enthüllt eine sehr unausgewogene Einkommens- und Vermögensverteilung. Es zeichnet sich durch eine drastische Schlagseite zugunsten ökonomischer Gemeinwohlbelange aus und verweist die staatlichen und ganz besonders die zivilgesellschaftlichen Gemeinwohlvorstellungen weit abgeschlagen auf die hinteren Plätze. Ein solches verhängnisvolles Ergebnis veranlasst nicht nur zivilgesellschaftlich engagierte Bürger, danach zu fragen, welches Ausmaß an *unverdienter* Armut und *unverdientem* Reichtum darin enthalten ist. Die Debatte um die sogenannte kalte Progression verdeckte für lange Zeit die sehr viel notwendiger zu führende Diskussion um die ungleiche Einkommens- und Vermögensverteilung. Von kalter Progression spricht man, wenn das Preisniveau in einem Jahr z.B. um 2 Prozent steigt und ein Steuerpflichtiger im gleichen Jahr ebenfalls nur einen Einkommenszuwachs von 2 Prozent erzielt. Von ihr betroffen sind Lohn- und Gehaltsempfänger, deren Monatsverdienste nach dem progressiv steigenden Steuersatz zwischen 14 und 42 Prozent besteuert werden. Die Spitzensteuersätze für

Einkommen von über 42 Prozent in Stufe 1 und 45 Prozent in Stufe 2 sind davon nicht berührt. Sie steigen nicht progressiv an.

Da die Abgeltungssteuer einheitlich 25 Prozent für alle Kapitalerträge beträgt und lediglich einen Grundfreibetrag enthält, privilegiert sie die hohen Kapitalerträge der Vermögenden sehr stark. Die Regelsätze der Umsatzsteuer von 19% bzw. 7% werden auf die Endpreise umgelegt. Diese Steuer belastet die geringer Verdienenden weitaus stärker als die hohen Einkommensbezieher und Vermögenden, da sie einen sehr viel höheren Anteil ihres Gesamteinkommens für den täglichen Konsum ausgeben müssen. Die Regelungen der Erbschaft- und Schenkungsteuer privilegieren vermögende Bürger noch großzügiger als die Abgeltungssteuer für Kapitalerträge und die Umsatzsteuer. Das Bundesverfassungsgericht hatte im Juli 2014 über die Steuervorteile für Betriebe im Falle der Vererbung zu entscheiden. „Unter Einhaltung relativ laxer Bedingungen werden beim Generationenwechsel nur 15 Prozent des Betriebsvermögens als Wert angesetzt. Unter Umständen können sogar 100 Prozent freigestellt werden. Anders als gemeinhin behauptet, ist der Erhalt von Arbeitsplätzen bei kleinen und mittleren Betrieben keine Voraussetzung für die drastische Reduktion oder den völligen Wegfall der Steuern“, schreibt Ursula Knapp in ihrem Beitrag „Bleibt weniger vom Erbe?“ für die Frankfurter Rundschau vom 5./6.7.2014. Der Bundesfinanzhof bezeichnete die Vorschrift als „Überprivilegierung“ (ebd.), die damit unter die Kategorie „unverdienter Reichtum“ einzuordnen ist.

Wie bereits erwähnt, schleusen viele Großunternehmen ihre Gewinne an den Steuerbehörden der Länder vorbei, in denen sie die Gewinne erzielt haben und transferieren sie in Steueroasen. Die Ungleichheit in der Besteuerung sorgt außerdem für Entmischung der Bevölkerung in Metropolen, Groß- und Universitätsstädten (Thomas Loy, Kein Luxus im Milieu, Tagesspiegel, 1.4.2014). Geringverdiener können die Mieten für Wohnungen in Innenstadtbereichen nicht mehr bezahlen, weil anlegungswillige Kapitalbesitzer ganze Häuserzeilen und Laubenkolonien aufkaufen, alte Bausubstanz vernichten und neue Häuser im luxuriösen Stil errichten, die Preise für Eigentumswohnungen hochtreiben und nach Luxussanierungen horrende Mietsteigerungen verlangen (Ralf Schönball, Wohnung wechsle dich, Tagesspiegel, 31.1.2014, Cay Dobberke, Großer Kampf um kleine Gärten, Tagesspiegel, 19.5.2014). Aus ihren

Wohnungen in Randbezirke Vertriebene müssen mit höheren Kosten für die Anfahrt zu ihren Arbeitsplätzen und für notwendige Gänge zu zentral gelegenen Verwaltungen einkalkulieren, was die Ungleichheit zusätzlich verstärkt. Mietpreisbremsen helfen, die Entmischung wenigstens zu verlangsamen (Timot Szent-Ivanyi, Mietpreisbremse schadet nicht, Frankfurter Rundschau, 18.3.2014). Zusätzliche Bauflächen können auf den Flächen stillgelegter Kasernen und Kliniken und auf alten Bahnanlagen erschlossen werden (Ralf Schönball, Die letzte Reserve, Tagesspiegel, 14.5.2014).

Erst nach einer drastischen Anhebung der Spitzensteuersätze bei der Einkommensteuer, der Einführung einer Progression in der Kapitalertragsteuer, der Wiedereinführung der Vermögensteuer und dem Abbau der Privilegierung der Erbschaftsteuer ist es gerechtfertigt, von einem austarierten Verhältnis zwischen ökonomischen, staatlichen und zivilgesellschaftlichen Gemeinwohlbelangen im gesamtgesellschaftlichen Gemeinwohl zu sprechen. Erste Ansätze sind in der zunehmenden Einschränkung der Steuerflucht in die zahlreichen Steueroasen zu sehen.[7]

2.6 Informations- und Meinungsfreiheit

Zivilgesellschaft bedarf des freien Austauschs von Informationen und Meinungen als Grundlage menschlichen Zusammenlebens. Die Gefährdung dieses Grundrechts der Menschen beeinträchtigt zivilgesellschaftliches Engagement und stößt auf den absoluten Widerstand selbstbestimmter Individuen. Das Streben nach totaler Sicherheit vor Terrorangriffen zerstört die Freiheitsrechte der Bürger und verfälscht das Prinzip der Repräsentation zum Instrument der Unterdrückung. Der Bürger wird zum Untertan degradiert, der sich seiner Privatheit beraubt sieht und aus Furcht vor Repressalien auf Selbstbestimmung verzichtet. Denn wer zuvor sich selbst fragen muss, ob sein Engagement auf Ablehnung des ihn repräsentierenden Staates oder auf das des Wirtschaftsunternehmens, in dem er beschäftigt ist, stoßen könnte, wird zum furchtsamen Untertan oder zum furchtlosen Rebell. Die Gesellschaft wird aufgespalten in die wenigen Rebellen und die vielen der Passivität verfallenden Bürger. Zivilgesellschaftlichem Engagement wird damit die Grundlage entzogen.

2.6.1 *Schutz vor weltweiter Ausspähung der Bürger durch Geheimdienste*

Seit dem 11.9.2001 existiert in den USA im Rahmen der Terrorismusbekämpfung mit dem Patriot Act eine „verdachtsunabhängige Überwachung" (Generalverdacht gegenüber jedem Bürger), bei der Daten von Millionen von Bürgern aufgezeichnet werden, unterschiedslos, ob sie etwas zu verbergen haben oder auch nicht. Mit dem Patriot Act wurde eine Sicherheitsarchitektur geschaffen, „die jeden Bürger als Verdächtigen, seine Privatsphäre als Refugium eines potentiellen Kriminellen und persönliche Daten als kriminalistische Spuren bewertet" (Christian Bommarius, Obamas totalitäre Wende, Frankfurter Rundschau, 12.6.2013). Etabliert ist ein ständiges Ausspionieren der gesamten Bevölkerung im Telefon-, Brief- und Internetverkehr sowie auf öffentlichen Plätzen, Straßen und in Verkehrsmitteln. Nur noch jenseits dieser gesellschaftlichen Kommunikationsbereiche ist die Privatsphäre der Bürger gesichert.

Thomas Königs fragt sich, nachdem der ehemalige Bundesinnenminister Friedrichs das „Supergrundrecht auf Sicherheit" ausgerufen hat: „Was ist Sicherheit noch wert, wenn sie die Freiheit gravierend einschränkt?" Das einzige Supergrundrecht, das es gibt, ist die Menschenwürde aller Menschen und nicht nur die Würde der Deutschen. Mit einem „Supergrundrecht auf Sicherheit" entkernt man die freiheitliche Substanz des Grundrechtskatalogs und wendet sich den Gedanken von Thomas Hobbes zu.

Die flächendeckende Überwachung betrifft jedoch nicht nur die Bürger eines Landes, sondern sie findet weltweit statt. Die chinesische Regierung sah sich in der Vergangenheit oftmals dem Vorwurf der USA ausgesetzt, unerlaubterweise in US-amerikanische Rechner einzudringen und die Datennetze nach für China nützlichen Informationen auszuspähen. Insbesondere das chinesische Militär sei an diesen Operationen beteiligt. Die USA drohten der chinesischen Führung Konsequenzen an, wenn die Ausspähaktionen nicht eingestellt würden. Sie schreckten nicht vor der Androhung ökonomischer Strafmaßnahmen zurück und schränkten z.B. die Zusammenarbeit mit chinesischen Informations-Technologie-Firmen erheblich ein. Nach der Enthüllung vielfältiger Aktivitäten US-amerikanischer Geheimdienste gegen China und die übrige Welt durch ihren ehemaligen Mitarbeiter Snowden haben sich die Vorwürfe der USA gegen

China als scheinheilig erwiesen. „Der US-Geheimdienst NSA soll sich in mindestens 61000 Fällen Zugang zu chinesischen Computern verschafft und Daten abgesaugt haben ... Ziel der Angriffe seien Regierungsserver, Systeme von Hochschulen und Privatrechner in der Volksrepublik und in Hongkong gewesen" (Bernhard Bartsch, Zwei aus dem Glashaus, Frankfurter Rundschau, 14.6.2013). Die USA unterhalten weltweit agierende Geheimdienste und nehmen keinerlei Rücksicht auf die Souveränität anderer Staaten.

Hintergrund ist, dass die Machtelite der USA weiterhin den Anspruch auf globale Ausdehnung der US-Hegemonie erhebt; dabei arbeitet sie in der Erreichung des Ziels, Kontrolle über die Hegemonisierten auszuüben, eng mit Großbritannien zusammen. Vornehmliches Überwachungsinstrument ist die Kontrolle der globalen Datenströme. Der Anspruch der Machteliten beider Länder in der Totalüberwachung der Beherrschten unterscheidet nicht zwischen USA freundlich oder feindlich gesinnten Hegemonisierten. Die Bundesrepublik Deutschland als befreundetes Land und China als misstrauter Rivale der USA nehmen beide einen der vorderen Plätze in der Überwachung ein. Es verwundert deshalb nicht, dass ein BND-Mitarbeiter für einen US-Geheimdienst den Bundestags-Untersuchungsausschuss zur NSA-Affäre ausspionierte.

Da die deutsche Bundesregierung keine Vasallenregierung der USA oder eines anderen Staates sei, empörte sich der ehemalige Präsident des BND, Hans-Georg Wieck, sei ein solcher Vertrauensbruch Landesverrat (Ausgehorchte Aufklärer in Schockstarre, Frankfurter Rundschau, 5./6.7.2014), und der CSU-Innenexperte Hans-Peter Uhl äußerte, die Amerikaner „führten sich in Deutschland auf wie eine digitale Besatzungsmacht" (Markus Becker, Digitale Okkupation, Frankfurter Rundschau, 7.7.2014).

Laut Heinrich Wefing speichert die Nationale Sicherheitsagentur der USA (NSA) „hunderte Milliarden Daten" jeden Monat. „Sie kann abhören, wen sie will, rund um den Globus" und greift hierbei auf die „gewaltigen Datensammlungen" der US-amerikanischen „Digital-Giganten" Google, Microsoft, Facebook, Amazon u.a. zu, die verpflichtet sind, der NSA alle in den USA anfallenden Verbindungsdaten zur Verfügung zu stellen und sich in der Herausgabe von Daten der Anweisung eines einzigen, geheim tagenden und völlig überforderten Gerichts in Washington fügen müssen (Heinrich Wefing, Wehe dem Mutigen, Die Zeit, 13.6.2013).

Das Echolon-Spionage-Netzwerk überwacht seit langem mit riesigen Antennen die satellitengestützte Kommunikation, Spionage-U-Boote zapfen Untersee-Glasfaserleitungen an und der britische Geheimdienst GCHQ „kopiert aus den Nervensträngen des Internets sämtliche Datenströme, speichert und scannt sie auf verdächtige Muster" (Marin Majica, Die Kontrollgesellschaft, Frankfurter Rundschau, 25.6.2013). Die britische Regierung macht noch nicht einmal halt vor dem systematischen Abhören von Gipfeltreffen, die auf britischem Boden stattfinden, um den erzielten Informationsvorsprung in Verhandlungen für sich auszunutzen (Matthias Thibaut, London ließ Regierungen abhören – Agenten spionierten bei G-20-Gipfel, Tagesspiegel, 18.6.2013). Die Abschöpfung des Datenstroms misshandelt die Bürgerrechte großer Teile der Weltbevölkerung und macht auch nicht vor Wirtschaftsspionage halt (ebd.).

Das hohe Datenvolumen, das die NSA jeden Monat in Deutschland abgreift, wird freiwillig und legal vom BND geliefert. In- und ausländische Nachrichtendienste tauschen ihre Informationen aus. Gerechtfertigt wird das Grundrechte missachtende Überwachungssystem mit der Abwehr terroristischer Angriffe auf Gesellschaften, die sich im Prinzip der Freiheit des Individuums besonders verpflichtet fühlen.

Wer im Namen der nationalen Sicherheit die heimliche Ausforschung aller Geheimnisse zum obersten Staatswohl erhebt und als schützenswertes Gut bezeichnet, untergräbt die Freiheit der demokratischen Gesellschaftsordnung und verfällt dem Totalitarismus (ebd.). Das Streben nach totaler Sicherheit vor Terrorangriffen zerstört die Freiheitsrechte der Bürger und verfälscht das Prinzip der Repräsentation zum Instrument der Unterdrückung. „Der demokratische Rechtsstaat dankt ab, wenn er der Totalerfassung aller Kommunikationsteilnehmer, die seine Substanz nicht nur verletzt, sondern vernichtet, wort- und tatenlos zusieht" (Christian Bommarius, Wenigstens scheitern, Frankfurter Rundschau, 5.6.2014). Bommarius forderte auch die „Offenlegung aller vertraglichen Vereinbarungen mit den westlichen Siegermächten, die das Ausspähen bisher ermöglichen." (ebd.). Der langjährige CIA- und NSA-Agent Thomas Drake zeigte der deutschen Regierung den Weg: „Es ist an der Zeit, dass Deutschland sich vom Großen Bruder abnabelt." (Thomas Drake, „Ihr braucht einen Snowden aus dem BND", Frankfurter Rundschau, 10.6.2014). Wenn nicht mehr die Grundrechte, sondern Bündnistreue absolut gelte, würden unsere Bürgerrechte dem geostrategischen Interessenverband, wie er das transatlantische Bündnis bezeichnet, geopfert, stellt Christian Schlüter in seinem Artikel „Unsere Freunde, unsere Feinde" fest (Frankfurter Rundschau, 7.7.2014).

Der sogenannte Krieg gegen den Terror wird zum obersten Ziel der Erhaltung anglo-amerikanischer Hegemonie über Rivalen wie China und Russland, aber auch über die gesamte übrige Staatengemeinschaft. Alec Ross, Mitarbeiter im State Department für Hillary Clinton von 2008–2012, rechtfertigte in seinem Artikel „Kein Beweis für Missbrauch" (Die Zeit, 1.8.2013) die Vorgehensweise und äußerte, „dass es intellektuell armselig sei, Terrorismusbekämpfung mit der Überwachung von Dissidenten oder Zensur im Netz gleichzusetzen. Die Vereinigten Staaten sind eines der freiesten Länder der Erde. Deshalb erwarten die Menschen weltweit sehr viel von uns. Aber die Geschichte hat gezeigt, dass wir höchsten Ansprüchen genügen, und ich bin sicher, dass Amerika auch weiterhin ein Vorbild an Freiheitlichkeit sein wird." Was Mitarbeiter der NSA darunter verstehen, wird an einer selbst gefertigten Erfolgsmeldung der NSA-Mitarbeiter deutlich: „Sniff it all. Know it all. Collect it all. Process it all. Exploit it all. Partner it all." (Gerrit Bartels, Verstecken ist nicht, Tagesspiegel, 20.5.2014). Der Chef der NSA, Keith B. Alexander meinte: „Warum können wir nicht alle Daten sammeln, immer und jederzeit?" (ebd.). Nach dem Motto „Wir müssen alles wissen" handelte auch die Stasi, nun wolle das auch die NSA, meinte Thomas Drake (a.a.O.).

Die Geheimdienste bilden eine Parallelwelt, wobei die Partnerschaft zwischen BND und NSA sehr eng ist. Laut Spiegel enthält ein Vertrag zwischen der NSA und dem Bundesnachrichtendienst (BND) überdies eine Ausnahmeklausel zur Ausspähung von Deutschen (afp Seiten 4,11, zit. in Frankfurter Rundschau, 16.6.2014). Dass diese Zusammenarbeit schon sehr lange existiert, berichtete der frühere NSA-Technikspezialist William Binney vor dem Untersuchungsausschuss des Deutschen Bundestages. Nach dem 11.9.2001 gäbe es für US-Bürger keinen Datenschutz mehr (Robert Birnbaum, „Sie wollen Informationen über alles", Tagesspiegel, 4.7.2014).

Nicht nur zivilgesellschaftlich engagierte Bürger machen sich Sorgen um Staat, Gesellschaft, Politik und Privatsphäre und das Ende der Freiheit. Colin Crouch: „Die Staaten müssen sich fragen, eine wie starke Kontrolle sie über eine moderne, selbständige, demokratische Bevölkerung haben wollen und sollen?" (Colin Crouch, „Der Sicherheitsstaat bleibt", Frankfurter Rundschau, 26.8.2013). Das vom Bundesverfassungsgericht schon 1983 entwickelte Konzept der „informationellen Selbstbestimmung" ist zwar weiterhin die Grundlage zivilgesellschaftlichen Engagements, aber zugleich muss festgestellt werden: „Europa – die Festung des Datenschutzes. Das ist die eine, die alte Wirklichkeit. Sie existiert noch immer, in den Gesetzesbüchern, Parlamenten und Gerichtssälen. Daneben ist eine neue Wirklichkeit entstanden, in der EU-Bürokraten, Firmen und Polizeibehörden daran arbeiten, diese Festung zu durchlöchern." (Kohlenberg, Kerstin/Musharbash, Yassin/Wiedmann-Schmidt, Wolf, Sie wissen, wer du bist, Die Zeit, 28.5.2014). Das Private ist öffentlich geworden und die Grenzen zwischen In- und Ausland verschwimmen. Smartphones kennen ihre Nutzer. Sie registrieren ihre Kontaktaufnahmen zu anderen Netzbenutzern, Kameras in Großstädten überwachen Plätze, Straßen und Bahn-Stationen und Massen an Bildern aus dem Internet dienen Geheimdiensten als Grundlage für die „Gesichtserkennungssoftware" (DPA: NSA sammelt Bilder aus dem Internet, Tagesspiegel, 2.6.2014). Wenn Gesetze die eigenen Bürger von der Überwachung ausnehmen, liefern die befreundeten Geheimdienste. Selbst der Chef des US-amerikanischen IT-Konzerns Cisco, John Chambers, mahnte inzwischen an: „Wir müssen uns auf gemeinsame Standards und Verhaltensregeln verständigen, die eindeutig festlegen, welche geheimdienstlichen Maßnahmen in den jeweiligen Ländern akzeptiert werden und welche nicht. Sonst geht es hier bald zu wie im Wilden Westen." (Die Zeit, 5.6.2014). Angesichts der Dominanz des staatlich orientierten Gemeinwohls („Supergrundrecht Sicherheit") und der Dominanz des wirtschaftlich ausgerichteten Gemeinwohls bedarf es auf diesem Gebiet sehr starker Anstrengungen, das zivilgesellschaftlich orientierte Gemeinwohl zu formulieren und gleichgewichtig in Stellung zu bringen. Nur unter diesen Voraussetzungen ist der Fortbestand demokratischer Lebensverhältnisse denkbar.

X. Zusammenfassung und Schlussreflexion

1. Partialinteresse und Gemeinwohl

Werden Partialinteresse und Gemeinwohl ausschließlich als gegensätzliche Pole begriffen, schließt das eine Extrem das andere völlig aus. Können beide Pole jedoch nicht ohne den anderen bestimmt werden, verweist jeder Begriff nicht nur auf das ihm äußerliche Gegenteil, sondern schließt das Gegenteil auch in sich ein. Beiden Begriffen haftet der Gegenbegriff als Moment seiner selbst unentrinnbar an.

Auf unzulängliche Weise mathematisch ausgedrückt: die Quantitäten der beiden Qualitäten gehen gegen null, wenn sie sich in ihrem Spannungsverhältnis wechselseitig aufeinander zubewegen. Je weniger Quantität der einen Qualität im Spannungsverhältnis verbleibt, desto mehr nähert sie sich dem eigenen Auflösungspunkt. Dort angekommen ist nicht nur das Spannungsverhältnis zur anderen Qualität aufgehoben, sondern jene gegensätzliche Qualität erlischt ebenfalls, da sie nicht ohne ihr Gegenteil existieren kann. In der Mathematik löst sich die gegen null gehende Quantität der einen Qualität erst im „Unendlichen" auf, d.h. beim Übergang von ihrer endlichen Existenz zur unendlichen. Daraus folgt, dass in einem polarisierten Spannungsverhältnis beide gegensätzlichen Qualitäten bis zu diesem Übergang vom endlichen in den unendlich Bereich ihr Gegenteil als Momente unmittelbar und unabwendbar an sich haben. Dies gilt auch für den Sachverhalt, auf den sich die Begriffe beziehen. In jedem Partialinteresse ist mindestens ein „unendlich" kleines Quäntchen Gemeinweinwohl enthalten und umgekehrt enthält jedes Gemeinwohl auch wenigstens ein winziges Quantum partiellen Interesses.

Gäbe es eine allen speziellen Vernünften übergeordnete gesetzmäßige Vernunft, mittels derer auf der Skala zwischen Partialinteresse und Gemeinwohl eindeutig festgelegt werden könnte, in welcher Quantität den Partialinteressen Gemeinwohlcharakter zukommt (oder umgekehrt), würde – im Lichte dieser Vernunft – auf der Ebene der Diskursivität jeder Anspruch auf Deutungshoheit überflüssig werden und in der machtpolitisch durchsetzten Praxis erzielten unterschiedliche Machtpotentiale keinerlei Wirkung mehr. Die im Bonner Grundgesetzkommentar postulierte „praktische Vernunft" wäre identisch mit der „gesetzmäßigen" und jegliche Einflussnahme zwecklos, weil sofort als „unvernünftig" erkennbar.

In der machtpolitisch infizierten praktischen Auseinandersetzung um die Frage, ob und wie viel Gemeinwohl den von interessierter Seite propagierten Partialinteressen zukommt, fällt jedoch weder der sogenannten vernunftgeleiteten Kommunikation allein die letzte Entscheidungskompetenz zu, noch institutionell festgeschriebenen Regeln der Konfliktbewältigung und ebenso wenig der Einsicht, sich kompromissbereit zeigen zu müssen. Mit unterschiedlichen Anteilen sind alle Komponenten beteiligt.

Das machtpolitisch begründete Ringen um Deutungshoheit beherrscht sowohl die Sphäre der Diskursivität wie das praktische Handeln. Im Konflikt erreichte Kompromisse spiegeln die zur Zeit des Aushandelns aufgebotenen und gegeneinander ausgespielten Machtpotentiale. Sie tragen notwendigerweise den nächsten Konflikt bereits in sich.

Mit dieser Aussage ist der Diskurs über die Grundlagen parlamentarischer Demokratie eröffnet, in dem das zivilgesellschaftliche Engagement selbstbestimmter und selbstverantwortlicher Bürger eine zunehmend größere Rolle spielt und zivilgesellschaftliche Gemeinwohlbelange zum Konkurrenten der Gemeinwohlbelange des Staates und der Ökonomie werden, die beide mit unterschiedlicher Gewichtsverteilung bisher das Feld der Diskurse und der Auseinandersetzung in der gesellschaftlichen Praxis weitgehend allein beherrscht haben.

2. Vom ehrenamtlichen Engagement zur organisierten Zivilgesellschaft

Warum und wofür investieren ehrenamtlich tätige Menschen ihre freie Zeit? Sie wollen die Qualität des Gemeinwohls in ihren Gemeinwesen mitbestimmen. Sie beobachten, kritisieren und begleiten alltägliche Entwicklungen in ihrem engeren Wohn- und Lebensumfeld, den Kommunen, Regionen und der Gesamtgesellschaft. Durch ihr Engagement in Bereichen des Sports, der Kunst, Kultur und Musik, der Politik- und Berufsverbände, der Freizeit und Geselligkeit, des kirchlichen Engagements, in Schul-, Kinder- und Jugendeinrichtungen, im Umwelt- und Tierschutz bis hin zu Bürgerinitiativen zur Vorbereitung von Volksbegehren und Volksentscheiden wollen sie die Gesellschaft mitgestalten, Ansehen und Einfluss gewinnen, eigene Kenntnisse und Erfahrungen erweitern und lernen, eigene Interessen zu vertreten.

Sie handeln zwar oftmals aus Selbstlosigkeit oder geben sich Gesetze, nach denen sie sich richten, aber eigennütziges Verhalten liegt ihnen ebenfalls nicht fern. Zu konstatieren ist, dass engagierte Menschen sowohl selbstgesetzlich wie eigennützig handeln und das quantitative Verhältnis zwischen den beiden Handlungsweisen von Mensch zu Mensch und von Tätigkeitsfeld zu Tätigkeitsfeld unterschiedlich ausfällt. Die immer wieder aufs Neue getroffene Wahl zwischen mehr selbstgesetzlichem oder mehr eigennützigem Handeln bestimmt den Alltag zivilgesellschaftlich engagierter Individuen.

Je umfangreicher die Aufgaben werden und je mehr Menschen sich beteiligen, desto zwingender wird der Aufbau einer alle verbindenden Organisationsstruktur, in der auf ein Repräsentationsprinzip nicht mehr verzichtet werden kann. In einem solchen Verhältnis entsteht zwischen Repräsentanten und Repräsentierten im Idealfall ein Über- und Unterordnungsverhältnis, sofern das Verhältnis zwischen ihnen – entgegen der Realität – ausschließlich durch selbstgesetzliches Handeln bestimmt ist. Die Repräsentanten repräsentieren darin völlig uneigennützig und die Repräsentierten fühlen sich umfassend repräsentiert. Wenn jedoch beide Seiten den Eigennutz nicht aus ihrem Handeln tilgen können, durchsetzt der Eigennutz auch das Repräsentationsverhältnis und Missbrauch wird möglich. Dennoch ist zivilgesellschaftliches Handeln ohne Organisationsstrukturen nur beschränkt möglich.

3. Selbstgesetzliches und eigennütziges Handeln

Sensibel für ihre eigene Verwundbarkeit und die der Anderen handeln zivilgesellschaftlich engagierte Individuen sogar in einem größeren Ausmaß als die übrigen Mitmenschen verantwortlich für sich selbst und für den Anderen. Wären sie in der Lage, den eigennützigen Anteil ihres Handelns gegen null tendieren zu lassen, würden sie ihre eigene Identität vollkommen mit der Identität des Anderen teilen. Sie wären ‚bei sich selbst', indem sie zugleich ‚für-den-Anderen' sind. In der Kombination ‚Für-den-Anderen-bei-sich-selbst' hätten sie die Verantwortung für den Anderen in die eigene Identität aufgenommen.

Als Folge des hohen Anteils an unterbewusstem und automatisiertem Verhalten der Menschen ist aber auch für das zivilgesellschaftlich engagierte Individuum nicht erkennbar, ob und wann sein eigennütziger Anteil gegen null geht und die eigene Identität vollkommen mit der Identität des Anderen verschmilzt. Es läuft stets Gefahr, dass sich sein unaustilgbarer Eigennutz gegen den Anderen richtet und ein Über- und Unterordnungsverhältnis verursacht, in dem der Andere die Position des Untergeordneten einnimmt. Zivilgesellschaftlich engagierte Individuen müssen deshalb zu jedem Augenblick bemüht sein, den Ausgleich zwischen ihnen immer wieder herzustellen.

4. Die Erhaltung des „formlosen Gegenhalts" in der Gesellschaft

Allen Beteiligten, ob in Staat, Wirtschaft oder Zivilgesellschaft, stellt sich als Aufgabe, einen „formlosen Gegenhalt" in der Gesellschaft zu erzeugen, ohne den die Gesellschaft ihren inneren Zusammenhalt verlieren und auseinanderbrechen würde. Definiert man die Gesellschaft als Ensemble relativ stabiler sozialer Formen, produziert durch die vielfältigen Aktivitäten der diskursiven und hegemonialen Formationen mit unterschiedlichen Entstehungs- und Verfallszeiten, findet eine stetige Verschiebung ihrer Strukturelemente statt. Der sich in dieser Veränderung herausbildende „formlose Gegenhalt" bleibt ständig im Fluss. Gefährdet wird er

1. durch den gegenseitigen Verdrängungsprozess neuer und etablierter Formationen aus dem von ihnen beanspruchten Terrain (Paradigmenwechsel, Auflösung von Schulen, einschließlich ihrer Praxen),
2. durch das Zusammenfallen der endlichen Strukturen dieser sich gegenseitig verdrängenden Formationen auf einen begrenzten Zeitraum, so dass der Zusammenbruch einer zentralen Struktur alle anderen mitreißt und ihre erst später ablaufenden Lebenszeiten verkürzt.

5. Kann der Staat seiner ihm anvertrauten Aufgabe gerecht werden, den „formlosen Gegenhalt" zu erhalten?

In der Vergangenheit wurde es als eine grundlegende Aufgabe des Staates betrachtet, den „formlosen Gegenhalt" zu erhalten und die Gesellschaft vor dem Abgleiten in Unordnung und Chaos zu bewahren. In der Erhaltung des „formlosen Gegenhalts“ wendet der heutige Staat nicht Hobbes’ Modell der Staatsvertragstheorie an. Das staatliche Eingreifen in die Praxis vielfältiger diskursiver und hegemonialer Formationen geschieht heutzutage uneingestanden auf dem Hintergrund der Erkenntnis, dass die beiden Momente Selbstgesetzlichkeit und Eigennutz beim repräsentierten Bürger und beim Repräsentanten stets erhalten bleiben.

Im modernen Staat teilen Exekutive, Legislative und Judikative die Repräsentation des Bürgers unter sich auf. Diesen Institutionen dienen Menschen, die je nach Gelegenheit selbstgesetzlich oder eigennützig handeln und ihre Verhaltensweisen nicht nach vorgefertigten Handlungslogiken ausrichten.

Vorgelagert ist den Repräsentationsorganen die konfliktreiche Auseinandersetzung auf der Ebene der Diskursivität, auf der hinter der Fassade der „Machtferne“ differierende diskursive Formationen um Deutungshoheit kämpfen. Diese im Vorfeld praktischen Handelns stattfindende wechselseitige Beobachtung und Einflussnahme greift auf den Gesetzgebungsprozess zu, auf dem für die Gesellschaft neue Strukturen auf längere Zeit festgeschrieben oder alte einer Veränderung unterworfen werden sollen. Erschwerend kommt hinzu, dass im Entstehungs- und Verfallsprozess einer endlichen Struktur zwar die Spur ihrer Vergänglichkeit immanent eingezeichnet ist, aber in der Pluralität der zu jedem Zeitpunkt möglichen Arrangements verborgen bleibt. Je komplexer endliche Strukturen beschaffen sind, desto weniger lässt sich das Zusammenspiel der verschiedenen Komponenten überschauen, vorhersagen und daraufhin überprüfen, welche der veränderbaren Komponenten die Lebensdauer der Struktur optimieren. Als Schlussfolgerung ergibt sich, dass der Staat nicht der alleinige Garant für die Sicherung des „formlosen Gegenhalts“ sein kann. Er wäre schlichtweg überfordert.

6. Kann die Ökonomie den „formlosen Gegenhalt“ garantieren?

Die Handlungslogik der am Tauschprozess beteiligten Menschen enthält sowohl selbstgesetzliche wie eigennützige Anteile. Wenn jeder im Austausch von Waren gemäß Bernard de Mandeville „an sich denkt“, ist keineswegs „an alle gedacht", und Adam Smiths „aufgeklärtes Eigeninteresse" der am Tauschprozess Beteiligten mangelt es an *stabiler innerer Struktur*, so dass nicht die „invisible hand" den gerechten Marktpreis erzeugt, sondern Machtauseinandersetzungen, die den realen Tausch bestimmen. Die Grenzlinie zwischen dem „Für-sich-sein" und dem „Für-den-Anderen-sein" ist im konkreten Tausch nicht exakt bestimmbar. Deshalb hält der Grundsatz von Treu und Glauben Einzug. Treu und Glauben können verloren gehen und die Ökonomie verfügt über keine Selbstheilungskräfte, die den Grundsatz wieder herstellen können. Dies ist der eigentliche Grund, warum die Ökonomie unfähig ist, den „formlosen Gegenhalt" allein zu garantieren.

7. Erhält zivilgesellschaftliches Handeln den „formlosen Gegenhalt"?

Zivilgesellschaftliches Handeln beruht auf der Einsicht, dass die Wahrnehmung der eigenen Freiheitsoptionen zur Be- und Verhinderung der Selbsterhaltungs- und Selbstverwirklichungsoptionen anderer führen kann. Das Bemühen, den Anteil des Eigennutzes zu reduzieren, gelingt zwar dem ehrenamtlichen Engagement einzelner Bürger noch annäherungsweise, aber in der organisierten Zivilgesellschaft, in der Repräsentationsverhältnisse überwiegen, kaum noch. Solange das zivilgesellschaftliche Engagement noch nicht zu einer übergreifenden Struktur gefunden hat, in der alle Beteiligten der verschiedenen Ebenen abgestimmt zusammen arbeiten können, fehlt der Zivilgesellschaft die Kapazität, den „formlosen Gegenhalt" zu erhalten.

8. Was spricht gegen den Anspruch des Staates auf Deutungshoheit in der Formulierung des gesamtgesellschaftlichen Gemeinwohls?

Die Weitsicht des Staates ist wie die aller diskursiven Formationen auf den allgemeinen Horizont der Veränderung begrenzt. Es fehlt ihm trotz seines ihm zugestandenen Eingriffsrechts jede Legitimation, zentraler Knotenpunkt des strukturierten Ganzen zu sein, daraus eine umfassende Steuerungskompetenz abzuleiten und die Deutungshoheit in der Formulierung des gesamtgesellschaftlichen Gemeinwohls zu beanspruchen. Das Wohl des Staates ist nicht identisch mit dem gesamtgesellschaftlichen Gemeinwohl. Wie hegemoniale Formationen fokussiert sich auch der Staat auf den Ausbau und die Erhaltung des Terrains, das ihm die Möglichkeit zur Entfaltung geboten hat. Er umgibt die von ihm ausgewählten aktuellen Arrangements mit der Aura des Universellen und stellt seine Praxis als alternativlos dar.

9. Woran mangelt es der Ökonomie, die Deutungshoheit in der Formulierung des gesamtgesellschaftlichen Gemeinwohls zu beanspruchen?

Die gesamtwirtschaftlich orientierte Grenzproduktivitätstheorie postuliert, dass sich der Marktpreis eines Produktionsmittels auf einer solchen Höhe einspielt, dass er gleich dem in Geld bemessenen Grenzertrag des betreffenden Produktionsmittels wird. Vereinfacht ausgedrückt: im Prinzip bekommt jeder Produktionsfaktor den ihm am gesamtwirtschaftlichen Ertrag zustehenden Anteil. Der in bevölkerungsreichen industrialisierten europäischen Ländern begrenzt verfügbare Grund und Boden und die bis in die heutige Zeit sehr ungleiche Verteilung des Grundbesitzes bleiben in der Grenzproduktivitätstheorie unberücksichtigt. Das Produktionskapital unterliegt der gleichen undifferenzierten Betrachtungsweise, obgleich heutzutage flottierendes Kapital sehr schnell in Zirkulationssphären mit höchsten Gewinnerwartungen abwandert. Im Vergleich zum Kapital ist die Mobilität von Arbeitskräften sehr viel beschränkter. Die Theorie der gesamtwirtschaftlich orientierten Grenzproduktivität existiert fern von der Realität nur in der mathematischen Gleichung und ist außerdem logisch unhaltbar.

Der Anspruch auf Deutungshoheit scheitert noch aus einem zweiten Grund. Statistisch erwiesen ist, dass die Kapitalrendite höher ist als der wirtschaftliche Ertrag aus dem Verkauf von Arbeitskraft und damit zunehmende Ungleichheit erzeugt. Gerechtfertigt wird die auf *unverdientem Verdienst* beruhende Ungleichheit in Einkommen und Vermögen mit der Idee „radikaler Chancengleichheit" aller Beteiligten zu Beginn der Konkurrenz und ihrer stetigen Wiederherstellung durch staatliche Maßnahmen des Forderns und Förderns. Unerwähnt bleibt in dieser Argumentation, dass die Bürger einer Gesellschaft ihre Subjektivität einer vorgängigen

Sozialität verdanken und deshalb für ihre jeweils vorgefundenen sozialen Verhältnisse gemeinsam verantwortlich sind.

10. An welchem Mangel scheitert bisher der Anspruch der Zivilgesellschaft auf Deutungshoheit in der Formulierung des gesamtgesellschaftlichen Gemeinwohls?

Der Anspruch auf Deutungshoheit kann erst auf seine Geltungskraft überprüft werden, wenn es gelungen ist, zivilgesellschaftliche Gemeinwohlbelange zu artikulieren und sie zu einem gesamtgesellschaftlichen zivilgesellschaftlichen Gemeinwohl zu verknüpfen. Solange dies nicht geschehen ist, geraten zivilgesellschaftliche Bedürfnisse unter den Einverleibungsdruck des Staates, der Stiftungen und der Ökonomie. Ihnen droht die Degradierung zu Unterpunkten der von jenen propagierten Gemeinwohlbelange.

11. Was sind zivilgesellschaftliche Gemeinwohlbelange? – eine kurz gefasste Aufzählung der wichtigsten Belange

Zivilgesellschaftlich Engagierte fordern, dass Staat und Ökonomie weniger Herrschaft ausüben und so viel Demokratie gewähren, wie nachgefragt wird. In Volksbegehren und Volksentscheiden möchte man auf Bedürfnisse aufmerksam machen und sicherstellen, dass sie in Gesetzesentwürfen und -änderungen Eingang finden. Aus der Sicht des zivilgesellschaftlich Engagierten beruht Demokratie auf dem freiheitlichen Impuls einzelner Bürger, die aus eigenem Recht verantwortlich gegenüber sich selbst und den anderen handeln und in ihrer Würde (Art. 1 Abs. 1 GG) von Staat und Wirtschaft mit Respekt behandelt werden.

Sie anerkennen das Repräsentationsprinzip und erwarten von ihren Repräsentanten, dass sie an ihre Wähler rückgekoppelt bleiben und nicht zu „Selbsterhaltungssystemen“ herabsinken.

Zivilgesellschaftliches Engagement ist ohne eine Freizeit ermöglichende Arbeitszeit und ein genügend großes Einkommen illusorisch. Sie verlangen deshalb Flächentarifverträge, die Rücknahme von Werkverträgen und Leiharbeit sowie die Beseitigung des Niedriglohnsektors.

Das sehr viel stärker als früher ausgeprägte Selbstverwirklichungsverlangen von Individuen verlangt umfangreiche Restrukturierungsmaßnahmen in der Daseinsvorsorge, d.h. Trinkwasser in guter Qualität, ausreichende Abwasser- und Müllbeseitigung, bezahlbare Energie, saubere Luft und Lärmreduktionsmaßnahmen, eine gute Verkehrsinfrastruktur, vielfältige Bildungs- und Kulturangebote, für alle Bürger erschwingliche Gesundheitseinrichtungen, ausreichender Schutz vor Altersarmut und bezahlbarer Wohnraum in Ballungszentren, Groß- und Hochschulstädten und ein ausreichender Schutz vor Naturkatastrophen.

Die Antworten auf die Frage nach *unverdienter* Armut und *unverdientem* Reichtum in einer Gesellschaft entscheiden darüber, wie viele und auf welche Weise Menschen zu einem zivilgesellschaftlichen Engagement bereit sind. Das Gebot einer ungleiche Lebensverhältnisse ausgleichenden Steuerpolitik ist deshalb ein grundlegender Gemeinwohlbelang zivilgesellschaftlich engagierter Menschen. Das Steuersystem der Bundesrepublik Deutschland ist ein exemplarisches Beispiel für die Bevorzugung der an Einkommen und Vermögen bevorzugten Bürger und widerspricht dem Gemeinwohlbelang der Zivilgesellschaft auf drastische Weise.

Die Propagierung des „Supergrundrechts Sicherheit" verletzt das Gleichgewicht zwischen Legislative, Judikative und Exekutive und hat Folgen für die Zivilgesellschaft. Die im gegenwärtig verhandelten transatlantischen Freihandelsabkommen vorgesehenen Investor-Staats-Schiedsgerichtsverfahren würden nicht nur die demokratische Entscheidungsfreiheit von Staaten beschränken, sondern vor allem die nationale Gerichtsbarkeit der Mitgliedsstaaten unterminieren.

12. Anstrengungen zur Schaffung eines austarierten Verhältnisses zwischen zivilgesellschaftlichem, staatlichem und ökonomischem Gemeinwohl in der Gesamtgesellschaft

In den selbstbestimmten zivilgesellschaftlich engagierten Individuen stehen Staat und Ökonomie aus eigenem Recht handelnde Menschen gegenüber, die als autonom agierende Individuen Macht über sich selbst und potentiell auch über ihre Umgebung ausüben und damit verantwortlich umgehen müssen. Staat und Ökonomie haben diese außer ihnen existierende Macht prinzipiell zu respektieren und deren Gemeinwohlbelange einen gleichgewichtigen Platz im gesamtgesellschaftlichen Gemeinwohl einzuräumen.

Dementsprechend müssen die Repräsentanten der Zivilgesellschaft mit ihren Forderungen in die Entscheidungen des Staates und der Ökonomie gleichberechtigt eingebunden werden.

Die Umsetzung dieses Anspruchs in den verschiedensten gesellschaftlichen Bereichen erfordert zugleich einen ständigen Prozess der Konfliktaustragung. Wenn z.B. Machteliten Bildungsdefizite in der Mehrheit der Bevölkerung zur Absicherung ihrer Macht nutzen, muss sich die Zivilgesellschaft auf allen Gebieten, die für die Bildung relevant sind, effektiv einsetzen können, um im Konflikt mit staatlichen oder privatwirtschaftlichen Vorstellungen ein hohes Maß an Bildung für alle zu erreichen. Nur so können Machtunterworfene die Herrschaft der Machtelite über sie wahrnehmen und ihr passives Duldungsverhalten („Die da oben" machen sowieso was sie wollen, und der Aufstand gegen sie ist zwecklos.) ablegen.

Sollte der freie Austausch von Informationen und Meinungen als Grundrecht der Menschen im Streben nach totaler Sicherheit vor Terrorangriffen gefährdet und die heimliche Ausforschung der Privatsphäre dementsprechend zum obersten Staatswohl erhoben werden, ist die Freiheit der demokratischen Gesellschaftsordnung untergraben und dem Totalitarismus Tür und Tor geöffnet. Ein austariertes Verhältnis zwischen zivilgesellschaftlichem, staatlichem und ökonomischem Gemeinwohl kann gar nicht erst angestrebt werden, da unter diesen Bedingungen Zivilgesellschaft nicht mehr existenzfähig ist. Zivilgesellschaftlich engagierte Menschen müssen mit allen Mitteln kämpfen, um diese Gefahr abzuwenden.

XI. Anmerkungen

1 „Den Umfang und die Qualität der öffentlichen Beteiligung und des Engagements der Bevölkerung bundes- und landesweit von Zeit zu Zeit zu überprüfen ist Aufgabe des Freiwilligensurveys (Ehrenamt, Freiwilligenarbeit, bürgerschaftliches Engagement). Diese große und repräsentative Befragung der Bevölkerung wird vom BMFSFJ finanziert und alle 5 Jahre beauftragt." (ebd. S. 31).
„Der Freiwilligensurvey verwendet ein besonderes Verfahren, um freiwilliges Engagement zu erfassen. Es geht sowohl um Tätigkeiten, die als Ehrenamt verstanden werden, als auch um solche, die als Freiwilligenarbeit gesehen werden. Darüber hinaus werden die Formen des bürgerschaftlichen Engagements sowie der Initiativen- und Projektarbeit berücksichtigt. Dabei bleibt es den engagierten Menschen selbst überlassen, mit welchem allgemeinen Begriff sie ihre Tätigkeiten kennzeichnen. Diese werden aufwendig und sogar wörtlich erfasst und im Einzelnen anhand einer theoretisch und empirisch gestützten Definition des Engagements auf ihre Gültigkeit geprüft." (S. 3).
„Die Informationen des Freiwilligensurveys dienen jedoch nicht nur der Schätzung der Reichweite der öffentlichen Beteiligung und des freiwilligen bzw. ehrenamtlichen Engagements der Bürgerinnen und Bürger, sondern sie gehen weit darüber hinaus. Sie zeigen z.B., was engagierte Menschen im Einzelnen tun, welchen Anforderungen sie in ihrer Tätigkeit gerecht werden müssen, aus welchen Gründen sie sich engagieren, im Rahmen welcher Organisationsformen das passiert, wie viel Freizeit sie dafür einsetzen, welchen Zielgruppen sie sich zuwenden, welche Probleme sich im Engagement stellen und welche Verbesserungen bei den Rahmenbedingungen nötig sind. Nicht engagierte Menschen werden gefragt, ob sie sich engagieren würden, außerdem werden ehemals Engagierte erfasst. Der Freiwilligensurvey dient somit nicht nur zur Bestandsaufnahme von Fakten über die öffentliche Beteiligung und das freiwillige Engagement der Bevölkerung, sondern deckt auch Probleme auf und hilft dabei, Vorschläge für die Verbesserungen der Arbeitsbedingungen für Freiwillige zu formulieren. Handlungsempfehlungen richten sich zum einen an die Organisationen und Institutionen, in denen Ehrenamtliche tätig sind, zum anderen aber an die politischen und staatlichen Akteure wie Kommunen, Länder und den Bund. Diese haben es in der Hand, auf ihren Ebenen der Zuständigkeit die Rahmenbedingungen der Zivilgesellschaft und des Engagements der Bürgerinnen und Bürger zu verbessern." (31/32).
„Dabei geht es jedoch nicht etwa um politische Einmischung oder um eine Lenkung des Bürgerengagements, sondern vielmehr um dessen Ermunterung und die Schaffung eines positiven öffentlichen Klimas. Dazu kommt die Beseitigung von Hindernissen (z.B. von unnötiger Bürokratie) oder die Unterstützung einer öffentlichen Informations-, Beratungs- und Vernetzungsstruktur zur Förderung der öffentlichen Beteiligung und des freiwilligen Engagements." (S. 32).

2 Prof. Dr. Hagen Krämer: „3. *Makroökonomische Version*: Wird die mikroökonomische Analyse auf die makroökonomische Ebene übertragen, spricht man von der aggregierten Grenzproduktivitätstheorie der Verteilung. Dazu nimmt man eine gesamtwirtschaftliche Produktionsfunktion an, die stetig differenzierbar ist: $Y_r = Y_r(L, K)$, wobei: Y_r = reales Volkseinkommen, L = Arbeitsmenge, K = Realkapitalmenge, und maximiert analog zur mikroökonomischen Version für gegebene Faktor- und Güterpreise (P = Preisniveau, w = Lohnsatz und i = Kapitalzins) den volkswirtschaftlichen Gewinn. Für die Lohnquote (α) folgt:

$$\alpha = \frac{\omega}{P}\frac{L}{Y_r} = \frac{\partial Y_r}{\partial L}(L,K) * \frac{L}{Y_r(L,K)}$$

Nimmt man außerhalb des üblichen neoklassischen Rahmens an, dass der Kapitalstock in der kurzen Frist konstant ist und Arbeitslosigkeit herrscht, wird die Höhe der Lohnquote auch von der Höhe der Beschäftigung beeinflusst. Die Höhe der Lohnquote hängt in diesem Fall nicht nur von der Produktionstechnik ab, sondern von allen die Beschäftigung bestimmenden Faktoren. In der neoklassichen Theorie wird die gleichgewichtige Beschäftigung im Wesentlichen auf dem Arbeitsmarkt bestimmt. Insofern spielen die Arbeitsmarktverhältnisse auch bei der Festlegung der Verteilung eine entscheidende Rolle. Nach Keynesscher Lehre wird die Beschäftigung dagegen letztlich auf dem Gütermarkt bestimmt. Insofern sind die Gütermarktverhältnisse auch für die Höhe der Verteilung entscheidend.
Wie die sog. Kapitaltheoretische Kontroverse über die logische Konsistenz zentraler Bausteine der neoklassischen Kapital-, Produktions- und Verteilungstheorie gezeigt hat, kann die makroökonomische Version der Grenzproduktivitätstheorie der Verteilung nur unter sehr speziellen Voraussetzungen Gültigkeit beanspruchen (Ein-Gut-Ökonomie). Kritisiert wurde, dass aus partialanalytischen (mikroökonomischen) Überlegungen abgeleitete Beziehungen auf aggregierte Größen der Makroökonomie übertragen werden. *Die Annahme der Existenz einer gesamtwirtschaftlichen Produktionsfunktion und die Vorgabe einer definierten ‚Menge an Kapital', die unabhängig von den Preisen der verschiedenen Kapitalgüter und damit der Profitrate bestimmt werden könnte, ist aus logischen Gründen unhaltbar (hervorgehoben von R.H.).* Obwohl sich gezeigt hat, dass das theoretische Fundament der makroökonomischen Version der Grenzproduktivitätstheorie auf einem Zirkelschluss basiert, wird diese nach wie vor auch für verteilungs- und beschäftigungspolitische Empfehlungen verwendet." (http://wirtschaftslexikon.gabler.de/Archiv/118993/grenzproduktivitaetstheorie-der-verteilung-v7.html

3 Der Schattenfinanzindex (Financial Secrecy Index, FSI) des Tax Justice Networks listet Steueroasen auf. In den Schattenfinanzindex von 2011 wurden 73 Länder und Hoheitsgebiete aufgenommen.[1] Die Schweiz ist hiernach an erster, Deutschland an neunter und Österreich an siebzehnter Stelle der

bedeutendsten Schattenfinanzplätze. Der Schattenfinanzindex kombiniert qualitative und quantitative Daten, um zu ermitteln, wie groß der den Anteil eines Gebiets bzw. Landes an der Schattenfinanzwirtschaft darstellt. Die beiden Werte sind: Geheimhaltungswert und Anteil des Gebietes bzw. Landes am globalen Markt für grenzüberschreitende Finanzdienstleistung, d.h.: globale Gewichtung. Die Datenbasis sind Gesetze, Regulierungen und internationale Abkommen. „Schattenfinanzzentren mit höheren Werten sind für ausländische Investoren und Anlagen intransparenter, geben weniger Informationen über ihre Kunden preis und tauschen weniger Informationen mit Behörden anderer Länder aus. Außerdem verfügen sie über weniger effektive Mechanismen zur Bekämpfung von Geldwäsche. Damit sind sie für die Anlage und Schleusung illegaler Finanzflüsse attraktiver."[2] Mithilfe der quantitativen Daten werden die Resultate des Geheimhaltungswerts gewichtet. Damit drückt der nach Ansicht des TJN Schattenfinanzindex die Größe des potentiellen Schadens aus, der durch Regulierungslücken oder Geheimhaltungspraktiken in einem bestimmten Land/Gebiet entsteht.[3] Höhere Werte für *Geheimhaltung* und *globale Gewichtung* weisen jeweils auf größeres Schadenspotential hin. Je größer der FSI-Wert, desto größer das Schadenspotential eines Ortes, was sich in der Rangliste widerspiegelt. Der FSI-Wert nennt den potenziellen Schaden (Wikipedia).

Rang	Ort	FSI Wert	Geheimhaltung	Globale Gewichtung
1	Schweiz	1879,2	78	0,0606833
2	Cayman Inseln	1646,7	77	0,0462181
3	Luxemburg	1621,2	68	0,1312117
4	Hong Kong	1370,7	73	0,0423185
5	Vereinigte Staaten	1160,1	58	0,2079093
6	Singapur	1118,0	71	0,0312592
7	Jersey	750,1	78	0,003742
8	Japan	693,6	64	0,0180129
9	Deutschland	669,8	57	0,0463449
10	Bahrain	660,3	78	0,002757
11	Britische Jungferninseln	617,9	81	0,0015035
12	Bermuda	539,9	85	0,0006561
13	Vereinigtes Königreich	516,5	45	0,2001102
14	Panama	471,5	77	0,0011373
15	Belgien	467,2	59	0,0115379
16	Marshallinseln	457,0	90	0,0002372
17	Österreich	453,5	66	0,0039949

Rang	Ort	FSI Wert	Geheimhaltung	Globale Gewichtung
18	Dubai	439,6	79	0,0007031
19	Bahamas	431,1	83	0,0004347
20	Zypern	406,5	58	0,0095209
21	Guernsey	402,3	65	0,0029756
22	Libanon	397,3	82	0,0003661
23	Macao	389,8	83	0,0003057
24	Kanada	366,2	56	0,0086798
25	Indien	344,0	53	0,0127682
26	Uruguay	331,0	78	0,0003343
27	Malaysia	319,3	77	0,0003369
28	Korea	317,2	54	0,0085506
29	Liberia	316,9	81	0,000212
30	Barbados	266,6	79	0,0001604
31	Irland	264,2	44	0,0298402
32	Mauritius	261,6	74	0,0002712
33	Philippinen	253,9	73	0,0002625
34	Liechtenstein	239,2	81	0,0000912
35	Italien	231,2	49	0,0080645
36	Isle of Man	230,4	65	0,0005964
37	Israel	230,3	58	0,0015771
38	Turks and Caicos Islands	218,9	90	0,000026
39	Niederlande	199,7	49	0,0048905
40	Belize	198,4	90	0,0000197
41	Costa Rica	177,2	77	0,0000613
42	Guatemala	174,8	81	0,0000375
43	Gibraltar	174,6	78	0,0000476
44	Ghana	146,8	79	0,0000264
45	Andorra	133,6	73	0,0000392
46	Niederländische Antillen	129,4	83	0,0000112
47	Aruba	124,9	74	0,0000286
48	Dänemark	121,7	40	0,0075233
49	Botswana	121,3	79	0,0000157

Rang	Ort	FSI Wert	Geheimhaltung	Globale Gewichtung
50	Madeira (Portugal)	119,4	51	0,0007924
51	U.S. Virgin Islands	104,2	68	0,0000361
52	Saint Vincent and the Grenadines	100,9	78	0,00000947
53	Spanien	98,8	34	0,0161782
54	Malta	98,6	48	0,0007463
55	Seychellen	95,0	88	0,00000273
56	Ungarn	94,8	47	0,000696
57	Litauen	88,9	45	0,0009281
58	Antigua & Barbuda	88,5	82	0,00000435
59	Saint Lucia	78,7	89	0,00000145
60	Malediven	78,5	92	0,00000107
61	Grenada	57,6	83	0,00000106
62	Montserrat	50,1	86	0,000000509
63	Brunei Darussalam	45,8	84	0,000000455
64	Monaco	37,7	75	0,000000757
65	Anguilla	36,0	79	0,000000379
66	Saint Kitts und Nevis	31,2	81	0,000000193
67	San Marino	30,9	79	0,000000253
68	Samoa	27,5	85	0,000000093
69	Vanuatu	14,3	88	0,00000000929
70	Cook Islands	13,4	75	0,000000031
71	Dominica	12,5	80	0,0000000146

1. http://www.financialsecrecyindex.com/2011results.html
2. Info Steuergerechtigkeit, April 2012 (PDF; 339 kB), S. 1.
3. Info Steuergerechtigkeit. Informationsbrief des Netzwerks Steuergerechtigkeit Deutschland. Nr. 6, April 2012 (PDF; 339 kB), S. 1.
4. Nauru und Frankreich wurden kurzfristig wegen Klärung von juristischen Fragen herausgenommen.

4 In der Wochenzeitung „Die Zeit“ schreibt Adam Soboczinski unter dem Titel „Mehr Demokratie wagen?“ am 5.12.2013: „Jeder Bonapartismus klassischer Prägung neigt dazu, zum Zwecke einer imperialistischen Außenpolitik Plebiszite einzusetzen, um die Massen zu mobilisieren.“ Adam Soboczinski meint sogar: „Es schwingt in der allerneuesten Skepsis am Parlamentarismus die Vorstellung mit, dass demokratische Repräsentation den wahren Volkswillen vernebelt oder diesen bei Weitem nicht ausreichend zur Geltung bringt...“

(ebd.). Marxistische Entfremdungstheoretiker sähen durch Repräsentation die authentische Entfaltungsmöglichkeit des Volkes auf skandalöse Weise behindert (ebd.). Nach Adam Soboczinski wird das Volk im Grundgesetz als „Verfassungsorgan behandelt": „Das Volk", meint er, „steht nicht über, außer oder neben der Verfassung, sondern ist ein Teil von ihr – und wird somit in seiner Machtausübung und -entfaltung begrenzt." (ebd.). „Direkte Demokratie", diffamiert Soboczinski alle Bestrebungen zu mehr Partizipation, „befördert einen Mehrheitswillen, der oft nur scheinbar dem Gemeinwohl entspricht. Sie stillt ideologische Bedürfnisse ohne Rücksicht auf politische Gerechtigkeit oder den individuellen Freiheitsraum. Stärkere Partizipation ist ohne die Erniedrigung von Minderheiten kaum zu haben". Ideologischer kann man kaum argumentieren. Hätte sich Soboczinski die Mühe gemacht, den Bonner Grundgesetzkommentar zu lesen, wäre er auf die Passage gestoßen, in der definiert wird, dass alle „Staatsgewalt" von einer „nichtorganisierten", „nichtformierten", „politisch-ideellen Einheit" „ausgeht", die „personell und sachlich dauernd im Fluss" ist und dennoch als „konkret geistige Ganzheit" präsent sein soll (Bonner Grundgesetzkommentar, Bd. 5, S. 5, zitiert und analysiert von Reinhard Hildebrandt in „Staat und Zivilgesellschaft", Frankfurt am Main, 2011, S. 153–166). Die von der „konkret geistigen Ganzheit" des Volkes ausgehende Staatsgewalt begreift die versammelten Individuen nur noch unter dem Gesichtspunkt der „politisch-ideellen Einheit". Die zu ihnen gehörende individuelle Macht verschwindet unter der sich über ihren Köpfen erhebenden „Totalität der Staatsbürger". Damit mutieren die eigentlichen „Träger der Macht", die als Volk versammelten Individuen, zu fleisch- und blutentleerten Elementen dieser Totalität, denen jegliche Handlungs- und Sanktionsfähigkeit abgeht. In den Begriffen „politisch ideelle Einheit" und „konkret geistige Ganzheit" rangiert das reale Volk nur noch als begriffliche Chimäre. Sie als Quelle der Staatsgewalt zu bezeichnen bedeutet, dass der konkreten Gewalt des Staates ein abstrakter Volksbegriff als Ausgangspunkt seiner Macht gegenüber gestellt wird. Indem der Staat sich nur noch auf dieses Abstraktum „Volk" bezieht und diesen handlungsunfähigen „Träger der Macht" zu seinem Referenzobjekt erklärt, ist erkennbar, dass er sich auf sich selbst bezieht, nur sich selbst gegenüber verantwortlich zeichnet und das reale Volk beherrscht. Auf diese Weise wird die anfängliche Definition der „Herrschaft des Volkes über sich selbst" zur Herrschaft des Staates über das Volk und geschlussfolgert: „Die Demokratie kann und will die Differenzierung des Staatsverbandes in *Herrschende* und *Beherrschte* nicht aufheben, sondern die Herrschenden in Form des im Rahmen der egalitären (auf Gleichheit und Mehrheitsentscheidungen beruhenden) Repräsentation wirksamen Legitimierungs- und Kontrollmechanismus in Abhängigkeit bringen." (Bonner Grundgesetzkommentar S. 25). Abgelehnt wird, aus „ideologischen Vorstellungen über den eigentlichen ‚Träger' der Staatsgewalt ein Rechtsverhältnis zwischen Volk und Parlament zu konstruieren" (ebd.).

5 Saskia Sassen wird zum Zeitpunkt ihrer Aufforderung zur stärkeren Wahrnehmung des Internets wahrscheinlich noch nicht bewusst gewesen sein, wie

ausgiebig die Geheimdienste der Regierungen, allen voran die National Security (NSA) der USA und die GMNQ Großbritanniens die Benutzer des Internets abschöpfen.

6 Der Gini-Koeffizient ist ein statistisches Maß zur Berechnung der Ungleichheitsverteilung. Solche Maße reduzieren prinzipiell einen mehr oder minder komplexeren Datensatz auf eine einfache Kennzahl, die zu Fehlinterpretationen führen kann, wenn sie nicht sachgemäß verwendet wird.

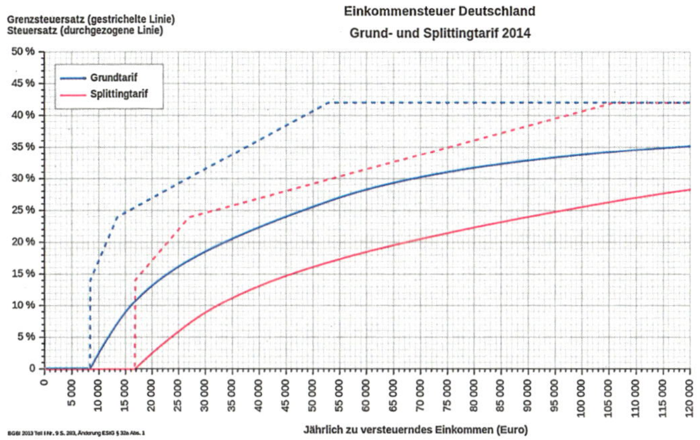

7 „Am vergangenen Wochenende haben sich die Finanzminister der zwanzig größten Industriestaaten, kurz G 20, verpflichtet, einige Schlupflöcher für global tätige Großkonzerne zu schließen. ... Die Industrieländerorganisation OECD bezeichnet das Projekt als die wichtigste internationale Steuerreform »seit 100 Jahren«. Sie ist Teil einer ganzen Reihe von Maßnahmen gegen die populärsten legalen und illegalen Steuertricks. ... Ins Visier hat die Staatengemeinschaft vor allem die in globalen Unternehmen verbreitete Praxis genommen, Gewinne dorthin zu verlagern, wo die Steuersätze besonders niedrig sind. ... Die G 20 wollen vor allem dafür sorgen, dass die konzerninternen Verschiebebahnhöfe ein Ende haben. Die Firmen sollen ihre Gewinne dort versteuern, wo tatsächlich die Wertschöpfung anfällt. Deshalb müssen sie unter anderem angeben, in welchen Ländern welcher Anteil am Umsatz und Gewinn anfällt. Sie dürfen auch nicht länger ihren Gewinn in Hochsteuerländern herunterrechnen, indem sie unternehmensintern erhöhte Preise für Dienstleistungen aus Niedrigsteuerländern in Rechnung stellen (Mark Schieritz, „Jagen, eintreiben, reformieren - Die Staaten der G 20 sagen der internationalen Steuerflucht den Kampf an - und sie können ihn gewinnen“, Die Zeit, 25. 9. 2014).

XII. Literaturverzeichnis

afp, Seiten 4,11, zit. in Frankfurter Rundschau, 16.6.2014.

Alscher, Mareike/Dathe, Dietmar/Priller, Eckhard (Projektl.)/Speth, Rudolf, Bericht zur Lage und zu den Perspektiven des bürgerschaftlichen Engagements in Deutschland, (Wissenschaftszentrum Berlin für Sozialforschung (WZB), Projektgruppe Zivilengagement, Berlin 2009).

Ambrosius, Gerold, Entstehung und Entwicklung der öffentlichen Daseinsvorsorge in Europa, in: Tagung der EZFF (Europäische Zentrum für Föderalismus-Forschung Tübingen), 5. – 7. Juli 2001.

Bartels, Gerrit, Verstecken ist nicht, Tagesspiegel, 20.5.2014.

Bartsch, Bernhard, Zwei aus dem Glashaus, Frankfurter Rundschau, 14.6.2013.

Baumann, Daniel, Eine historische Entscheidung, Frankfurter Rundschau, 4.7.2014.

Berger, Jens, Wem gehört Deutschland? Frankfurt am Main, 2014.

Berry, Christopher, „Die Wirtschaftstheorie im *Wohlstand der Nationen* setzt das Menschenbild aus der *Theorie der ethischen Gefühle* voraus, zit. bei Pierre-Christian Fink, Historiker zeigen: Der Vater der Ökonomie war kein Prediger des freien Marktes. Er suchte nach Werten. Die Zeit, 14.8.2013.

Birnbaum, Robert, Sie wollen Informationen über alles, Tagesspiegel, 4.7.2014.

Bohnen, Johannes/Kallmorgen, Jan-Friedrich, Wie Web 2.0 die Politik verändert – Technologie formt eine neue Bürgergesellschaft, Zeitschrift Internationale Politik, Juli/August 2009.

Bommarius, Christian, Lobbyisten an der Macht, Frankfurter Rundschau, 11./12.9.2010.

Bommarius, Christian, Obamas totalitäre Wende, Frankfurter Rundschau, 12.6.2013.

Bommarius, Christian, Wenigstens scheitern, Frankfurter Rundschau, 5.6.2014.

Bonner Kommentar zum Grundgesetz, 2013, Bd. 5.

Brönstrup, Carsten, Steuern: Konzerne tricksen den Fiskus aus, Tagesspiegel, 28.05.2013.

Bsirske, Frank, in: AFP, dpa, 29.6.2014; Ver.di-Chef wirft der SPD Wählertäuschung vor.

Bundeszentrale für politische Bildung, Politik/Grundfragen/Deutsche Verhältnisse. Eine Sozialkunde | Zivilgesellschaft | Probleme der Zivilgesellschaft, 31.5.2012.

Butterwege, Christoph, Warum werden die Ursachen von Armut verschwiegen? Tagesspiegel, 15.6.2014.

Carothers, Thomas, Civil Society, in: Foreign Policy, Winter 1999/2000.

CEEP Kommission „Kommunale Unternehmen", Öffentliche kommunale Dienstleistungen und die Öffnung der Märkte: Die Rolle der öffentlichen kommunalen Unternehmen – Eine erneuerte Plattform der CEEP-Kommission „Kommunale Unternehmen", CEEP/EL.02-3, 12.9.2000.

Chambers, John, in: Die Zeit, 5.6.2014.

Ciesinger, Ruth, Das Blatt wendet sich, Tagesspiegel, 30.3.2014.

Co:llaborator, Abschlussbericht der Tagung, „Das Internet & Gesellschaft", Oktober 2010, 1. Aufl., die Konzepte von *»Open Government«* und *»Offene Staatskunst«*, S. 14–24, zit. von Reinhard Hildebrandt in: Staat und Zivilgesellschaft, a.a.O., S. 199–201.

Condorcet, Marquis de, Fortschritte des menschlichen Geistes, 1794.

Crouch, Colin, Post-Democracy, Oxford 2004, deutsch: *Postdemokratie*, Frankfurt/Main 2008.

Crouch, Colin, Der Sicherheitsstaat bleibt, Frankfurter Rundschau, 26.8.2013.

Deutscher Kulturrat, Kultur als Daseinsvorsorge! Berlin, 29.09.2004.

Dobberke, Cay, Großer Kampf um kleine Gärten, Tagesspiegel, 19.5.2014.

dpa, RP Online, 28.5.2014, 18.02 Uhr, Sanktionen gegen Russland.

dpa, NSA sammelt Bilder aus dem Internet, Tagesspiegel, 2.6.2014.

Drake, Thomas, Ihr braucht einen Snowden aus dem BND, Frankfurter Rundschau, 10.6.2014.

Ehlscheid, Ch. Formen der Entgeltgestaltung und Leistungsregulation im Umbruch, in: Ehlscheid, Ch./Mathes, H./Scherbaum, M. (Hrsg.), Das regelt schon der Markt! Marktsteuerung und Alternativkonzepte in der Leistungs- und Arbeitszeitpolitik, Hamburg 2001.

Entschließung zur Mitteilung der Kommission „Leistungen der Daseinsvorsorge in Europa" Amtsblatt EG Reihe C Nr. 140E vom 13. Juni 2002, S. 153 (KOM(200) 580 – C5-0399/2001 – 20001/ 2157(COS), in: http:// europaeu. int/eur-lex/de/archive/2002/ce14020020613de, html mit der A5-Nummer 361 /2001.

Entwurf eines Handbuches für eine gute Bürgerbeteiligung (Hans-Peter Friedrich und Peter Ramsauer), www.bmvbs.de/SharedDocs/DE/Ar-tikel/ UI/ handbuchbürgerbeteiligung-fragen-und antworten.html?nn=81086).

EU-Kommission, Stakeholder's Involvement in Social Inclusion Politics, Dialog mit der Zivilgesellschaft, www. stakeholders-socialinclusion.eu › ... › *de* ›.
Europäisches Parlament, Entschließung zur Mitteilung der Kommission „Leistungen der Daseinsvorsorge in Europa" (KOM(200) 580 – C5-0399/2001–20001/2157(COS).
Europäisches Zentrum für Föderalismus-Forschung (EZFF), Die Zukunft der Daseinsvorsorge in Europa. Bericht der Tagung des EZFF vom 5.–7.7.2001, in: http://www.uni-tuebingen.de/ezff/daseins-vorsorge2001_tagunsbericht.pdf.
Ferenschild, Sabine, zit. in: Stefan Sauer, Ein Erfolg, der keiner ist, Frankfurter Rundschau, 28.1.2014.
Finger, Evelin, Wir beißen nicht – Plebiszit ist nicht das Gegenteil von Parlament. Die Politik sollte weniger Angst vor dem Souverän haben, Die Zeit, 8.7.2010.
Fischer, Heimo, Ein Symbol wankt – Der französische Energieriese EdF soll privatisiert werden – doch es gibt noch viel zu tun, in: Die Zeit, 17.10.2002.
Fischer, Thomas, Die Geschichte der Absprache, Die Zeit, 27.3.2013.
Fligstein, Neil, Als Betrug Routine wurde – Lehren aus der Finanzkrise: Transparenz, überschaubare Größe und das Ende falscher Anreize sind gefragt, WZB Mitteilungen, Heft 140, Juni 2013.
Fortschrittsbericht der EU-Kommission an den Europäischen Rat über die Reduzierung und Neuausrichtung staatlicher Beihilfen vom 16.10.2002, (KOM (2002 555).
Freiwilligensurvey (Ehrenamt, Freiwilligenarbeit und bürgerschaftliches Engagement), im Auftrag des Bundesministeriums für Familie, Senioren, Frauen und Jugend (BMFSFJ) vom Meinungsforschungsinstitut TNS Infratest Sozialforschung München im Jahr 2009.
Gablers Wirtschaftslexikon, 7. Auflage, 1967, Bd. 1, S. 1614/1615, Bd. 2, S. 1587.
Gaerow, Vera, Halbe Sonnenkraft voraus, Frankfurter Rundschau, 17.4.2009.
Glossar der Europäischen Union, http://europa.eu/legislation_summaries/glossary/civil_society_organisation_de.htm.
Glotz, Peter, Sozial ist die Politik, nicht die Verfassung – Der Konvent muss die Regeln für die künftige Europäische Union erarbeiten – er sollte nicht über Inhalte streiten, in: Tagesspiegel, 11.10.2002.
Gosewinkel, Dieter / Rucht, Dieter: WZB-Jahrbuch, Berlin 2003, S. 45/46.

Habermas, Jürgen, Moralbewusstsein und Kommunikatives Handeln, Frankfurt a.M. (zuerst 1983) SDÖ, 3. Auflage.

Handschuck, Sabine/Schröer, Hubertus, Interkulturelle Orientierung und Öffnung von Organisationen, „neue praxis“ 5, 2002.

Heese, Michael, Interview mit Thomas Piketty, Frankfurter Rundschau, 10.6.2014.

Hegel, Georg Wilhelm Friedrich, Grundlinien der Philosophie des Rechts, § 157, S. 236f.

Heinemann, Karl-Heinz, Brummender Bildungshandel – Europäische Bildungsminister kritisieren Globalisierungskurs, in: Frankfurter Rundschau, 31.10.2002.

Herzog, Lisa, Ist der Kapitalismus unser Schicksal? – Es könnte in der Welt so schön gerecht, demokratisch und freiheitlich zugehen, doch durch ein falsches Marktverständnis läuft zu viel schief. Wie sich der Kapitalismus verändern lässt; Zeit-Philosophie, Die Zeit Nr. 25, Juni 2013.

Hildebrandt, Reinhard, Staat und Zivilgesellschaft, Frankfurt/Main, 2011.

Hildebrandt, Reinhard, Staat, Markt, Individuum – Zivilgesellschaftliches Engagement und seine Begrenzungen, Perspektiven DS, 2013, Heft 1.

Hildebrandt, Reinhard, Globale und regionale Machtstrukturen – Globale oder duale Hegemonie, Multipolarität oder Ko-Evolution, 2013.

Hill, Hermann, Ausführungen über „Zivilgesellschaftliche Verwaltungen in der Informationsgesellschaft“, in: Klaus König/Sabine Kropp (Hrsg.), Theoretische Aspekte einer zivilgesellschaftlichen Verwaltung – Speyerische Forschungsberichte 263, 2009.

Hohmann-Dennhardt, Christine, Ein Stück Staatsgewalt zurückholen, Frankfurter Rundschau, 15.12.2010.

Horn, Gustav, Die Löhne müssen steigen, Tagesspiegel, 18.5.2014.

Horn, Gustav, Vermögen bremsen Wirtschaft, Frankfurter Rundschau, 20.9.2013.

Hötger, Damian, Zivilgesellschaftliches Engagement, Speyer, 28. Juli 2008.

INSM (Initiative Neue Soziale Marktwirtschaft) in Anhang I, S. 207–235 von Staat und Zivilgesellschaft von Reinhard Hildebrandt.

Jungclaussen, John F., Von Tief zu Tief, Großbritannien berauscht sich an neuem Wirtschaftswachstum und ist dabei, alte Fehler zu wiederholen, Die Zeit, 9.1.2014.

Kern, Thomas, Die Grenzen der Zivilgesellschaft, September 2010.

Klie, Prof. Dr. Thomas, zzem – Zentrum für zivilgesellschaftliche Entwicklung 2011.

Knapp, Ursula, Bleibt weniger vom Erbe? Frankfurter Rundschau, 5./6.7.2014.
Kohlenberg, Kerstin/Musharbash, Yassin/Wiedmann-Schmidt, Wolf, Sie wissen, wer du bist, Die Zeit, 28.5.2014.
Kommission der Europäischen Gemeinschaften, Mitteilungen der Kommission an den Rat – Fortschrittsbericht über die Reduzierung und Neuausrichtung staatlicher Beihilfen, KOM(2002)555, Brüssel, 16.10.2002.
Königs, Thomas, In aller Öffentlichkeit, Frankfurter Rundschau, 10./11.8.2013.
Kröter, Thomas, Je ärmer, desto wahlmüder, Frankfurter Rundschau, 12.12.2013.
Kühne, Anja, Frühe Förderung hilft ein Leben lang, Tagesspiegel, 4.7.2014.
Laclau, Ernesto/Mouffe, Chantal, Hegemonie und radikale Demokratie, Wien 1991.
Lauterbach, Johannes, Bauplan für eine andere Handelspolitik, Frankfurter Rundschau, 28./29.6.2014.
Leggewie, Claus, Was nach der Demokratie kommt, Die Zeit, 26.6.2008.
Loy, Thomas, Kein Luxus im Milieu, Tagesspiegel, 1.4.2014.
Majica, Marin, Die Kontrollgesellschaft, Frankfurter Rundschau, 25.6.2013.
Mark-Ungericht, Bernhard, Zivilgesellschaftliche Akteure und transnationale Unternehmen – Entwicklungstendenzen einer schwierigen Beziehung, SWS-Rundschau (41.Jg.) Heft 3/ 2001: 307–320, S. 1.
Mohn, Reinhard, Die gesellschaftliche Verantwortung des Unternehmers, 2003.
Möhring-Hesse, Matthias, Verdienst und Chance – Gibt es ungerechte Ungleichheit in einer grundsätzlich gerechten Gesellschaft? Frankfurter Rundschau, 21./22.9.2013.
Mohr, Julia, www.geisz.de/zivilgesellschaftenII.htm.
Nettelsheim, Martin, in: Tagung des Europäischen Zentrums für Föderalismus-Forschung Tübingen (EZFF), 2001.
Nida-Rümelin, Julian, Die Kultur der Freiheit – Der philosophisch-politische Liberalismus ist auf einem Auge blind: Er sieht nicht, dass eine multikulturelle und multireligiöse Gesellschaft nur dann gelingt, wenn sie in einer gelebten Praxis der Kooperation eingebettet ist. Zeit-Philosophie, Die Zeit Nr. 25, Juni 2013.
Nullmeier, Frank, Vergesst die Bürgergesellschaft?! – Der Entwurf einer auf den Markt fixierten Zivilgesellschaft ist ein „Rückzugskonzept"/ Frank Nullmeier plädiert für eine politische Emanzipation der „Helfer", in: Frankfurter Rundschau, 24.12.02.

Nussbaum, Martha, Die Frage nach der Gerechtigkeit, in: Die Zeit, Philosophie, Nr. 25, Juni 2013.

Piketty, Thomas, Das Kapital im 21. Jahrhundert, 2014.

Rawls, John, Eine Theorie der Gerechtigkeit, 1971, dt.1975.

Reh, Werner, (www.braun-schweiger-zeitung.de/nachrichten/Deutschland/ramsauer-will-buerger-bei-groß-projekten-staerker-einbeziehenid7955858.html).

Reichart, Christoph, Zivilgesellschaftliche Verwaltung aus der Sicht der Wirtschaftswissenschaften, in: Klaus König/ Sabine Kropp [Hrsg.].

Renner, Tim, Wir sind die Stadt, Tagesspiegel, 29.6.2014.

Rosanvallon, Pierre, Die Gesellschaft der Gleichen, zit. bei Möhring-Hesse, Matthias.

Ross, Alec, Kein Beweis für Missbrauch, Die Zeit, 1.8.2013.

Rudzio, Kolja, Lebte schon Jesus im Kapitalismus? Die Zeit, 5.6.2014.

Sassen, Saskia in: Frankfurter Rundschau, 23.11.2010 und Tagesspiegel, 9.11.2010.

Sauer, Dieter/Döhl, Volker/Kratzer, Nick/Marrs, Kira, Arbeiten ohne (Zeit-)Maß, in: *Bsirske, Franz/Mönig-Raane, Margret/Sterkel, Gabriele/Wiedemuth, Jörg* (Hrsg.), Es ist Zeit: Das Logbuch für die ver.di-Arbeitszeitinitiative, Hamburg, 2004, S. 155–177.

Sauer, Stefan, Ein Erfolg, der keiner ist, Frankfurter Rundschau, 28.1.2014.

SCADPlus: Glossar, in: http://www.europa.eu.int/scadplus/leg/de/cig/g4000g. htm.

Schieritz, Mark, Kein Murks, sondern Wissenschaft, Die Zeit 18.6.2014.

Schily, Otto, Staatsmodernisierung und Verwaltungsreform: Praxis, Pläne und Perspektiven, Friedrich-Ebert-Stiftung, Bonn, April 2000.

Schlussfolgerungen des Vorsitzes, Europäischer Rat von Barcelona, 15. und 16. März 2002, in: http://www.europarl.eu.int/bulleins/polf/01s2002_de.pdf, S. 20.

Schlüter, Christian, Unsere Freunde, unsere Feinde, Frankfurter Rundschau, 7.7.2014.

Schönball, Ralf, Wohnung wechsle dich, Tagesspiegel, 31.1.2014.

Schönball, Ralf, Die letzte Reserve, Tagesspiegel, 14.5.2014.

Schulz, Daniel, Die Politiker – das sind wir – Schon der französische Philosoph und Revolutionär Condorcet wusste, dass ein Parlament allein noch keine Demokratie macht, in: Die Zeit, 8.7.2010.

Sebald, Christoph, „Zivilgesellschaft – was ist das?“, 2011, (networkedblogs.com/ndqcc).

Shaxson, Nicholas/Fischermann, Thomas, Es soll nicht zu merken sein, Die Zeit, 11.4.2013.

Sievers, Markus, Für einen guten Mindestlohn, Frankfurter Rundschau, 18.11.2013.

Sievers, Markus, Frankfurter Rundschau, 14.5.2013.

Sonderwege, Politische Reisen in post-conflict Regionen, 2013, www.sonderwege. org/index.php/ zivilgesellschaft/.../Zivilgesellschaft.htm.

Stiftung Zukunft Berlin, www.berlin-agora. de/0608-echte-demokratie-in-berlin, zit. bei Thomas Wagner, Die Mitmachfalle – Bürgerbeteiligung als Herrschaftsinstrument, Köln 2013.

Stiglitz, Joseph E., The Price of Inequalitiy, 2013.

Studie der Bertelsmann Stiftung, des Stifterverbandes für die Deutsche Wissenschaft und Fritz Thyssen Stiftung, http://www.verbaende. com/ nachrichten_fuer_verbaende/2011/dritter_sektor_stellt_jeden_zehnten_arbeitsplatz.php, 18.08.2011 14:40.

Szent-Ivanyi, Timot, Mietpreisbremse schadet nicht, Frankfurter Rundschau, 18.3.2014.

Thibaut, Matthias, London ließ Regierungen abhören – Agenten spionierten bei G-20-Gipfel, Tagesspiegel, 18.6.2013.

Uhl, Hans-Peter, in: Markus Becker, Digitale Okkupation, Frankfurter Rundschau, 7.7.2014.

Von der Pfordten, Dietmar, Über den Begriff des Gemeinwohls, Universität Göttingen dpfordt@gwdg.de, S. 23/24.

Vorwärts, Nov./Dez. 2013.

Wagner, Thomas, Die Mitmachfalle – Bürgerbeteiligung als Herrschaftsinstrument, Köln 2013.

Wefing, Heinrich, Wehe dem Mutigen, Die Zeit, 13.6.2013.

Wieck, Hans-Georg, in: Ausgehorchte Aufklärer in Schockstarre, Frankfurter Rundschau, 5./6.7.2014.

Woratschka, Rainer, Tagesspiegel, 17.5.2013.

Zentralverband der öffentlichen Wirtschaft (European Centre of Enterprises with Public Participation and of Enterprises of General Economic Interest (CEEP)-*Europäischer Gewerkschaftsbund* (EGB), Vorentwurf für die Struktur einer Rahmenrichtlinie zur Festlegung des Rechtsrahmens für die Dienste von allgemeinem Interesse (DAI), http://www.etuc. org/ FR/Resolutions (vom 13.12.2000).

Zucman, Gabriel, La Richesse cachée des nations. Enquête sur les paradis fiscaux, 2014.